聚学术精粹 · 汇天下智慧

环境规制、产业集聚与长江经济带城市工业绿色发展效率研究

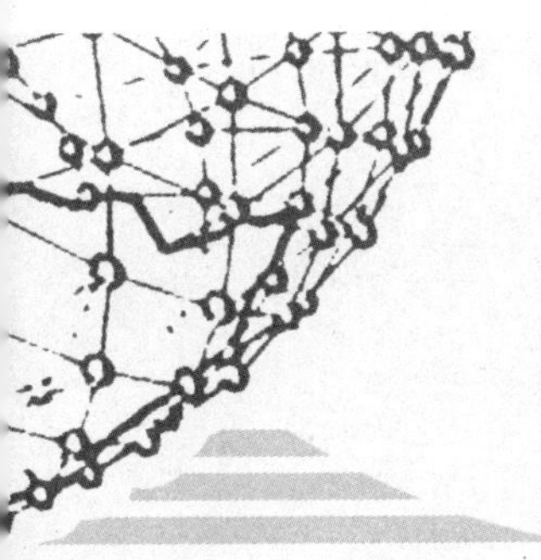

Environmental Regulation, Industrial Agglomeration and the Cities' Efficiency of Industrial Green Development in Yangtze River Economic Belt

黄　磊⊙著

清華大學出版社
北　京

内容简介

本书在“生态优先、绿色发展”战略定位下探究了环境规制、产业集聚对长江经济带城市工业绿色发展效率的影响效应。全书共分为8章：第1章为绪论，主要介绍本书的研究背景和研究框架；第2章为绿色发展效率研究文献综述，主要梳理关于绿色发展效率的研究脉络；第3章为相关理论基础，主要阐述本书研究主题和研究内容的基础理论；第4章为环境规制、产业集聚、工业绿色发展效率演变的特征事实，主要反映长江经济带城市环境规制、工业集聚与工业绿色发展效率的时空演变规律；第5章为环境规制对长江经济带城市工业绿色发展效率的影响研究，主要探讨环境规制对长江经济带城市工业绿色发展效率影响的直接效应和间接效应；第6章为产业集聚对长江经济带城市工业绿色发展效率的影响研究，主要探讨产业集聚对长江经济带城市工业绿色发展效率影响的直接效应和间接效应；第7章为环境规制、产业集聚对长江经济带城市工业绿色发展效率的影响研究，主要探讨二者对长江经济带城市工业绿色发展效率的联合影响及其空间异质性；第8章为结语，主要介绍本书的研究结论与政策启示，并指出创新之处、不足点及展望。

本书紧扣新时代长江经济带生态保护与绿色发展主线，具有鲜明的时代性、前瞻性、实用性、学理性和系统性。本书可为同行研究人员从事长江经济带研究提供基础支撑并为相关政府职能部门制定长江经济带发展政策提供决策支持。

图书在版编目（CIP）数据

环境规制、产业集聚与长江经济带城市工业绿色发展效率研究/黄磊著. —北京：清华大学出版社，2020.12
（清华汇智文库）
ISBN 978-7-302-56871-1

Ⅰ.①环… Ⅱ.①黄… Ⅲ.①长江经济带－工业经济－绿色经济－经济发展－研究 Ⅳ.①F427.5

中国版本图书馆CIP数据核字(2020)第228097号

责任编辑：刘志彬　朱晓瑞
封面设计：汉风唐韵
责任校对：宋玉莲
责任印制：丛怀宇
出版发行：清华大学出版社
网　　址：http://www.tup.com.cn，http://www.wqbook.com
地　　址：北京清华大学学研大厦A座　**邮　　编：**100084
社 总 机：010-62770175　**邮　　购：**010-83470235
投稿与读者服务：010-62776969，c-service@tup.tsinghua.edu.cn
质量反馈：010-62772015，zhiliang@tup.tsinghua.edu.cn
印 装 者：三河市中晟雅豪印务有限公司
经　　销：全国新华书店
开　　本：170mm×230mm　**印　张：**14　**插　页：**1　**字　　数：**233千字
版　　次：2020年12月第1版　**印　　次：**2020年12月第1次印刷
定　　价：98.00元

产品编号：087314-01

本书受中国西部非公经济发展与扶贫反哺协同创新中心专项资金、重庆市社会科学规划博士项目“长江经济带城市绿色创新协同发展：测评、机制与提升路径研究”(2019BS050)、西南大学中央基本科研业务费专项资金资助项目“长江经济带污染密集型产业集聚的绿色经济效应机制与对策研究”(SWU1909773)、西南大学人文社科研究重大项目培育“区域创新与区域经济协调发展的耦合路径及政策协同研究”(SWU1909032)、西南大学教育教学改革研究项目“‘双一流’背景下经济学专业核心课程建设与研究——以区域经济学为例”(2019JY063)联合资助。

前言 Foreword

推动长江经济带发展是党中央做出的重大战略决策，是关系国家全局发展的重大战略。习近平总书记在2018年4月召开的深入推动长江经济带发展座谈会上强调"要坚持质量第一、效益优先的要求，推动质量变革、效率变革、动力变革"。2019年10月召开的十九届四中全会再次提出要加强长江生态保护和系统治理，推动绿色循环低碳发展。2020年5月受新冠疫情推迟召开的全国两会再次强调要推进长江经济带共抓大保护，加快区域协调发展。在"生态优先、绿色发展"战略定位下，实现长江经济带高质量发展必须大力提升绿色发展效率，处理好经济发展与环境保护的关系，践行绿色发展理念。工业是污染排放的主要来源，而城市作为现代生产生活活动的核心集聚区，提升城市工业绿色发展效率是长江经济带建设生态文明先行示范带，推动经济高质量发展的关键所在。本书正是在环境规制约束和产业集聚趋势下围绕提升长江经济带城市工业绿色发展效率这一核心主题展开研究。

本书首先引出环境规制、产业集聚与长江经济带城市工业绿色发展效率研究命题，随后对环境规制、产业集聚、绿色发展三大基本概念的内涵进行充分阐释。继而从科学内涵、研究维度、测度工具、非期望产出处理方式、影响因素、空间效应等六个方面系统梳理学术界关于本书的核心主题——绿色发展效率的研究脉络。而后基于可持续发展理论、循环经济理论、资源环境承载力理论、外部性理论、区域经济传递理论阐述本书的理论基础，开始进入本书核心部分。

在核心部分中，首先基于2011—2016年长江经济带110个地级及以上城市面板数据，采用线性加权法、区位商、全局超效率EBM模型、标准差椭圆SDE、泰尔指数等方法对长江经济带城市环境规制、产业集聚、工业绿色发展效率的时空演变规律进行全方位解析。接着在梳理环境规制与产业集聚对工业绿色发展效率的单一作用机理后，采用空间杜宾模型SDM、空间滞后模型SLM、空间误差模型SEM

探究二者对长江经济带城市工业绿色发展效率影响的直接效应与空间溢出效应。紧接着在厘清环境规制、产业集聚对工业绿色发展效率的联合作用机理基础上，采用系统GMM模型分析产业集聚在环境规制影响工业绿色发展效率过程中所发挥的调节效应，并进一步采用地理加权回归GWR模型识别调节效应的空间异质性。最后基于实证分析过程归纳主要研究结论，据此从环境规制和产业集聚双视角出发提出提升长江经济带工业绿色发展内生动力的政策启示。

本书遵循“现实—理论—实证—建议”的基本分析思路，整体呈现出时代性、前瞻性、实用性、学理性和系统性等五大显著特征。一是具有鲜明时代性，本书以新时期国家重大战略区域的长江经济带作为研究对象，立足“生态优先、绿色发展”战略定位，旨在推动国家生态文明建设和高质量发展进程，切合国家当前发展需求；二是具有较强前瞻性，本书以污染生产能力和制造能力最强的工业作为切入口，以优化工业环境规制和促进工业生态集聚为抓手，以加快提升长江经济带城市工业绿色生产能力，紧扣长江经济带绿色发展重点领域；三是具有极强实用性，结合理论分析、特征事实描述和机理分析，根据实证分析结果与绿色发展和环境保护需求，本书从环境规制和产业集聚视角有的放矢地提出了提升长江经济带城市绿色发展效率的五大对策路径，驱动长江经济带绿色高质量发展；四是具有丰富学理性，本书在详细梳理与本书研究内容相关的基础理论后，分别阐述环境规制、产业集聚对工业绿色发展效率影响的单一作用机理与联合作用机理，力求最大限度阐明三者的内在学理关系；五是具有典型系统性，本书充分考虑长江经济带地区异质性，不仅从整体上分析环境规制、产业集聚对长江经济带城市工业绿色发展效率的影响效应，亦从内部上、中、下游地区比较其影响差异，总体研究设计较为系统。

本书可作为致力于从事长江经济带生态保护与绿色发展研究的同行学者，硕、博士研究生扩展该领域研究内容的参考书目，同时对政府相关职能部门制定长江经济带生态环境保护与绿色高质量发展政策具有一定的依据支撑作用。

本书的出版得到了清华大学出版社编校人员的大力支持和帮助，感谢他们为本书出版所付出的辛勤努力。此外，由于时间和水平的限制，书中内容可能存在一些纰漏，恳请同行和读者多提宝贵的建设性意见，以便进一步修改和完善。

黄磊

2020年11月

于西南大学经济管理学院

目录

Contents

第1章 绪 论

长江经济带作为关系我国发展全局的战略支撑带，是我国国土空间开发格局中最重要的东西主轴。工业是国民经济的支柱，城市是现代经济生产生活活动的中心区域，长江经济带城市工业绿色发展对推动长江经济带全域绿色发展与全国经济高质量发展具有重要支撑作用。环境规制是规范企业生产活动的有效工具，而产业集聚又是企业发展的必然趋势，二者对长江经济带城市工业绿色发展具有重要影响。本章旨在阐述本书的研究背景、研究思路、研究内容及研究方法，界定本书涉及的核心概念，构建环境规制、产业集聚与长江经济带城市工业绿色发展效率关系的总体研究框架及主要研究步骤。

1.1 选题背景与研究意义

1.1.1 选题背景

1. 现实背景

推动长江经济带发展是党中央做出的重大决策，是关系国家全局发展的重大战略。当前,我国经济已由高速增长阶段转向高质量发展阶段,正处在转变发展方式、优化经济结构、转换增长动力的攻关期。长江经济带作为新时期我国经济发展的战略支撑带,在推动我国经济高质量发展中发挥着重要引领作用。但长江经济带仍面临传统产能过剩、资源能源利用效率不高、生态环境压力突出等诸多挑战,严重制约长江经济带高质量生力军作用的发挥,国家高度关注长江经济带绿色发展问题(陆大道,2018)。2016 年 1 月 5 日,习近平总书记在重庆召开推动长江经济带发展座谈会,明确指出,"推动长江经济带发展必须坚持生态优先、绿色发展的战略定位","自觉推动绿色循环低碳发展"。2016 年 3 月 18 日,全国人大通过的《中华人民共和国国民经济和社会发展第十三个五年规划纲要》强调把修复长江经济带环境摆在首要位置,建设生态文明的先行示范带。2017 年 10 月 18 日,习近平总书记在党的十九大报告进一步明确"以共抓大保护、不搞大开发为导向推动长江经济带发展"。2018 年 4 月 26 日,习近平总书记在武汉召开深入推动长江经济带发展座谈会,要求"采取提高环保标准、加大执法力度等多种手段倒逼产业转型升级和高质量发展"。

为加快长江经济带绿色发展进程,国家出台系列专项政策文件,完善绿色发展的顶层设计,尤为注重强化环境规制和促进产业绿色集聚(吴传清和张雅晴,2018)。《长江经济带发展规划纲要》(2016)强调严格治理工业污染,处置城镇污水垃圾,控制农业面源污染,防控船舶污染,防治大气污染。《关于加强长江经济带工业绿色发展的指导意见》(2017)要求加快长江经济带传统制造业绿色化改造升级,提高资源能源利用效率和清洁生产水平。《长江经济带生态环境保护规划》(2017)再次强调"努力把长江经济带建设成为水清地绿天蓝的绿色生态廊道和生态文明建设的先行示范带"。

提升长江经济带城市工业绿色发展效率,增强绿色发展内生动力,是长江经济带高质量发展的必然要求,也是加快全国生态文明先行示范带建设与推动全国经济高质量发展的重要抓手。环境规制作为约束长江经济带不合理开发的重要手段,产业集聚具有强大的污染生产能力和协同创新能力,环境规制可在一定的企业集聚下较单一企业发挥更大的环境调控效用。环境规制、产业集聚对长江经济带绿色发展和生态文明建设必然具有重要影响,有必要将环境规制和产业集聚纳入到统一的分析框架,探讨二者对长江经济带城市工业绿色发展效率的综合影响,明确长江经济带高质量发展的着力点。

2. 理论背景

关注绿色发展效率，探究绿色发展动力机制，也是学术界持久研究讨论的前沿热点话题，主要集中在绿色发展效率的科学测度、绿色发展存在的突出问题、绿色发展效率的影响因素及绿色发展效率的提升机制。其中绿色发展效率的影响因素关系绿色发展的动力机制识别，是学术界关于绿色发展效率研究的重中之重。关于绿色发展效率的影响因素更多关注的是经济社会因素，如城镇化（王兵等，2014）、外商投资（周杰琦和汪同三，2017）、技术创新（汪克亮等，2017）、产业集聚（杨平宇和陈建军，2018）等，研究范围偏向整个宏观区域（黄跃和李琳，2017）。随着国家生态文明建设进程加快，关于环境规制与绿色发展关系的文献逐渐增多（钱争鸣和刘晓晨，2014a），但研究尺度多以省域尺度为主（邱兆林和王业辉，2018），对落实到生产生活活动的核心集聚区——城市研究还不够，特别是对环境规制与国家重大战略区域长江经济带的城市工业绿色发展效率的研究相对较少（钟茂初，2018）。学术界关于城市工业绿色发展的环境规制策略尚未形成系统研究成果，仍有待进一步拓展。

集聚作为企业空间布局的基本形态，有利于降低企业的劳动力搜寻成本和交通运输成本，扩大企业生产规模，增进企业间生产联系，促进绿色技术外溢，对区域绿色发展效率具有重要影响（张可和豆建民，2015；秦炳涛和葛力铭，2018）。产业集聚是进行环境空间治理必须考虑的重要条件，环境规制有利于促进绿色生态集聚、环境规制与产业集聚相互关联（Wang et al.，2018），存在对绿色生产能力的联合影响，但学术界关于环境规制、产业集聚对绿色发展效率的联合影响研究相对较少，关于环境规制、产业集聚对长江经济带城市工业绿色发展效率的研究更为稀缺。同时随着信息网络应用的推广和综合立体交通走廊的日趋完善，区域间的联系程度更加紧密，学术界正逐步将空间因素系统纳入至区域绿色发展研究中，但对绿色发展的空间效应研究整体仍处于应用探索阶段（黄建欢等，2018）。

整体而言，学术界关于环境规制、产业集聚与城市工业绿色发展效率之间的内在关系尚未进行系统研究，忽视了二者对绿色发展的联合影响研究。有必要在空间异质性和空间交互效应条件下，厘清二者对工业绿色发展效率的单一作用机理和协同作用机理，进一步深入探讨环境规制、环境规制对城市工业绿色发展效率的影响效应，厘清环境规制、产业集聚与工业绿色发展效率的逻辑关系，以期从环境规制和产业集聚视角拓展绿色发展效率的分析框架，进一步丰富完善关于绿色发展效率动机机制的规范研究与实证研究内容。

1.1.2　研究意义

1. 理论意义

本书综合运用经济地理学、城市地理学、城市经济学、区域经济学、产业经济学、技术经济学、环境经济学、资源经济学、生态经济学、制度经济学等多种学科的理论和方法，构建环境规制、产业集聚与长江经济带工业绿色发展效率的研究框架，探讨环境规制、产业集聚对长江经济带工业绿色发展效率的影响机理，对于丰富环境规制的外部性理论与产业集聚的转移理论、拓展工业绿色发展效率的驱动机制理论具有重要意义。

2. 实践意义

基于长江经济带城市尺度空间数据，科学评估长江经济带城市工业绿色发展效率，定量测评环境规制、产业集聚对长江经济带城市工业绿色发展效率的影响效应。明确长江经济带城市工业绿色发展效率在环境规制、产业集聚层面的亟待完善之处，提炼提升长江经济带城市绿色发展效率的政策建议，为政府部门科学制定精准有效的长江经济带环境政策与产业政策提供理论和实证依据，以加快长江经济带工业绿色发展进程，建设长江经济带生态文明先行示范带，推动长江经济带经济高质量发展。

1.2　核心概念界定

1.2.1　环境规制

较之于产业集聚研究，学术界尚未构建起完整的环境规制理论体系，关于环境规制的概念界定尚未形成一致意见。环境规制是随着环境污染问题日益严重而逐步凸显的，工业发展的传统粗放模式对资源环境的破坏性攫取超出生态环境承载能力，产生严峻的环境问题，极大威胁人类生存和发展。政府部门不得不通过行政、法律、经济等手段，采取一系列旨在控制产业污染排放与加强生态环境建设的措施、方针、政策以实现经济可持续发展、维持生态系统平衡、保障居民健康权。行业协会和居民也积极参与其中。这些即是所谓的“环境规制”。

马歇尔(Marshall)最早对环境问题进行分析，同产业集聚的原理相似，马歇尔(1890)在《经济学原理》中首次提出“外部经济”与“内部经济”，而环境规制正是为了克服工业生产的环境负外部性。庇古(Pigou，1920)在《福利经济学》中提出通过对污染征税内化工业生产的负外部性。由于环境资源属于公共资源，具有竞争性，但不具有排他性，单纯依靠市场无法解决工业污染的环境负外部性问题，必须借助政府力量解决环境问题领域的市场失灵。故而环境规制一般多从政府角度推动环境规制实践，强调政府部门通过下达行政命令、征收环境税、设定污染排放权、实行环境补贴等手段控制工业污染排放。学术界围绕环境规制的内涵提出了诸多看法，尚未形成关于环境规制概念的统一认识。

赵玉民等(2009)基于对环境规制内涵的两次补充修正，认为环境规制是以环境保护为目的、个体或组织为对象、有形制度或无形意识为存在形式的一种约束性力量。贺灿飞等(2013)指出环境规制是环境政策执行者为降低污染排放而采取的改善环境质量的政策总和。原毅军和谢荣辉(2014)认为环境规制不仅包括政府通过行政命令对环境资源利用的直接干预，还包括基于市场规律的市场激励型环境政策和达成的环保协议。张江雪等(2015)认为环境规制是旨在加强环境保护而实施的行政和市场二维环境调控以及居民的环保活动参与。刘金林(2015)认为环境规制是政府通过行政、市场及其他约束手段对企业或者个人的环境污染行为进行调节。童健等(2016)认为环境规制是政府解决环境问题“市场失灵”的重要手段，通过实施环境调控政策控制工业环境污染排放并达到调整优化工业结构的目标。钟茂初和姜楠(2017)认为环境规制是政府为加强环境保护，通过禁止、限制性手段为经济活动参与者制定的一系列关于环境保护的政策法规总和。宋德勇和赵菲菲(2018)认为环境规制是指通过影响企业的交易成本和管理费用进行治理环境问题的政策合力。学术界关于环境规制内涵以政府的行政命令与经济手段为核心，强调政府、企业和居民的联合环境管控作用。

学术界关于环境规制的类型划分主要分为两大类：显性环境规制和隐性环境规制(赵玉民等，2009)。其中，前者是指为实现持续环境保护而达成的一种正式契约，进一步可划分为命令控制型、市场激励型和自愿型三类环境规制；后者则是个体在日常学习生活工作过程中形成的一种无形环境保护意识。对于工业企业而言，能够形成强有力的环保约束则是显性环境规制。命令型环境规制是指政府以行政命令形式出台的要求企业削减工业污染排放的相关法律、法规和政策文件，这类环境规制约束性最强，使用频率最高，但短期内可能造成剧烈的经济波动。市场激励型环境规制则是借助市场力量为企业提升污染管控技术提供经济激励（李斌和彭星，2013），譬如给予节能环保产品以市场补贴、税收优惠。自愿型环境规制则是企业自身为加强环境保护而自发提出的削减环境污染排放的承诺计划、协议。隐性环境规制则强调居民环保意识、环境认知的提升而对企业、政府的环境行为施加影响。由于自愿型环境规制和隐性环境规制的约束效力不高，且二者本质上均是自愿型环境规制（薄文广等，2018），前者主体为企业，而后者主体为个人，二者可以整体视为社会调节型环境规制。本书所研究的环境规制则是指能够对企业污染排放构成约束的综合型环境规制，包含显性环境规制和隐性环境规制。

综上所述，本书认为环境规制旨在内生化企业污染的负外部性，是各种能够强化环境保护的约束性力量综合，主要是指政府通过采取行政命令直接限制企业污染排放，或通过实施市场激励政策鼓励企业开展环境技术创新减少污染排放，企业主动承担环境社会责任而执行节能减排计划，居民环保意识强化引导绿色产品消费间接推动企业绿色转型，最终实现经济发展与环境保护的共赢目标。因为本书研究的产业对象为工业领域，所以本书考查的环境规制实为工业环境规制，重点关注工业领域的环境治理效果，下面论述的产业集聚，也是指狭义的工业集聚。

1.2.2 产业集聚

产业集聚是企业出于共享基础设施服务、节省劳动力成本和运输成本在地理上相互集聚的经济现象。早期产业集聚形成的主要原因是为了削减生产运输成本，企业向原料产地扎堆集聚，最大限度节省原材料生产运输成本。同时企业集聚有利于形成完善的产业分工体系，延伸产业链条，培育良好的市场空间，增强企业盈利能力。一旦产业集聚现象初步形成，则会产生“锁定效应”（陈建军等，2009），集聚的形态和功能会进一步完善，专业技术、经验、信息等外部性缄默知识会在企业间相互扩散，企业的创新能力逐渐提升，吸引周边企业向集聚区加快集聚。

马歇尔（Marshall，1890）在《经济学原理》中最早系统阐述产业集聚现象，论述产业集聚的形态、缘起和动力等内容。马歇尔将工业企业集中分布于特定地区的现象称之为地方性工业，认为气候、土壤、矿产、水陆交通等自然条件是引起产业集聚的主导因素，早期产业集聚主要考虑生产要素分布与交通条件，推动生产便利化是企业集聚的主要原因。当企业集聚达到一定程度时会产生集聚外部性，规模经济外部性是马歇尔关于产业集聚的主要贡献。他将产业集聚外部性红利划分为三个方面：一是有利于培育专业化的供应商，二是有利于劳动力充足供给，三是有利于技术、信息、知识传播。随着企业规模发展壮大，信息在企业间交流扩散，技术创新和知识溢出加快，产业集聚会逐渐发展至企业联系更为紧密的产业集群，进一步增强企业市场竞争力。马歇尔运用外部规模经济理论在一定程度上阐释了产业集聚的原因，但对运输成本、企业规模报酬递增、关联效应考虑不足，存在一定程度的局限性。

随后，韦伯(Weber)在1909年其代表作《工业区位论》中系统阐述工业区位论，从运输成本、劳动力成本、规模经济角度解释产业集聚现象(Weber，2010)。韦伯认为企业进行初始区位布局时主要考虑运输成本和劳动力成本，并据此提出运输成本指向原理和劳动力成本指向原理。制造业企业倾向布局在运输成本最低或劳动力成本最小的地区。当运输成本和劳动力成本同时存在时，只有当劳动力成本的节约大于运输成本的增加时，运输成本型厂商区位才会改变；只有当运输成本的节约大于劳动力成本的增加时，劳动力成本型厂商区位才会改变。但韦伯认为集聚对企业布局影响更为重要，多个厂商集聚可以带来收益增加与成本减少，效益提升主要源自于规模报酬递增，成本减少则主要由于单位成本下降。韦伯进一步提出工业企业集聚法则，如果企业集聚带来的收益增量超过从运输成本最小点迁出所产生的成本增量时，企业会发生集聚行为，反之则倾向于原始布局。韦伯基于工业区位论首次建立了企业集聚所遵循的经济规律理论体系，较为系统地阐述了工业集聚现象，对后续区位论具有重要基础指导意义，但韦伯的工业区位论对社会制度、政策环境及文化习俗等因素考虑不足，对企业集聚的原理阐述存在一定的局限性。

新古典经济学在规模报酬不变和完全竞争条件下分析经济问题，囿于建模技术滞后，未能将规模报酬递增和不完全竞争的现实生产事实纳入分析模型。迪克斯特和斯蒂格利茨(Dixit and Stiglitz，1977)首次将规模报酬递增和不完全竞争纳入分析模型，提出著名的D-S垄断竞争市场模型，为后续新经济地理学发展奠定了方法论基础。克鲁格曼(Krugman)基于D-S模型，结合工业区位论中的运输成本原理，提出了著名的“中心-外围”模型(又称“CP 模型”)，在 20 世纪 90 年代初期创立新经济地理学(Krugman，1991)。克鲁格曼认为产业集聚主要受本地市场效应、生活成本效应、市场挤出效应等三重效应影响，前两种效应产生向心力，促进生产者厂商和消费者个体在空间上相互集聚，后一种效应则具有离心力，导致企业布局分散，两种力量相互作用决定企业在空间上集聚或分散。克鲁格曼认为初始的集聚形态可能仅仅是由于某些偶然因素，但集聚优势却会在规模报酬递增基础上不断累积扩大，进一步强化集聚趋势。许多学者在 CP 模型的基础上进一步改进，提出垂直关联模型(Krugman and Venables，1995)、资本创造模型(Baldwin and Forslid，2000)、要素流动模型(Forslid，2005)，专注于从企业关联、要素创造、要素流动视角解释产业集聚。新经济地理学将规模报酬递增、垄断竞争、运输成本纳入企业布局的数理模型之中，较传统的工业区位论更为严谨，但依然存在一定的局限性，对文化、制度等软环境因素考虑不足，特别是忽略了知识和技术溢出，该理论的现实解释能力仍有待提升。

波特(Porter)则从竞争优势角度研究产业集聚问题，认为产业集聚有利于获得竞争优势，提升产业竞争力和国家竞争力。波特(1990)在《论国家的竞争优势》中首次明确产业集群概念，产业集群是产业集聚的高级阶段，指在某一特定区域围绕特定行业，存在着一群相互关联的企业、供应商和配套的专业化制度与行业协会。波特认为产业集聚主要通过关联效应、知识溢出效应、竞争效应等获得集聚优势。在一个具有内生联系的产业集群内，企业间存在紧密的前向关联与后向关联，共同构成一条完整的产业链，集群内密切关联的厂商整体效益大于内部各厂商利益的加总。集聚便于企业间相互交流学习，促进生产技术的积累、传递、扩散，产生技术溢出效应，推动企业协同创新，加快企业技术升级，增强企业市场竞争力。集群内部企业存在良好的创新氛围、协调的竞争合作关系、完善的基础设施条件，构成良好的企业发展环境，新企业不断进入并发展壮大，强化集群的动态竞争力。波特从产业竞争力角度解释产业集群，基于产业集群的内生动力，提出产业竞争优势的钻石模型，极大增强了产业集群理论的现实解释力。但该理论缺乏严密的数理模型推导，主要基于现实案例归纳分析，经济学理论基础不充分。

上述学者搭建的经济学理论构建了产业集聚分析框架，学术界围绕上述理论基础，进一步拓展产业集聚研究，主要涉及产业集聚的动力机制识别(杜传忠等，2018；Yu et al.，2018)、产业集聚的经济效应(Commendatore et al.，2014；Cieślik and Ghodsi，2015)、产业集聚的技术创新效应(Wheeler，2009；Widodo et al.，

2015)、产业集聚的环境效应(刘耀彬等,2017;徐梦雨和张建华,2018)。本书认为产业集聚是指企业为获取由基础设施共享、交易成本节约、生产技术外溢而带来的外部经济红利与专业化分工所带来的规模扩张内部经济效益,而在地理空间上相互临近布局的经济现象。由于产业集聚属于一种显性的空间现象,所以学术界对其内涵研究未过度展开,当前更多是探讨产业集聚的影响效应。根据产业类型可将产业集聚划分为农业集聚、工业集聚、服务业集聚,由于农业受自然条件影响较大,学术界对农业集聚的关注较少。为聚焦研究主题,本书所指的产业集聚仅针对本书的研究内容而言,即特指工业集聚,侧重探讨工业集聚对长江经济带城市工业绿色发展效率的影响效应。

1.2.3 绿色发展

绿色发展是一种新的发展理念,是对原有资源驱动和要素驱动的粗放发展模式的修正。传统发展模式带来严重的环境问题,必须调整原有的粗放发展模式,提升资源能源利用效率、推动绿色技术进步,实现环境、经济、社会协调发展。绿色发展理念可以追溯到20世纪60年代鲍尔丁提出的宇宙飞船理论和卡尔逊发表的《寂静的春天》及20世纪70年代罗马俱乐部联合发表的《增长的极限》,学术界开始对环境问题进行深刻反思,戴利、皮尔斯等人则进一步提出稳态经济、绿色经济、生态经济等清洁发展模式,构成绿色发展的早期理论源泉。为与绿色发展方式进行区分,可将过去高耗能、高排放、高污染型发展模式称之为黑色发展模式。

早期绿色发展理念更多关注经济发展方式的持续性,要求提高资源能源利用效率,降低资源能耗强度,使经济发展方式向低能耗、高效率方向转变。经济发展进一步向前推进,带来的环境问题日益突出,环境系统稳定性更为脆弱,迫切要求提升资源环境承载能力。实现环境、经济、社会协调发展成为绿色发展共识,要求扭转以前将环境保护与经济发展对立起来的粗放发展模式(邬晓燕,2014)。环境已不再是经济发展可有可无的附属物,而是与经济发展具有相同甚至更为重要的地位,构成推动经济系统可持续发展的重要驱动力。夏光(2010)认为绿色经济是指兼具经济效益和环境效益的经济活动,包括产业生态化和生态产业化两个核心内容,经济活动必须清洁低碳绿色化,降低环境负荷;环境资源也可以转化为经济效益,增强环保内生性。经济合作与发展组织(OECD,2011)认为绿色增长旨在兼顾经济增长和环境保护,提升经济增长方式清洁度和可持续性,防治环境恶化、生物多样性减少、自然资源枯竭。世界银行(World Bank,2012)提出类似的绿色增长概念,认为绿色增长是一种环境友好型和社会包容型的增长方式,旨在通过提升资源利用效率、降低污染排放、减少环境容量消耗实现经济可持续发展和环境系统稳定。胡鞍钢和周绍杰(2014)认为绿色发展具有包容性,致力于解决可持续发展中人口与经济增长同粮食、资源供给之间的矛盾,以及气候变化所带来的整体危机。黄志斌等(2015)认为绿色发展是在资源环境承载能力约束条件下,通过绿色生态化实践手段,增进绿色资产福利,推动经济-社会-生态复合系统协调发展。卢风(2017)认为绿色发展就是可持续发展,是一种摒弃粗放式、高能耗、低效益、高污染的发展模式。吴静(2018)认为绿色发展包含人与自然和谐共生、增进民生福祉和构建保障制度体系等三个维度。整体而言,学术界关于绿色发展的内涵主要从经济增长、环境保护、社会进步等展开,注重环境、经济、社会全面协调可持续发展。

本书重点关注的是工业领域绿色发展问题,即绿色发展在工业领域的延伸和具体实践。联合国工业发展组织(UNIDO,2011)认为工业绿色发展是指在实现工业规模扩张、工业就业容量增加的基础上,不断降低工业碳排放、工业污染排放,推动工业生产过程低碳生态安全化。苏利阳等(2013)认为工业绿色发展是一种绿色低碳、资源节约、环境友好的工业发展模式,在维持工业经济较快增长和就业岗位稳定增加的前提下,提供更多工业产品满足人们的消费需求,发展绿色新兴产业,加强工业绿色技术创新,降低工业污染排放和工业环境风险。吴旭晓(2016)认为工业绿色发展是生态文明在工业领域的延伸和具体化,工业绿色化是新型工业化的内在要求和必然选择。赵洪生(2017)认为工业绿色发展在维持工业一定增速的前提下,发展壮大绿色新兴产业,推动工业能源结构低碳清洁化,提升资源能源利用效率,降低工业污染排放,强化工业绿色技术创新。黄聪英和林宸彧(2018)认为工业绿色发展是以提升资源利用效率和加强环境保护为核心,保持工业规模扩张、就业岗位增加、产品供给增长,推动资源能源高效利用,实现经济效益、社会效益与环境效益有机统一。工业作为环境问题产生的主要来源,工业绿色发展尤为重视提高资源能源利用效率,降低工业生产过程中污染产生与排放。

综上所述,绿色发展是一种强调环境-经济-社会复合生态系统协调有序的发展理念,旨在通过降低资源能源消耗、减少环境污染排放、强化生态环境保护、增进社会福利,实现环境、经济、社会的可持续发展。经济绿色发展是实现绿色发展的基础,工业是国民经济的支柱,工业绿色发展是经济绿色发展的关键所在。通过绿色发展内涵可以引申出工业绿色发展的基本要义,工业绿色发展包含绿色生产、绿色产品和绿色产业三大核心理念，强调清洁生产、产品质量和绿色产能。即通过推广应用绿色生产技术，提升资源能源利用效率，降低污染排放强度，提供更多绿色产品服务，培育新的工业增长点，实现工业增长与环境保护、社会进步的有机统一。本书正是着重探讨工业绿色发展，特别是关系工业绿色发展持续性和内生性的工业绿色发展效率，降低工业发展过程中的资源能源消耗，减少工业污染排放，提升工业绿色发展内生动力，关于绿色发展效率的相关研究详见第 2.1 节。

1.3 研究思路、内容与方法

1.3.1 研究思路

首先，在高质量发展和生态文明建设背景下引出环境规制、产业集聚与长江经济带城市工业绿色发展效率研究选题。然后，对学术界关于绿色发展效率的研究进行全面综述，厘清本书研究的基础，把握本书的研究现状，寻找现有研究的知识缺口，明确本书的研究起点和边际学术贡献。进一步，表征长江经济带城市环境规制强度、产业集聚程度与工业绿色发展效率的时空演变格局。更进一步，重点分析环境规制对长江经济带城市工业绿色发展效率的影响效应，产业集聚对长江经济带城市工业绿色发展效率的影响效应，环境规制与产业集聚对长江经济带城市工业绿色发展效率的联合影响效应。最后，归纳环境规制、产业集聚对长江经济带城市工业绿色发展效率影响的相关研究结论，提出加快长江经济带城市工业绿色发展的针对性对策建议。

本书研究思路可用图 1-1 所示的技术路线清晰、直观地表达。

1.3.2 研究内容

第 1 章 绪论。从理论与现实两方面阐述本书的研究背景和研究意义，引出研究主题，厘清本书涉及的三大核心概念——环境规制、产业集聚、绿色发展内涵，把握本书的基本研究思路和主要研究内容，概述本书的主要研究方法。

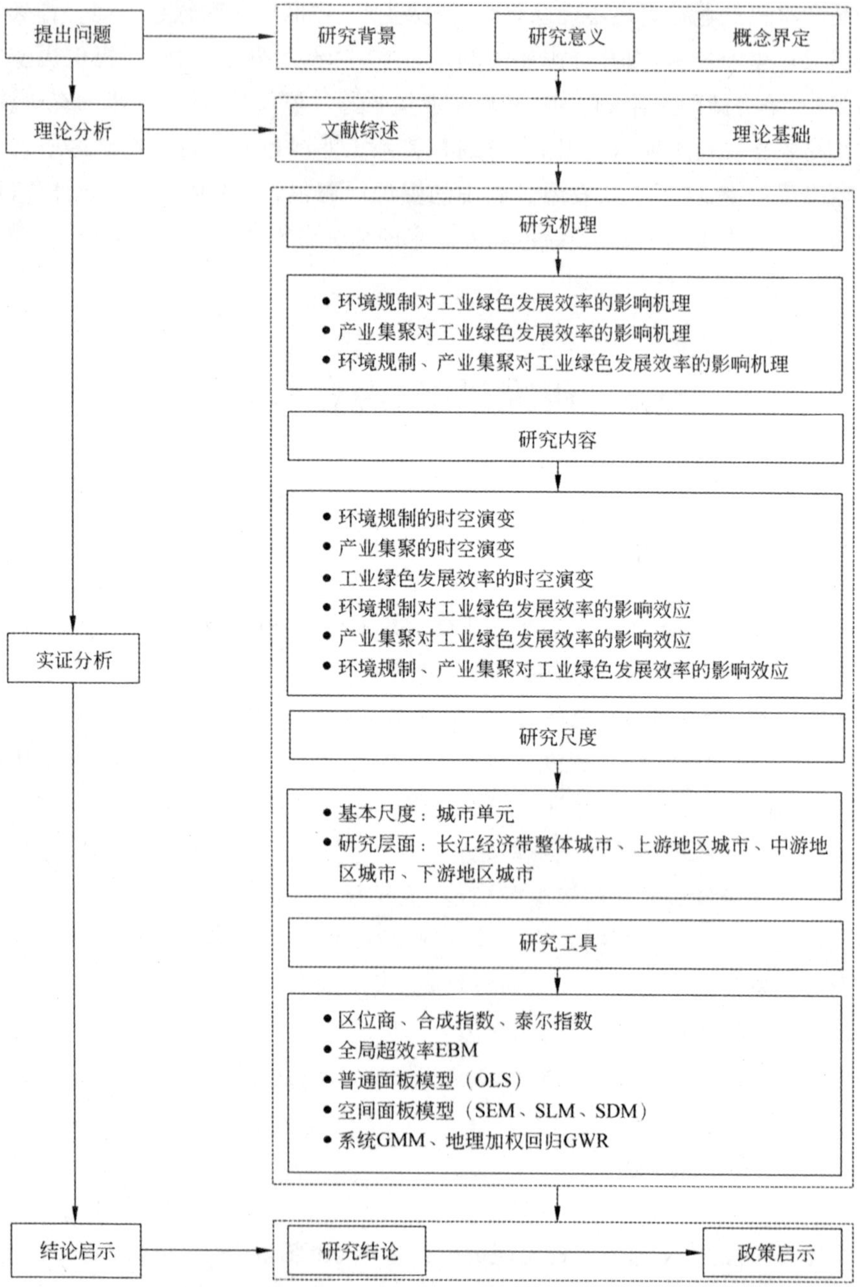

提出问题 → 研究背景 | 研究意义 | 概念界定

理论分析 → 文献综述 | 理论基础

实证分析 →

研究机理

- 环境规制对工业绿色发展效率的影响机理
- 产业集聚对工业绿色发展效率的影响机理
- 环境规制、产业集聚对工业绿色发展效率的影响机理

研究内容

- 环境规制的时空演变
- 产业集聚的时空演变
- 工业绿色发展效率的时空演变
- 环境规制对工业绿色发展效率的影响效应
- 产业集聚对工业绿色发展效率的影响效应
- 环境规制、产业集聚对工业绿色发展效率的影响效应

研究尺度

- 基本尺度：城市单元
- 研究层面：长江经济带整体城市、上游地区城市、中游地区城市、下游地区城市

研究工具

- 区位商、合成指数、泰尔指数
- 全局超效率EBM
- 普通面板模型（OLS）
- 空间面板模型（SEM、SLM、SDM）
- 系统GMM、地理加权回归GWR

结论启示 → 研究结论 → 政策启示

图 1-1　环境规制、产业集聚与长江经济带城市工业绿色发展效率研究技术路线

第 2 章 绿色发展效率研究文献综述。从科学内涵、研究维度、测度工具、非期望产出处理方式、影响因素、空间效应等六个方面对学术界关于本书的核心研究主题——绿色发展效率的研究成果进行系统梳理，并识别出现有研究仍存在的知识缺口，明确本书研究工作的边际学术贡献。

第 3 章 相关理论基础。对本书涉及的相关理论进行系统阐述，主要包括可持续发展理论、循环经济理论、资源环境承载力理论、外部性理论和区域经济传递理论，基础理论与后文各章节研究内容相互对应，构成本书研究的理论分析基础。为第 5 章、第 6 章、第 7 章进一步分析环境规制、产业集聚对工业绿色发展效率单一影响和联合影响的理论机理做铺垫工作。

第 4 章 环境规制、产业集聚、工业绿色发展效率演化的特征事实。采用合成指数法评估长江经济带城市环境规制强度，采用区位商测度长江经济带城市工业集聚程度，采用全局超效率 EBM 模型评估长江经济带城市工业绿色发展效率，采用标准差椭圆法 SDE 分析三者的空间特征演变，采用泰尔指数分析三者的地区差异演变。旨在初步判识长江经济带城市环境规制、产业集聚和工业绿色发展效率时空演化特征，为下文深入探讨环境规制、产业集聚对长江经济带城市工业绿色发展效率的影响研究做预研准备。

第 5 章 环境规制对长江经济带城市工业绿色发展效率的影响研究。基于成本约束效应、绿色引导效应、污染扩散效应梳理环境规制对工业绿色发展效率的影响机理，将环境规制作为核心解释变量，选择经济发展、要素禀赋、城镇化、对外开放作为控制变量。先采用普通线性回归模型分析环境规制对长江经济带城市工业绿色发展效率的影响效应，通过 LM 检验和稳健的 LM 检验判断传统面板模型是否存在空间效应以及存在何种空间效应。若不存在空间效应，则直接根据传统面板模型回归结果分析，如果存在，则进一步采用 LR 检验和 Wald 检验，选用空间滞后模型 SLM、空间误差模型 SEM、空间杜宾模型 SDM 作为分析环境规制对长江经济带城市工业绿色发展效率影响评价的研究工具。

第 6 章 产业集聚对长江经济带城市工业绿色发展效率的影响研究。基于规模扩张效应、产业协同效应、梯度转移效应梳理产业集聚对工业绿色发展效率的影响机理，将产业集聚作为核心解释变量，选择企业规模、工业化、技术创新、企业效益作为控制变量。先采用普通线性回归模型分析产业集聚对长江经济带城市工业绿色发展效率的影响效应，通过 LM 检验和稳健的 LM 检验判断传统面板模型是否存在空间效应以及存在何种空间效应，若不存在空间效应，则直接根据传统面板模型回归结果分析，若存在空间交互效应，则根据检验结果选用空间滞后模型SLM、空间误差模型SEM、空间杜宾模型SDM作为分析产业集聚对长江经济带城市工业绿色发展效率影响评价的研究工具。

第7章 环境规制、产业集聚对长江经济带城市工业绿色发展效率的影响研究。基于黑色刺激效应、协同创新效应梳理环境规制对工业绿色发展效率的联合影响机理，将产业集聚、环境规制及其相互项作为核心解释变量，选择城市经济发展、要素禀赋、城镇化、对外开放、工业化、技术创新、企业效益等作为控制变量。先采用动态面板系统GMM模型分析环境规制、产业集聚对长江经济带城市工业绿色发展效率的联合影响效应，兼论工业绿色发展的历史累积性。进一步采用地理加权回归模型GWR考察环境规制、产业集聚联合作用工业绿色发展的空间异质性。

第8章 结语。系统归纳全书研究内容的主要研究结论，根据实证分析结果和研究结论，从加强环境规制和促进产业生态集聚角度，提炼提升长江经济带城市工业绿色发展效率的政策启示。进一步指出本书研究的主要创新点与不足之处，并提出后续研究展望。

1.3.3 研究方法

(1) 文献研究法。对学术界关于绿色发展、环境规制、产业集聚的概念内涵进行全面梳理，明确本书研究内容的逻辑起点。进一步通过系统梳理绿色发展效率研究脉络，厘清绿色发展效率的内涵外延、绿色发展效率的主要研究维度、环境非期望产出的主要处理方式、绿色发展效率的主流测度方法、绿色发展效率的核心影响因素、绿色发展效率的空间效应及其实证研究工具。立足现有文献研究成果，确立本书的研究基础，明确本书的研究内容、研究方法及研究意义，明晰本书研究的边际学术贡献。

(2) 比较分析法。长江经济带横跨我国东中西部三大经济地带，地区分异显著，环境规制、产业集聚对长江经济带城市工业绿色发展影响必然存在地区异质性，将长江经济带划分为上游地区、中游地区、下游地区，探讨环境规制与产业集聚对长江经济带不同地区城市工业绿色发展效率的影响，以期科学准确判断环境规制、产业集聚对长江经济带城市工业绿色发展效率的影响效应。

(3) 实证分析法。本书应用最为广泛的研究方法即为实证分析法，采用三个实证板块探明环境规制、产业集聚对长江经济带工业绿色发展的影响效应。在进行实证分析前，采用合成指数法、区位商、全局超效率EBM模型、标准差椭圆SDE、泰尔指数分析长江经济带城市环境规制、产业集聚、工业绿色发展效率时空演变规律。采用普通线性面板回归模型、空间计量模型（SEM、SLM、SDM）分别分析环境规制、产业集聚对长江经济带城市工业绿色发展效率的单一影响效应；采用动态面板系统GMM模型环境规制、产业集聚对长江经济带城市工业绿色发展效率的联合影响效应，并采用地理加权回归模型GWR分析其空间异质性。实证分析过程主要通过MaxDEA7.0、Matlab2017a、ArcGIS10.5、Stata15.1、GWR4.09等软件完成。

（4）规范分析法。在实证分析过程指出长江经济带工业绿色发展效率提升过程中存在的突出问题与制约瓶颈，并在结论部分系统归纳环境规制、产业集聚对长江经济带城市工业绿色发展效率影响的规律、特点。基于环境规制、产业集聚对长江经济带城市绿色发展效率影响效应的相关研究结论，从优化环境管理和推动工业生态集聚等视角有的放矢地提出提升长江经济带城市工业绿色发展内生性的对策建议。

第 2 章 绿色发展效率研究文献综述

绿色发展效率决定绿色发展的内生动力，对推动绿色全要素生产率增长和经济高质量发展发挥着重要作用，本书的核心主题在于提升绿色发展效率。因此，本章将系统梳理学术界关于绿色发展效率的研究脉络，涉及绿色发展效率的科学内涵、绿色发展效率的研究维度、绿色发展效率测度的基本工具、非期望产出的处理方式、绿色发展效率的影响因素、绿色发展效率的空间效应六个方面，以厘清当前学术界关于绿色发展效率的研究进展，明晰现有研究存在的改进之处，从而发现本书研究的理论突破口。为强化核心主题的统一性，将学术界关于环境规制、产业集聚对绿色发展效率的影响研究成果纳入绿色发展效率的影响因素研究梳理之中。

2.1 绿色发展效率的科学内涵

学术界关于绿色发展效率的研究肇始于对绿色发展的研究，由于绿色发展理念覆盖环境、经济、社会等多个领域，为明确推动绿色发展的着力点，绿色发展效率便从绿色发展的整体研究中演化出来（黄泰岩和特木钦，2017），更加集聚于从生产过程角度推动整体绿色发展。自王兵和黄人杰（2014）首次明确提出“绿色发展效率”以来，学术界对绿色发展效率的概念仍未达成一致认识。当前存在多个与绿色发展效率相近的效率概念，主要有环境效率、生态效率、能源效率、环境经济效率、绿色效率、绿色经济效率、绿色增长效率（李静，2009；黄建欢，2016；宋德勇等，2017；Mofrad et al.，2018），以环境效率（魏一鸣和廖华，2010）、生态效率（尹科等，2012）和能源效率（Kang and Lee，2016）居多。其中，环境效率与生态效率内涵基本相同，前者更加侧重环境约束，后者更强调生态成本，而能源效率则为强调提升资源能源利用效率，此时可能忽略环境约束（吴传清和杜宇，2018）。三者均是绿色发展效率的不同侧面，只是关注重点有所不同，最终目标都是提升可持续发展能力，实现资源环境与经济社会协调发展。

尽管现有研究成果关于绿色发展效率内涵的具体观点不尽相同，但核心内容仍基本一致，强调绿色发展效率是在资源和环境约束条件下的投入产出效率。具有三个特征：一是减少环境非期望产出，特别是环境污染物和温室气体；二是增加期望产出，主要是产业增加值或产业总产值；三是降低要素投入，主要是劳动力、资本等一般生产要素及煤炭等非清洁化石能源。基本目标都是减少会对生态环境产生负面影响的物质产生和能源使用，并提升经济增长绩效（张晓第，2008；姜兆华等，2012；Yang et al.，2015；Aldanondo-Ochoa et al.，2017；车磊等，2018）。鉴于上述几种效率的核心内涵具有同质性，只是各自的侧重点不同。因此本书将上述几种效率视为绿色发展效率的不同表述。

大部分学者基于包含非期望产出的投入、产出视角定义绿色发展效率。基于产出视角认为绿色发展效率是投入保持不变的条件下，期望产出增加和坏产出减少的潜力；基于投入视角认为绿色发展效率是在产出不变的情况下，要素投入和非期望产出减少的最大幅度。莱因哈德等（Reinhard et al.，1999）认为环境效率是指在生产技术、期望产出、一般投入保持不变的前提下可实现的最小化非期望产出与当前实际非期望产出之间的比率。王锋和冯根福（2013）则认为能源环境效率是指在劳动和资本要素投入保持不变时，能源投入减少、合意产出增加、非合意产出减少的潜力。非合意产出为二氧化碳和二氧化硫。王兵和黄人杰（2014）认为绿色发展效率是指在给定投入下污染物减少同时“好”产出增加时的效率水平，将二氧化硫和一氧化氮作为“坏”产出，这是学术界首次正式提出并界定“绿色发展效率”内涵。林伯强和刘泓汛（2015）认为能源环境效率是在投入保持不变时，经济产出最大化和环境影响最小化的潜力，将二氧化碳作为能源环境非期望产出。刘殿国和郭静如（2016）认为环境效率是指在投入产出保持不变时，污染排放能力在现有基础上减少的潜力。杨志江和文超祥(2017)认为绿色发展效率则是指各项投入和非期望产出减少以及期望产出增加的平均比例,对投入、期望产出和非期望产出都施加约束,未将温室气体纳入非期望产出。卢燕群和袁鹏(2017)则认为生态效率是期望产出最大化、非期望产出最小化的潜力,未涉及要素投入的减少幅度,将工业废水、废气、固废作为环境约束。黄杰(2018a)认为绿色发展效率即是纳入资源和环境要素的经济发展效率,以二氧化碳和二氧化硫为非合意产出。罗能生等(2018)认为生态效率强调以最小的资源消耗实现最大的经济社会效益,并将工业废水和废气作为非期望产出。汪克亮等(2018)认为环境效率是指采用生产要素进行经济活动所产生的环境影响,可用经济产出与环境影响的比值衡量,并将二氧化硫、烟粉尘、氮氧化物等废气排放作为环境影响。

现有文献大都基于期望产出、环境非期望产出以及要素投入视角定义绿色发展效率,对绿色发展效率的内涵认识基本一致:投入最小化,合意产出最大化,非合意产出最小化。学术界关于对绿色发展效率认识差异主要聚焦于对非期望产出的认识与投入产出的出发点:或更偏重要素投入的减少,或更偏重期望产出的增加,或更偏重环境非期望产出的减少。大部分学者将工业“三废”作为非期望产出的主体,而省域尺度的绿色发展效率研究也会得益于能源数据的易得性而综合考虑温室气体。本书认为绿色发展效率实质上为一种深绿色思想,将环境保护与经济发展进行综合性思考,强调在经济发展中提升环境保护内生性,在实现经济产出最大化的同时最大限度降低要素消耗并减少环境非期望产出排放。

2.2 绿色发展效率的研究维度

学术界关于绿色发展效率的研究维度主要集中区域、产业、企业三个方面。区域绿色发展效率侧重考查一地区整体的绿色发展能力,产业绿色发展效率则突出区域中某一产业的绿色发展内生性,企业绿色发展效率则重点在于微观市场主体的绿色生产能力。

就区域层面而言,主要集中在对经济板块,特别是东部、西部、中部、东北部地区(王兵和黄人杰,2014;黄杰,2018b;车磊等,2018)、重大支撑区域,以“一带一路”

倡议、京津冀一体化、长江经济带为代表(卢丽文等,2016;胡彪和付中阳,2017;杨仲山和魏晓雪,2018)、省域(杨志江和文超祥,2017;曹鹏和白永平,2018)、市域(王晓云等,2016;钱龙,2018)、县域(任宇飞和方创琳,2017)、流域(郭付友等,2016)、城市群(罗能生等,2018)等不同尺度区域绿色发展效率的测度分析。一般表明地区绿色发展效率与地区经济社会发展水平密切相关,东部沿海地区绿色发展效率高于中西部内陆地区(Song et al.,2018),中心城市绿色发展效率高于腹地城市。林等(Lin et al., 2011)基于绿色 GDP 指数评估我国各省份能源环境效率,显示北京、上海最高,广东、福建、浙江、天津、江苏、海南等其他东部沿海省份次之,东北和中部省份最低。盖美等(2016)对我国省域绿色经济效率进行测度分析,发现东部地区凭借资本和技术优势,区域绿色发展能力远高于中西部地区,中部地区与西部地区间绿色发展能力整体差异较小。任宇飞等(2017)着重分析沿海地区四大城市群生态效率,研究表明京津冀城市群绿色发展协同性相对最弱,核心城市及沿海沿江城市资源利用能力和经济效益高于内陆城市。丁等(Ding et al.,2018)则从海洋经济绿色效率出发,研究表明上海、浙江、山东绿色技术进步明显,三省份海洋经济绿色生产率远高于其他沿海省份,技术效率不高抑制了海洋经济生态效率进一步提升。穆蒂尼奥等(Moutinho et al.,2018)发现拉丁美洲 16 个国家生态效率整体较低,主要由于能源生产的技术规模效率不高,阿根廷绿色生产能力相对最高。哈尔科斯和佩特罗(Halkos and Petrou,2019)测评了欧盟 28 个国家的环境效率,结果表明资源回收利用率与国家生产的环境效率相关,德国、爱尔兰、英国的环境生产率高于其他国家。

就产业层面而言,主要集中在工业(汪克亮等,2016;杨亦民和王梓龙,2017;Wang,2018)、制造业(韩晶等,2014)、汽车(田晖等,2018)、钢铁(Shao and Wang,2016)、煤炭产业(程晓娟等,2013)、电力(邓英芝,2015)、造纸业(Yu et al.,2016)、建筑业(冯博和王雪青,2015)、农业(Pang et al.,2016;侯孟阳和姚顺波,2018)、粮食种植业(田旭和王善高,2016;Abdulai and Abdulai,2017)、养殖业(Eric et al.,2016;李翠霞和曹亚楠,2017)等环境非期望产出较多的产业和细分行业。而对环境非期望产出较少的服务业绿色发展效率研究较少,仅涉及金融业(张恒等,2014)、物流交通运输业(卢幸烨等,2017)、旅游业(林文凯和林璧属,2018)等少数环境废物产生较多或具有重要战略意义的服务业细分行业(白雪洁和孟辉,2017)。田伟等(2014)对碳排放约束下的农业环境效率进行测度评估,研究表明生产特征、技术条件和社会结构是影响农业绿色生产的主要因素,东部地区农业环境效率整体较高，而中部地区的农业碳减排潜力巨大。吴旭晓（2016）以广东省为标杆考察了我国三大重化工业省份青海、河南、福建的工业绿色效率，结果表明三省份均处于无效状态，工业结构和规模效应是影响三省份工业绿色发展能力的重要因素。刘军和马勇（2017）从科研内涵、研究领域、基本工具、研究时段四个方面梳理旅游业生态效率研究进展，指出需进一步加强旅游业生态效率影响因素研究。陈瑶（2018）基于研发创新视角对我国工业绿色发展效率进行评价分析，结果显示各省份工业绿色发展的波动性明显，东部地区工业绿色创新能力整体较强。对西欧地区 55 个奶牛农场养殖生态效率的一项研究发现，环境和经济指标的不确定性会极大影响农场生态效率评估的准确性，可使用 Fuzzy-DEA 模型对传统模型生态效率测度结果进行校正（Mu et al.，2018）。程长明和陈学云（2018）测评资源环境约束下的长江经济带沿线 11 省份物流业环境效率，研究发现物流业绿色发展能力与流域经济环境、生产技术、相关政策关系密切。

就企业层面而言，主要集中对污染排放较高的工业企业（张炳等，2008），如石化企业（Charmondusit and Keartpakpraek，2011）、汽车企业（Silva Alves and De Medeiros，2015）、钢铁企业（何枫等，2015）、煤炭发电企业（Song and Wang，2018）的绿色发展效率研究，而关于服务业和农业微观企业的绿色生产能力关注较少。孔海宁（2016）选取中国 40 家代表性大中型钢铁企业为样本，显示中国钢铁企业生态效率整体以上升趋势为主，依靠技术进步驱动，而规模经济效应贡献较弱。李爽和郭燕青（2017）以 A 股 18 家上市新能源汽车企业为例，研究表明新能源汽车创新生态效率总体不高，企业间差异明显，要进一步加大节能技术研发强度。有学者对中国火力发电企业的绿色效率进行评价分析，发现火力企业绿色效率远低于一般效率，主要是绿色规模效率低下所致（Yu et al.，2018）。邹倩等（2018）则基于 10 家大庆市典型石化企业的调研数据，比较石化企业的经营效率与生态效率，研究发现二者不存在直接关系，高经济效益的石化企业不一定具有高环境效益。王等（Wang et al.，2019）测评分析广东省 14 129 家采矿企业、制造企业、电力生产企业能源效率，结果显示山区企业能源利用粗放，节能减排潜力巨大，可减少 35％的二氧化碳排放。

学界关于绿色发展效率的研究维度主要集中在区域、产业、企业三个维度。就区域层面，基于数据可得性以及研究对象的重要性，研究单元大都为省域和市域，县域和流域尺度相对较少。就产业层面，基于研究对象的环境非期望产出能力及研究必要性考量，研究大多集中在对产污能力较强的工业和农业及其细分行业的绿色发展效率测度分析。就企业层面，侧重考查微观个体的排污能力和清洁生产潜力，研究主要集中在石化、煤炭、发电、钢铁、汽车等污染排放较大的工业细分行业。本书正是从中观产业层面中工业领域着手，以市域为研究尺度，系统分析长江经济带城市工业绿色发展效率。

2.3 绿色发展效率的测度工具

当前学术界关于绿色发展效率的测度方法主要有三类：比值法、随机前沿分析 SFA、数据包络分析 DEA。前者属于指数分析法，后两者均属于生产前沿分析法，区别是 SFA 为确定参数分析，而 DEA 则是非参数分析。

比值法的基本原理是基于生态效率内涵将期望产出与非期望产出之比作为绿色发展效率，将非期望产出视为经济发展的代价。由于该法只能考虑单一产出，对生产过程的刻画能力不足，所以该方法应用并不广泛。王连芬和温佳丽(2016)工业行业增加值与行业二氧化硫排放量作为行业环境效率，实际以行业废气排放强度间接反映绿色发展效率。周杰琦和汪同三(2017)采用工业增加值与工业污染指数的比重作为环境效率，这里的环境效率并非一个效率值，而是经过污染指数平减后的绿色工业增加值。

随机前沿分析 SFA 延续生产函数的估计思想，将随机因素纳入模型，能够识别模型的拟合优度和变量的显著性水平，可通过统计检验判断模型的估计效果。李胜文等(2010)基于超越对数生产函数 SFA 模型测度中国省级环境效率，以因子分析法合成的污染指数作为环境非期望产出，显示环境质量整体不高。盖美等(2014)采用 SFA 模型测算 2005—2011 年辽宁省城市环境效率，结果表明辽宁省环境治理的协同性不断提升。谭雪等(2015)基于 SFA 模型将污水作为环境非期望产出测度 1998—2013 年我国 30 个省份水环境效率，结果显示各省份水环境效率均有提升，地区差异减小。罗宾纳-阿尔维斯等(Robaina-Alves et al., 2015)基于 SFA 模型测度分析欧洲 26 国能源环境效率，用以分析《东京议定书》执行的环境治理效果。洪等(Hong et al.,2016)基于 SFA 模型对比分析越南、印度尼西亚、斯里兰卡、肯尼亚、马拉维五国农业绿色发展效率，结果发现化肥和农药在农场中被过度使用。张德钢和陆远权(2017)采用超越对数生产函数测度SFA模型测度中国省级能源效率,但并未考虑环境非期望产出,该效率实为包含能源投入的生产效率。孟凡生和邹韵(2018)在PP模型降维的基础上采用SFA模型测度2007—2016年我国30个省份的能源生态效率,结果显示整体呈N型上升态势。可以看出,SFA在绿色效率效率侧重中应用较为常见,但在实证分析中,由于SFA单一产出限制,存在正态分布假定,且能源投入和环境非期望无法充分呈现在投入变量中,导致SFA模型对绿色发展真实情况的刻画程度大大削弱,影响估计的准确性。因此学术界采用SFA模型估计绿色发展效率、生态效率、环境效率、能源效率不及DEA模型应用广泛。

数据包括分析DEA通过构造决策单元生产前沿面,以各决策单元与生产前面的相对距离测度绿色发展效率。由于DEA可以包含多种投入和多种产出,与变量量纲无关,无须设定具体模型,不存在模型设定偏误,对生产过程的模拟程度要显著优于单指标分析或者随机前沿分析SFA,因而成为测度绿色发展效率的主流方法。绿色发展效率涉及环境非期望产出,一般采用改进的DEA模型,如超效率DEA、SBM、超效率SBM、网络DEA、RAM、EBM等模型,特别是包含非期望产出的非径向非角度基于松弛测度的SBM模型成为测度绿色发展效率最常用工具(Yang et al.,2015;Sanz-Díaz et al.,2017;Lozano,2017;黄建欢等,2018)。吴等(Wu et al.,2013)采用随机DEA模型测度2009年中国各省份环境效率,指出该模型可将数据的随机误差及非期望产出的弱可处置性同时考虑,可有效评估绿色发展能力。苑清敏等(2015)采用考虑非期望产出的非径向、非角度SBM对2005—2012年中国三大城市群环境效率进行测度分析,结果显示京津冀城市群内部环境效率差异最大。铃木和内坎普(Suzuki and Nijkamp,2016)采用改进的超效率DEA模型测度2003—2012年欧盟、经合组织与东盟国家能源环境经济效率,结果表明欧盟环境政策效果优于其他国家。王兵和刘亚(2016)采用RAM模型和网络DEA模型测评2003—2007年东莞外资企业环境效率,结果发现外资企业较内资企业的环境治理力度更大。汪克亮等(2017)综合考虑径向松弛与非径向松弛变动,采用改进的SBM模型——EBM模型测评2005—2014年长江经济带工业用水绿色效率,结果显示工业用水效率低下,工业节水和污染减排潜力巨大。尹传斌等(2017)采用考虑非期望产出的超效率SBM模型测度2000—2014年西部地区环境效率,发现效率整体偏低,环境治理处于相对无序状态。黄等(Huang et al.,2018)采用共同前沿SBM模型测度2011—2014年中国各省份生态效率,结果表明省际绿色发展模式差异显著。刘等(Liu et al.,2019)采用超效率 SBM 模型测度山西省 2006—2015 年生态效率,研究表明大部分时期山西省环境绩效较差。

学术界关于绿色发展效率的测度工具主要包括比值法、随机前沿分析 SFA 和数据包络分析 DEA。囿于比值法和随机前沿分析对生产过程模拟的非充分性,或评估过程过于简单,或存在严格的分布假设,且不能有效地处理多投入多产出,因而学界更多采用包含非期望产出的改进 DEA 模型(Thies et al.,2019),特别是以非径向非角度 SBM 模型为主,如超效率 SBM 模型、全局超效率 SBM 模型,主要是该模型避免了径向偏误和角度偏误,且可直接处理环境非期望产出,兼具准确性和有效性。第 4.1.3 节将进一步采用改进的 SBM 模型——EBM 模型,同时考虑要素径向变动和非径向变动以更为准确地测度绿色发展效率。

2.4 非期望产出的处理方式

非期望产出是绿色发展效率投入产出测评指标体系的重要组成部分,也是绿色发展效率与传统经济效率的根本区别,恰当地处理环境非期望产出是科学测度绿色发展效率的关键所在。学术界关于非期望产出的方式主要有三种:作为投入要素,转化为期望产出,直接作为"坏"产出纳入生产过程。

一是作为投入要素,从绿色发展效率的内涵出发,将环境非期望产出视为生产期望产出的成本,将环境非期望产出视为一般要素投入(Hailu and Veeman,2001; Korhonen and Luptacik,2004)。该种处理方式只是增加了要素投入的种类(Papageorgiou,2016),未将非期望产出与一般投入要素有效区分开来。徐杰芳等(2016)采用超效率 DEA 模型将环境污染指数直接作为投入要素处理,测度 2004—2013 年中国省市煤炭资源型城市生态效率值。罗能生和张梦迪(2017)采用超效率 DEA 模型将工业"三废"直接作为投入要素处理,测度 2000—2013 年中国省份工业环境效率。卢燕群和袁鹏(2017)也直接将工业"三废"作为投入要素处理,测度 2005—2014 年中国省域工业生态效率。屈小娥(2018)将工业废水、废气、固废视为投入要素直接置于超效率 DEA 模型,测度 2004—2014 年中国省域生态效率。李成宇等(2018)则基于主成分分析法将工业"三废"的八种具体非期望产出构建环境污染指数置于投入导向的传统BCC-DEA模型，测算2006—2015年中国30个省份工业生态效率。上述做法是直接将非期望产出作为投入要素处理，此外，也有构建非期望产出指数对期望产出进行平减，扣除经济发展的环境代价以测评绿色发展效率。

也有学者基于多种环境非期望产出构建环境非期望产出指数(Urdiales et al.，2016;吴传清和宋筱筱，2018)，采用环境非期望产出指数对期望产出进行绿色平减，从而得出绿色期望产出，类似于用价格指数对名义产出进行平减得出实际产出。朱承亮等(2011)选用环境污染治理投资总额、废水排放达标率、二氧化硫去除率、工业烟尘去除率、固体废物综合利用率、固体废物处置率、“三废”综合利用产出价值基于因子分析法测算环境综合指数，对传统GDP进行绿色平减，再基于随机前沿分析SFA测度中国省域绿色增长效率。赵立成和任承雨(2012)以工业废水、废气、固废、烟尘、粉尘、二氧化硫和生活污水七个指标基于熵值法测度环境指数，对传统GDP进行绿色平减得出绿色GDP，并用传统DEA模型对环渤海地区绿色经济效率进行测度分析。王军和耿建(2014)则选取工业废水、工业二氧化硫排放量、工业烟尘排放量基于熵值法测算所得的环境污染综合指数对GDP进行绿色平减，再以传统DEA模型测度省份绿色经济效率。

将环境非期望产出作为投入要素处理是一种间接处理方式，并不符合非期望产出的实际性质。非期望产出与一般要素投入存在巨大的属性差异：非期望产出仍属于产出，为期望产出的伴生产物，后于要素投入出现，且属于厌恶品；要素投入是先于非期望产出存在，且属于正常物品。将环境非期望产出视为投入要素处理违反生产过程的有序性和非期望产出的弱可处置属性(Seiford and Zhu，2002;Yang et al.，2008)，也未能充分反映非期望产出的厌恶品属性，并不能精确测度出绿色发展效率(王婷婷和朱建平，2015)。但由于处理方式简单，该方法仍然是较为常用的一种非期望产出处理方法。

二是转化为期望产出，对环境非期望产出指标数据通过逆向函数，如负产出法、倒数转化法、线性数据转换法，将非期望产出转化为期望产出，再采用传统DEA模型测度绿色发展效率。李静(2012)将二氧化硫、烟尘、固废排放视为环境非期望产出，采用倒数法与转化向量法进行正向化，但他同时指出这两种处理方式扭曲了生产过程本质，违背了效率评价初衷。马骏和王雪晴(2017)选取工业废水、COD、二氧化硫作为环境非期望产出，通过将历年环境污染物负向化处理，并加上历年环境污染物排放最大值，以此方式实现非期望产出的正向化。将非期望产出通过正向化处理转化为期望产出，保证了产出分类的不变性，较直接作为投入处理的方式更加切合实际生产过程(Jahanshahloo et al.,2004;郭四代等,2018)。然而这种处理方式虽然维护了非期望产出的产出属性，保证产出最终非负性，但在具体处理过程中会将非期望产出压缩处理，对真实生产过程的拟合度依然不足，效率评价过程有偏(Gomes and Lins,2008)。该方法处理过程不及投入法简易明确，使用并不广泛。

三是直接作为“坏”产出处理，通过方向性距离函数将非期望产出作为“坏”产出引入模型。这种处理方式更加符合实际，是目前对环境非期望产出处理的主流方法。由于环境非期望产出的投入与正向化处理均不符实际生产过程，违反了投入强可处置性和生产可能性集有界的理论假设，在学术界仍存在较大争议。为此，有学者引入径向方向性距离函数，将环境非期望产出与期望产出作为“坏产出”与“好产出”置入产出指标体系(Chung et al.,1997)。但由于径向方向性距离函数假定期望产出与非期望产出同比例增长和减少，与现实的生产过程仍存在较大偏差；当存在投入产出非零松弛项时，径向方向性距离函数会高估绿色发展效率(Yaqubi et al.,2016)。托恩(Tone,2001)将基于松弛变量的方向性距离函数 SBM 模型引入到技术效率测度分析过程，允许期望产出和非期望产出可以不同比增加和减少(Fukuyama and Weber,2009;Färe and Grosskopf,2010;Rashidi and Saen,2015)，采用各项投入和非期望产出可以减少及期望产出可以增加的最大比例来衡量绿色发展效率。非径向非角度基于松弛测度的方向性距离函数属性是 SBM 模型的核心优势，可以充分考虑非期望产出的弱可处置属性，切合实际生产过程。因而主流做法是将环境非期望产出视为“坏”产出，通过将非径向方向性距离函数引入投入产出生产过程来测度绿色发展效率(田伟等,2014;岳书敬等,2015;袁润松等,2016;杨志江和文超祥,2017;Gudipudi et al.,2018;Kounetas and Zervopoulos,2019)。有学者进一步指出以非径向为基础的 SBM 模型虽然对变量的非径向松弛变化予以考虑，但变量的径向松弛变动被忽略，效率测度结果存在偏差，托恩和筒井(Tone and Tsutsui,2010)基于此提出同时包含变量径向松弛变动和非径向松弛变动的混合距离函数 EBM 模型，以更为准确地测评绿色发展效率(黄磊和吴传清,2020)。

测度绿色发展效率的关键在于合理处理环境非期望产出，非期望产出主要有二氧化碳、工业“三废”(含烟尘、二氧化硫、二氧化氮、粉尘等环境污染物)，在测评区域绿色发展效率时囿于数据可得性和环境危害性，更偏重将环境污染物作为非期望产出。非期望产出具有弱可处置性，不宜作为投入要素或进行正向化处理，所以对环境非期望产出处理的主流做法是引入考虑松弛变量的非径向方向性距离函数，将环境非期望产出作为“坏产出”置入投入产出指标体系。这样既解决了投入松弛性的问题，也考虑了非期望产出的产出属性，还规避了量纲和角度差异带来的偏差，更加符合实际生产过程，绿色发展效率测度结果更准确。

2.5 绿色发展效率的影响因素

学术界关于绿色发展效率影响因素或影响机制研究一直高度关注。现有研究成果大都会在科学测度绿色发展效率的基础上，进一步探究绿色发展效率的影响因素，判识影响区域/产业绿色发展效率的主要因素。科学测度绿色发展效率是提升绿色发展效率的起点，厘清绿色发展效率的动力机制则是提升绿色发展效率的关键。研究绿色发展效率的主要目的在于明确绿色发展效率的提升策略，准确识别绿色发展效率的主要影响因素是厘清绿色发展效率提升思路的根本途径。现有成果大都集中在探讨环境规制、产业集聚、技术创新、对外开放、城镇化、人力资本、产业结构、外商投资、能源结构等与绿色发展紧密相关的经济变量对绿色发展效率的影响作用。特别是随着“生态优先、绿色发展”战略定位确立，学术界尤为关注环境保护，探究环境规制对绿色发展效率的影响效应。实证研究工具多采用面板Tobit模型、面板STRIPAT模型、系统GMM模型、普通面板回归模型、空间面板模型、Bootstrap截断回归模型、随机前沿分析SFA模型等。

(1) 环境规制因素。“波特假说”认为环境规制能够激发企业改进生产技术，抵消环保成本并增强盈利能力，具有“创新补偿”效应，可减少环境非期望产出排放，有利于提升绿色发展效率(刘和旺等，2018)。而有的学者也认为环境规制具有“成本约束”效应(黄庆华等，2018)，会迫使污染型企业减产或向外转移，在减少环境非期望产出的同时也在减少期望产出，降低企业生产效率，在全国范围并不能提升绿色发展效率。对于生产技术水平较为落后的地区，环境规制也可能存在“绿色悖论”效应(李程宇和邵帅，2017)，形成强化生产污染管理预期，从而在更严苛环境规制达到之前，加快生产进程，导致污染排放加剧，抑制区域绿色生产能力持久发展。现有的实证研究结果因研究主体、研究时段、环境规制类型不同，显示出环境规制对绿色发展效率的作用效果并不统一(Ren et al.,2018)。或呈"U型"关系(Zhang et al.,2016)，或呈"倒U型"关系(任胜钢等,2016)，或呈线性关系(雷玉桃和游立素,2018)，或存在门槛效应(邱兆林和王业辉,2018)，大都反映出环境规制对绿色发展效率的影响效应与"波特假说"存在差距(Yuan and Xiang,2018)。特别是对于欠发达地区和科技含量较低型产业而言，严苛而不合理的环境规制在初期可能对绿色发展效率具有较强的抑制作用(Xia et al.,2016;宋德勇等,2017;Hou et al.,2018)，但对于经济发展程度较高、科技实力较强的地区具有较强的绿色创新激励作用，有利于推动生产技术绿色革新，增强绿色生产能力(Lin and Xu,2017)。学术界关于环境规制与绿色发展效率的关系尚未取得共识，本书也将立足现有研究基础进一步探讨环境规制对长江经济带城市工业绿色发展效率的影响效应。

(2) 产业集聚因素。企业生产车间是环境非期望产出的直接生产场所，企业在空间上的集聚对绿色发展效率必然会产生影响。地理位置的临近使得企业间交通运输成本大大降低，提高生产知识、技术、信息在企业间的流动性，提升基础设施使用效率，产生集聚经济和规模经济。但是产业集聚产生的环境效应也愈发凸显，一方面产业集聚带来的规模经济促进生产效率提升，有利于加快企业绿色技术创新(王志祥等,2018)；另一方面，产业集聚加剧资源能源消耗速率，增加环境污染物和温室气体排放，侵蚀生态环境容量(周明生和王帅,2018)。产业集聚对区域绿色发展效率的影响效应则与产业集聚类型、产业集聚区域、产业集聚阶段密切相关，使得产业集聚与绿色发展效率间的关系呈现出不稳定性(Liu et al.,2017)。或具有正向关系(郑宇梅等,2017)，或具有负向关系(肖周燕和沈左次,2019)，或具有"U型"关系(黄娟和汪明进,2016;杨树旺等,2018)，或具有"倒U型"关系(Yu et al.,2018;林伯强和谭睿鹏,2019)，或具有"N型"关系(刘小铁,2017)，或具有门槛效应(Zheng and Lin,2018)。一般而言，集聚产业属性科技含量越高，集聚区域经济发展程度越高，集聚阶段质量越高，则产业集聚对绿色发展效率的促进作用主导地位越强。环境非期望产出较多的传统工业、制造业集聚对绿色发展效率具有抑制作用，而绿色科技含量较高的战略新兴产业和现代服务业集聚则对绿色发展效率具有促进作用(程中华等,2017)。产业集聚在东部经济较发达地区对绿色发展效率的促进作用一般大于中西部地区(沈能,2014)。产业集聚在处于以高技术产业为主导且产业协同性较强的高质量集聚阶段呈现出良好的集聚环境效应，而缺乏内在关联且主导产业技术含量不足的低质量产业集聚具有较强的环境污染效应（胡安军等，2018）。产业集聚的环境效应研究是一项极具现实意义的重要课题，引起学术界广泛关注。本书第6章将详细探讨产业集聚。此处产业集聚指的是工业集聚，对长江经济带城市工业绿色发展效率的影响效应。

(3) 技术创新因素。提升绿色发展效率的关键在于降低环境非期望产出，环境非期望产出主要来自于生产过程，应用推广先进绿色生产技术是促进生产绿色化、低碳化、清洁化的重要途径。技术创新通过资源利用效应、投入产出效应、知识外溢效应以及人力资本效应等正向作用机制对绿色发展效率产生影响（刘云强等，2018）。因此，与环境规制、产业集聚的环境效应不同，现有实证研究成果大都表明技术创新对绿色发展效率具有显著促进作用（李廉水和周勇，2006；赵领娣和郝青，2013；Wan et al.，2015；韩增林等，2018）。但部分地区或产业可能因创新要素错配使得技术创新的现实生产力转化速率不高，表现出技术创新对绿色发展效率的提升作用并不显著。如杨红娟和张成浩(2016)研究表明企业研发投入对生态效率作为微弱，主要原因在于从资源节约和环境污染治理两方面进行技术创新的专业人员相对较少，绿色技术创新能力较弱，使得研发投入对生态效率的提升作用不显著。

(4) 城镇化因素。城镇化在集聚人口与扩张城市建设空间过程中伴随着城市中心地区与外围地区巨大的物质能量交换，会重构地区生态环境，使之产生深刻变化，影响地区/产业绿色发展效率。城镇化对绿色发展效率的影响作用大都呈现出单一线性关系，与城镇化主导类型、城市所在区位、城镇化所处阶段有较强的关联效应（Zhao et al.，2018）。人口城镇化有利于聚集高端人口，提升劳动者素质，改进生产技术，提高绿色发展效率（邢晓柳，2015）；土地城镇化则侵蚀绿色生态空间，扩张工业生产空间，增加环境非期望产出，降低绿色发展效率（王兵等，2014；陈真玲，2016）。东部地区更加注重提升城镇化质量，城镇化对生绿色发展效率的促进作用强于中西部地区（郑慧等，2017）。也有学者从城镇化发展阶段出发，发现城镇化与生态效率呈“U型”曲线关系，人口城镇化速率逐渐与土地城镇化趋同，对绿色发展效率产生先抑制后促进的作用（罗能生等，2013；蔡洁等，2015）。

(5) 人力资本因素。一般而言，劳动者人力资本水平越高，专业技能和环保意识越强，越有利于劳动者自主加强绿色生产技术研发应用，引导企业改进生产技术，增加绿色产品供给，提升绿色发展效率（李思慧，2011；张兵兵，2014；程广斌和龙文，2017；Borozan，2018）。但由于当前我国人力资本质量整体不高，劳动者平均受教育年限不长，特别是高学历高素质劳动力整体比重偏低，对绿色发展的推动作用有限，在实证研究过程会呈现出对绿色发展效率影响不显著甚至负向作用的结果(赵领娣等，2016)。学术界尚未形成对人力资本的统一测度方法，如何准确衡量劳动者在教育、培训、实践经验、迁移、保健等方面投资而获得的知识与技能积累尚未达成共识。现有成果大多选用劳动者受教育年限作为人力资本的代理变量(姚增福和刘欣，2018)，但是这种做法的科学性仍有待商榷，未考虑社会教育部分而产生一定偏差，测量误差可能也是影响人力资本对绿色发展效率作用程度及作用方向的重要因素。

(6) 对外开放因素。通过进出口贸易特别是进口贸易有利于缩小与国际先进绿色生产技术的差距，实现国际技术、信息、资金的均衡化，改善我国绿色发展效率(Song et al.，2013；迟远英和张宇，2016)。对于绿色生产能力较低的高耗能产业，进口开放有利于获取全球绿色改造技术，加快生产的绿色化过程，提升产业绿色发展效率(吴晓怡和邵军，2016；屈文波，2018a)。但可能受制于我国全球贸易低价值链属性，对外开放对绿色发展效率具有二重性，进口会对绿色发展效率产生正向的技术溢出促进作用，而大规模出口低科技含量产品则因过度消耗资源能源与环境容量而造成巨大的环境压力(景维民和张璐，2014；白福臣等，2016；许罗丹和张媛，2018)。需要指出的是，囿于数据可得性，本书第5.2节并未采用进出口贸易值衡量对外开放水平，而是选用使用了与其高度相关的实际利用外资金额作为替代指标。

(7) 产业结构因素。产业结构变动对绿色发展效率的影响与所在地区经济基础密切相关，经济基础较强、主导产业实力强劲的地区产业结构调整对绿色发展效率具有促进作用，而产业基础较为薄弱、主导产业不明确的地区产业结构调整则容易陷入资源驱动的恶性发展模式(刘佳骏等，2011)。单一的产业结构调整并不能提升绿色发展效率，特别是通过污染型产业外移实现产业结构调整，完成产业结构服务化转型；只有产业结构整体迈向高级化、绿色化、低碳化、合理化，才能切实起到转变生产方式改善绿色发展效率的作用(韩永辉等，2016；于斌斌，2017)。一般而言，服务业的发展有利于改进绿色发展效率，即服务业份额与绿色发展效率呈正相关关系(Li et al.，2013；Pardo Martinez，2013；江静和马莹，2018)。工业化的环境效应具有不确定性，以传统高耗能产业为主导的粗放型工业化会产生巨大的环境压力(王宝义和张卫国，2018)，而以高技术制造业为主导的绿色新型工业化可增强区域可持续发展后劲(马骏和王雪晴，2017)。

(8) 外商投资因素。外商投资作为一种国际产业转移，与区域梯度转移规律相似，产业转移类型多为发达国家污染排放较大、缺乏比较优势的制造业，在向欠发达国家转移过程中存在技术外溢和污染转移效应(姬晓辉和汪健莹，2016)。学界关于外商投资对产业转移大都围绕“污染天堂”“污染光环”“环境规制”三大相关概念展开(邢贞成等，2018)。外商投资对本国或本地区的生态效率作用影响与环境规制强度紧密相关(周杰琦和汪同三，2017)。经济较发达、环境规制较强地区接受外商投资对当地产业绿色发展能力产生促进作用，外商投资带来技术改进(滕玉华和刘长进，2010；初善冰和黄安平，2012)。经济较落后、环境规制较弱地区接受外商投资对生态效率则可能产生抑制作用，外商投资产生的环境负荷效应大于技术外溢效应(贾军，2015)，当然后者也可能大于前者而带来绿色技术扩散(李金凯等，2017)。从广义上看，外商投资也是对外开放的一种表现，贸易开放度越高，外商投资环境越便利，因此，也可以用外商投资作为对外开放的一种衡量指标，经济含义较进出口总额更为丰富(卢燕群和袁鹏，2017)。

(9) 能源结构因素。生产过程中对能源资源的不充分利用是环境非期望产出产生的主要诱因，学界对能源结构与绿色发展效率的关系的认识较为清晰。能源是维续工业生产和扩大再生产的“粮食”，对工业和区域绿色发展至关重要，与农业和服务业等低能耗产业关联较弱，因此能源结构往往是分析省域工业绿色发展能力的重要因素(吴传清和黄磊，2018)。一般选用煤炭能源消费占能源消费总量比重反映能源结构的高排放程度。由于煤炭的燃烧效率较低，燃烧产生的废物较多，煤炭等化石能源在能源结构中比重越大，在生产技术水平一定的条件下，生产过程中产生的环境非期望产出越多，对绿色发展效率抑制性作用越明显(陈超凡，2016；尹传斌等，2017)。当然部分能源生产省份对煤炭资源依赖严重，煤炭消耗可能在短期提升经济效率(杨仲山和魏晓雪，2018)。东部发达地区能源结构整体趋向多元化，页岩气、天然气、电力等清洁型能源比重较大，且能源资源利用效率较高，煤炭能源的环境负向效应可能不及中西部欠发达地区明显(李峰和何伦志，2017)。

(10) 其他影响因素。除上述九大影响因素外，学术界还关注了其他因素对绿色发展效率的影响作用，如基础设施通达性(丁宇和李贵才，2010)、企业规模(张庆芝等，2013)、金融发展(Suh et al.，2014)、企业异质性(Arabi et al.，2016)、地方政府竞争(卢二坡和杜俊涛，2018)等。李等(Li et al.，2013)基于面板 Tobit 模型发现财政分权能够增加地区环境效率。高建刚(2015)基于面板 Tobit 模型显示政府影响力对能源效率和排放效率具有消极作用。拉韦勒(Lahouel，2016)基于 DEA

模型对17家法国企业生态效率研究发现企业规模，如营业额、就业人数，与生态效率成反比。许旭红等(2018)从金融发展规模与金融发展效率着手，发现前者可以促进全要素能源效率提升，而后者会阻碍全要素能源效率提升。

本书关注的环境规制、产业集聚两大核心变量属于九大因素，书中已重点梳理二者对绿色发展效率影响的主体脉络。提升绿色发展效率为本书的中心主题，本书将不再专设篇幅梳理环境规制、产业集聚对绿色发展效率影响的研究脉络。

2.6 绿色发展效率的空间效应

随着区域间的交通和通信基础设施日益完善，人才、资金、信息、技术、资源等生产要素的区际流动性大幅提升，区际之间的空间联系更加密切，绿色发展效率的空间关联效应逐渐引起学术界的高度重视，越发关注空间因素对区域绿色发展内生性的影响效应(邹璇等，2018)。主要集中在三个方面：一是绿色发展效率的空间相关性探索，二是绿色发展效率的空间驱动机制识别，三是绿色发展效率的空间敛散特征判断。

一是识别绿色发展效率的空间相关性，采用空间统计相关方法对绿色发展效率的空间溢出效应做探索性分析，定性反映绿色发展效率的空间关联特征，大都呈现出明显的空间相关性(Zhao et al.，2017；魏和清和李颖，2018；Chen et al.，2019)，或以空间集聚特征为主导，或以空间异质特征为主导。班斓和袁晓玲(2016)基于ESDA-GIS分析发现中国八大经济区绿色经济效率存在明显的空间正相关，呈现出显著的绿色空间集聚特征。有学者通过全局与局域Moran's I发现中国省域能源生态效率兼具整体集聚趋势和局部集聚特征，高高集聚区域主要位于东部和东南沿海地区，而低低集聚区则处于西北地区和黄河中游地区(Guan and Xu，2016)。车磊等(2018)通过Moran's I和 G^* 统计量分析，发现中国省域绿色发展效率存在显著空间集聚特征，但集聚程度正在降低，沿海地区为核心热点区域。李东方和杨柳青青(2018)基于莫兰指数发现中国城市生态效率同样具有显著空间正相关，且高高集聚和低低集聚趋势逐渐增强。而罗能生等(2018)则以长江中游城市群为例，发现生态效率呈现出显著的空间负相关性，城市绿色发展能力空间差异显著，中心城市与腹地城市间存在“虹吸效应”和“污染转移效应”，与何宜庆等(2016)的观点一致。

二是探究绿色发展效率的空间驱动机制，通过空间计量模型定量分解出环境规制、产业集聚、城镇化、技术创新、外商投资等变量对绿色发展效率影响的空间溢出效应，以精准把握推动绿色发展的空间驱动力(Lv et al.,2017;龚新蜀等,2018;Li et al.,2018)。珀金斯和诺伊迈尔(Perkins and Neumayer,2009)基于空间滞后模型发现跨国联系有利于提升发展中国家环境效率，增强进口的绿色技术扩散效应，但出口、外商直接投资及电话联系的绿色溢出效应则不明显。陈真玲(2016)将空间因素纳入城镇化对生态效率影响的分析框架后，发现城镇化不仅造成本地区城市污染排放增加，而且受污染扩散影响，对周边地区城市生态效率产生负向溢出效应。钱龙(2018)采用空间滞后和空间误差模型，发现中国城市绿色经济效率存在空间效应，需强化污染联防联控和区域环境协同治理。屈文波(2018b)基于地理、经济两类空间权重矩阵，采用空间杜宾模型探究环境规制对区域生态效率的空间溢出效应，发现忽视环境规制的空间交互效应可能导致结论出现偏差。陈等(Chen et al.,2019)基于0-1二元空间权重矩阵采用空间计量模型探究了环境规制、对外开放、城镇化、工业结构、技术创新等对中国区域绿色发展效率影响的空间效应，结果显示工业结构、产权结构、财政支持存在较强的绿色空间溢出效应。

三是判断绿色发展效率的空间敛散性，侧重考查绿色发展效率的 δ 收敛、绝对 β 收敛、条件 β 收敛、俱乐部收敛，以综合把握绿色发展能力的空间差异特征，大多表明绿色发展能力存在一定的空间收敛性，以条件 β 收敛为主(Camarero et al.,2013;Pan et al.,2015;吴昊和车国庆,2018)。李佳佳和罗能生(2016)对传统收敛型检验模型拓展，采用空间滞后和空间误差模型检验我国区域环境效率的空间敛散性，结果显示地理位置对区域生态环境影响显著，虽然全国范围的空间收敛存在，但地区分异显著，东部地区不存在收敛，而中西部地区存在。杨志江和文超祥(2017)在萨拉-艾-马丁(Sala-I-Martin,1996)的分析框架下检验中国省际绿色发展效率的收敛特征，结果表明不存在 δ 收敛和绝对 β 收敛，而是存在条件 β 收敛，具有显著的俱乐部收敛特征，与钱争鸣和刘晓晨(2014b)的结论一致。有学者进一步采用动态空间计量模型检验中国区域绿色发展效率的空间敛散性，结果亦显示存在显著的空间条件 β 收敛，东部地区省份收敛速度最快(Yu et al.,2018)。但景守武和张捷(2018)系统考察了我国省域能源环境效率的收敛性，结果表明同时具有四种收敛性，并存在新古典内生增长收敛机制。

空间因素已逐渐纳入绿色发展效率研究的分析框架，集中在空间相关性探索、空间驱动机制识别以及空间收敛性检验，研究结论大都是肯定的，表明空间因素的确在绿色发展效率变化发展过程中发挥着重要作用。因此，空间效应分析也构成本书的一个研究重点，将立足空间相关性和空间异质性，在第5章、第6章、第7章详细分析环境规制、产业集聚对长江经济带城市工业绿色发展效率影响的空间效应。

2.7 总体评议

纵观学术界关于绿色发展效率的研究成果，国内外学者对绿色发展效率展开了大量的理论和实证研究。在绿色发展效率的概念内涵、研究维度、测度方法、影响因素、提升路径等领域涌现出一批代表性研究成果，大大拓展了绿色发展效率的研究视野和研究维度，特别是日益重视绿色发展效率的空间效应，考虑地区间绿色发展的空间交互作用。尽管绿色发展效率研究体系已基本趋于成熟，但仍然存在一些领域亟待进一步拓展完善。

(1) 关于战略区域绿色发展效率研究不够。现有绿色发展效率的研究成果大都基于全国范围或某一经济地带(省域)展开，对关系国家当前和长远发展的重大战略区域绿色发展效率研究不够，研究对象缺乏针对性和战略性，政策建议有效性和针对性不足。长江经济带是新时期支撑国家经济发展的重大战略区域，提升长江经济带工业绿色发展效率是长江经济带绿色发展的重要内容，更是全面落实“五大发展理念”与加快建设高质量发展生力军的应有题中之意。京津冀协同发展战略区域协调性不足，区域范围偏窄，其根本目的是疏散北京的非首都核心功能，全国性的支撑示范作用不足；“粤港澳大湾区”战略空间范围更是狭窄，大多为经济极为发达的现代化都市，致力于开创对外开放新格局，对内部经济辐射带动作用有限，甚至会产生“虹吸效应”。因此，从国家全局长远发展考量，必须进一步加强长江经济带工业绿色发展效率研究，厘清长江经济带工业绿色发展的总体思路和实现路径。

(2) 关于绿色发展效率的影响机制重点把握不明确。当前绿色发展与生态文明建设已成为主流发展趋势，工业作为国民经济的主导产业，工业绿色发展是践行绿色发展理念，推动经济高质量发展的重要内涵。环境规制、产业集聚是推动工业绿色发展的两类关键变量，现有研究或侧重研究环境规制对绿色发展的影响，或侧重产业集聚对绿色发展的影响，尚未将环境规制、产业集聚纳入统一分析框架探究对工业绿色发展的影响效应。鉴于长江经济带的重大战略意义，且城市作为现代生产生活活动的核心集聚区，有必要以工业为研究对象，重点探讨环境规制、产业集聚对长江经济带城市工业绿色发展效率的影响效应。

(3) 对绿色发展效率的空间效应相关研究重视程度仍有待加强。现有研究成果总体对绿色发展的空间效应研究仍处于起步阶段，尚未形成关于绿色发展效率空间溢出效应的系统研究框架。而事实上一个地区的绿色发展必然会通过人员、资金、信息、技术流动而对其临近地区产生影响，对绿色发展的空间效应应用研究不足，必然会误判各影响因素对绿色发展效率的真实作用效果。尽管考虑了绿色发展的空间效应，但空间权重对现实情况模拟性不足，仅仅考虑地理相邻空间权重矩阵刻画地区间的空间作用强度，对地区间的空间作用关系把握不充分，可能会影响模型估计的准确性。还需考虑基于其他地理因素构建的空间权重矩阵，如行政中心地理距离倒数矩阵，以增强空间权重矩阵对地区关联性的反映度。本书认为空间的地理属性更为突出，不倾向基于经济因素构建空间权重矩阵。因此，本书将基于地理相邻和地理距离构建空间权重矩阵，充分考虑空间关联性和空间异质性，深入探讨长江经济带城市环境规制、产业集聚对工业绿色发展的效率的直接效应和间接效应。

通过系统梳理分析学术界关于绿色发展效率的研究成果，发现绿色发展效率研究还有待进一步拓展深化，还应突出对重大战略区域绿色发展的研究，更加重视绿色发展效率的空间效应，将主要影响因素纳入绿色发展的统一分析框架。环境规制、产业集聚作为影响绿色发展效率的两大核心因素，尽管学术界关于环境规制、产业集聚对绿色发展效率的单一影响研究较为丰富，但尚未将二者纳入统一分析框架内探究对绿色发展效率的影响效应，而从长江经济带城市工业绿色发展出发的相关研究更是处于起步阶段。基于此，本书将重点探讨环境规制、产业集聚对长江经济带城市工业绿色发展效率的影响效应，特别是二者的空间溢出效应与联合作用。已有文献基于省域尺度或城市尺度分析全国工业绿色发展效率（李成宇等，2018；李在军等，2018），但或因方法工具不尽合理，或因研究尺度不够精细，或因研究范围缺乏战略性，对城市工业绿色发展效率的研究有待进一步拓展深化。

既有研究成果为本研究提供经验启迪，不足之处则构成本书拓展研究可能存在的创新点。

表 2-1　学术界关于绿色发展效率的研究体系

研究领域	代表性学者	重点内容	主要观点
科学内涵	王兵和黄人杰(2014) 黄建欢(2016) Mofrad et al.(2018)	① 投入导向，减少要素投入，降低环境废弃物；② 产出导向，增加期望产出，减少环境废弃物	主要指在实现经济产出最大化的同时最大限度降低资源能源消耗并减少环境非期望产出排放
研究维度	卢丽文等(2016) 韩晶等(2014) Song and Wang(2018)	① 区域层面； ② 产业层面； ③ 企业层面	就区域而言，主要集中探讨经济地带、省域、市域、城市群及战略区域；就产业而言，主要集中在第二产业(工业、建筑业)和农业；就企业而言，主要集中在高耗能型制造业企业
测度工具	王连芬和温佳丽(2016) Hong et al.(2016) Huang et al.(2018)	① 比值法； ② 随机前沿分析； ③ 数据包括分析	由于比值法对只能考虑单一产出，而SFA存在严格的函数假定，因此改进的DEA模型为测度绿色发展效率的最主要工具
"坏"产出处理	Hailu and Veeman (2001) 李静(2012) Gudipudi et al.(2018)	① 作为投入； ② 转化为期望产出； ③ 直接视为"坏"产出	作投入处理违反非期望产出的弱可处置性，转化为期望产出不合实际生产过程，因此引入方向性距离函数直接作"坏"产出处理成为主流做法
影响因素	陈超凡(2016) 汪克亮等(2017) 吴传清和黄磊(2018)	①环境规制因素；②产业集聚因素；③技术创新因素；④城镇化因素；⑤人力资本因素；⑥对外开放因素；⑦产业结构因素；⑧外商投资因素；⑨能源结构因素；⑩其他因素	影响因素分析是绿色发展效率研究的热点、难点、重点，特别是在生态文明建设和高质量发展背景下，尤为关注环境规制和产业集聚的环境效应
空间效应	班斓和袁晓玲(2016) Chen et al.(2019) 吴昊和车国庆(2018)	①探索空间相关性； ②探究空间驱动机制； ③检验空间敛散特征	空间因素逐渐引起学术界关注，空间效应在区域绿色发展过程中发挥着重要作用

资料来源：根据本章内容归纳整理。

第3章 相关理论基础

前两章明确了本书从环境规制、产业集聚视角在长江经济带范围内探讨工业绿色发展内生性的研究主题。在把握核心概念和研究脉络的基础上，本章将进一步系统阐述本书的相关基础理论，主要涉及可持续发展理论、循环经济理论、资源环境承载力理论、外部性理论、区域经济传递理论，从而构建本书的总体理论基础。本书研究内容的具体展开均是建立在基础理论之上，每一基础理论均指向后文的相关研究内容。在第5章、第6章、第7章中将围绕本章理论基础部分，深入分析环境规制、产业集聚对工业绿色发展效率影响的单一作用理论机理和联合作用理论机理。

3.1 可持续发展理论

1980年，国际自然保护联盟(IUCN)发布《世界自然保护战略》，首次明确“可持续发展”概念，提出在发展经济的同时要合理利用生物圈，保证满足后代人的发展需求，奠定了可持续发展的核心思想。1987年，挪威前首相布兰特夫人在联合国世界环境与发展委员会发布《我们共同的未来》，首次系统阐述可持续发展思想，认为人类应当将追求经济增长的狭隘视野上升到寻求人与自然和谐发展的关系范畴，强调必须加强环境保护，指出可持续发展是既满足当代人的需求，又不对后代人满足其自身需求的能力构成危害的发展（WCED，1987）。资源和环境因素逐渐同劳动力、资本、创新等生产要素纳入生产函数，成为影响并推动生产发展的重要驱动力，经济增长不能脱离资源环境约束，无法通过牺牲生态环境实现持续性经济增长。可持续发展的核心是协调环境、经济、社会三大系统关系，通过提升资源能源利用效率，推动实现低碳、循环、绿色发展，最大化环境效益、经济效益、社会效益（牛文元，2012；诸大建，2015）。

可持续发展的根本目的在于协调人与自然关系以维续人类经济社会发展的不间断性。在以人为中心的环境-经济-社会复合生态系统里，主要存在外部和内部两类因素可以对人类发展的持续性产生影响。内部因素主要是指人类生产、生活、消费等经济活动的各个方面，外部因素主要是指资源、环境等能够为人类发展提供生产资料的外部条件。内部因素和外部因素存在紧密作用关系，其中前者处于主导地位，后者则处于基础性地位，维续二者及其子元素稳定关系结构，是推动可持续发展的基本要求。在推动人类社会发展的过程中，内部因素会立足外部因素，以外部因素为物质基础，不断扩大经济社会产出，强化对外部因素的变革，改善外部因素条件（赵景林，2015）。

可持续发展主要包含环境、经济、社会三大系统的可持续发展。环境可持续发展强调自然资源生态系统的稳定性及自我更新维护，经济建设和社会发展对资源环境的消耗必须控制在合理范围内，在经济、社会发展过程中必须保护和改善自然生态环境，推动资源环境利用模式可持续化，将经济社会发展与环境保护有机衔接起来。经济可持续发展则强调提升发展质量，摒弃高能耗、高污染、低效率的要素驱动模式，通过清洁生产和绿色消费，提升资源利用效率和生产效率，减少污染排放，推动经济发展方式向集约高效型转变。社会可持续发展则是可持续发展的最终归宿，发展的本质在于提升居民生活质量，增进居民幸福感，这就要求在保护生态环境、提升经济效益的前提下，保障居民平等享受自由、教育、养老、医疗的社会权利，共享经济发展成果和良好生态产品服务，不断增加居民社会福利（盖兆军，2015）。

可持续发展遵循公平性、可持续性、共同性三大原则。公平性原则是指发展权利代际平等，当代人拥有开发资源满足当代人发展需求，提高当代人发展质量的权利，但必须以不损害后代人利用自然资源和生态环境为前提，当代人和后代人平等享有利用资源环境的权利，不能以当代人发展需求否定后代人发展权利。可持续性是指资源环境利用强度维持在合理可控区间，强调对资源环境的有序利用，确保人类经济社会发展对资源环境的攫取速度不超出资源环境承载能力，这是可持续发展原则的核心要义。可持续发展不仅包含人与人之间的代际发展权利公平，更包含人与自然、人与社会的协调发展思想。共同性原则是指可持续发展的全球行动，不同地区、国家由于历史文化和所处的发展阶段不同，在推动可持续发展的具体目标和政策举措存在差异，但可持续发展作为全球目标，必须从公平性和持续性出发，采取联合行动保护地球。可持续发展的原则表明，实现人与人、人与自然、人与社会的协调发展是人类共同责任，也是可持续发展的基本要义（任龙，2016；方行明等，2017）。

可持续发展理论涉及环境、经济、社会等多个领域，本书研究主题为工业绿色发展问题，属于可持续发展的经济子系统范畴。工业作为国民经济的核心生产部门，关系可持续发展的内部因素和外部因素，是推动经济可持续发展的重点领域。工业绿色发展要求提升资源能源利用效率、降低工业污染排放，提供更多绿色工业产品，实现工业发展与环境保护、就业增加、经济增长的有机统一，与经济、环境、社会系统可持续发展内在要求高度一致。本书着重探讨了可持续发展理论在工业领域的践行问题，从提升工业绿色发展效率视角推动长江经济带城市工业可持续发展，因而可持续发展理论构成本书的核心基础理论，是贯穿全书的理论主线。

3.2 循环经济理论

传统粗放工业化带来严重的环境污染、资源短缺、生态恶化问题。美国学者鲍尔丁（Boulding，1966）在其代表作《地球宇宙飞船理论》中将地球发展比喻成一艘消耗资源的宇宙飞船，当资源一旦消耗枯竭，飞船将无法运行。在该书中，鲍尔丁提出发展循环经济是克服资源枯竭难题的必然选择，并对循环经济（Circular Economy）给出了相应解释，主要指通过科学技术和管理模式创新，转变传统依靠资源消耗的单一线性经济增长模式，向生态清洁型的资源循环利用经济发展模式转型，解决传统发展模式不可持续性及引发严重的环境问题和资源短缺问题。英国学者皮尔斯和特纳（Pearce and Turner，1990）在《自然资源与环境经济学》中进一步阐述了工业循环发展概念，主要指减少在生产过程中资源能源消耗，加强对工业废弃物利用，提高工业资源利用效率，降低工业污染排放。推动生产和消费过程循环化是循环经济的核心，因此循环经济主要遵循三大基本原则：一是减量化原则，二是再利用原则，三是资源化原则。这三种原则同时也是实现循环经济的基本途径（诸大建和朱远，2006）。

减量化原则（Reducing Principle）是循环经济的首要原则，强调从源头消除污染。要求在生产过程中通过技术改进，减少生产和消费过程中的资源能源消耗量和废弃物排放量，从源头上延长资源消耗周期，削减环境污染排放。源头控制较末端治理更能有效遏制环境问题蔓延，可大幅减少生产和消费过程中的物质和能源流量，有效推进生产方式绿色化，提升工业绿色发展效率。减量化并非简单地以削减要素投入的方式实现污染排放降低，而是通过改进生产技术，降低中间废物产生，提高要素使用效率，实现减少新增要素追加投入。

再利用原则（Reusing Principle）是指产品及其包装可通过对其最终形态经过一定加工而重新具有原始产品功效，将同一物品尽可能多次或以多种形式使用。再利用原则要求在产品使用过程中实现循环经济，鼓励生产者回收利用废旧产品及包装，降低产品生产成本，减少生产和消费过程中废弃物产生。通过对产品及其包装的改造再利用，最大化产品生命周期，实现节约资源与保护环境的目的，从而加快绿色发展进程。再对产品生产和消费各个流程中的资源损失重新利用，从过程角度提升资源利用效率，在资源循环利用中推动经济发展。

资源化原则（Recycling Principle）强调对生产和消费过程中所产生的废弃物进行加工处理再利用。当可再利用资源实现最大程度利用，对无法利用的废弃物进行回收处理，使其再次成为可用资源投入生产过程。通过生产技术进步，将废弃物进行加工处理，或重新确定废弃物作为中间产品（原材料）的利用价值，或直接作为消耗资源较少的清洁产品进入生产消费过程，从而减少一次废弃物产生。资源化原则要求将“资源—产品—废物”的传统线性物质流动模式转变为“物质—产品—废物—再生资源”的闭环物质流动模式，将企业内部无法再利用的废弃物在企业外部重新资源化，实现减少污染生产和提升经济效益的目标。

物质循环流动是循环经济的最大特征，强调基于“3R”原则从物质流动角度解决环境污染、资源短缺和经济发展之间的矛盾（赵凯和陈甬军，2006）。循环经济的核心在于实现资源流转，在企业内部、企业间乃至产业间建立紧密的资源、能源和信息联系，构建资源流转的物质反馈模式，践行减量化、再利用、资源化原则，达到资源利用最大化、环境影响最小化、经济效益最大化(齐建国,2004)。企业生产过程中产生的废物或被自身完全再利用再循环,构成物质流转自循环模式;或部分在企业内部循环消化,而未能自我消化的部分资源废弃物构成关联企业的生产原料,形成物质流转互循环模式(罗喜英,2012)。

根据循环经济的范围大小不同,一般将循环经济模式分为企业、产业、社会三个层级。企业微观循环主要是指通过技术和管理模式改造升级,降低产品生产过程中的资源能源消耗,提升废弃物的综合利用水平,全面推进清洁生产,实现污染物排放最小化。产业中观循环主要是指提升企业间耦合共生联系,基于工业生态学原理,使企业围绕某一行业形成完善的循环产业链条,实现资源能源利用效率最大化。社会宏观循环则强调通过对废旧物资的再生利用,实现物质和能源的循环流动。其中企业与产业循环属于互补关系,构成循环经济的资源流转内循环和互循环,二者共同驱动社会层面的物质循环(张健梅,2014)。

循环经济理论的核心理念即"循环"与"经济",其中前者是循环经济理论提出的初始目标,即实现资源循环利用,提升资源利用效率,减少生产污染排放,保障资源可持续利用和生态环境稳定;而后者是循环经济理论发展的前提和基础,循环利用资源也遵循成本收益原则,资源循环流转是为了更好地提升经济效益以实现循环"经济"。若只论"循环",不求"经济",就会缺乏循环发展的内生动力,使得循环经济不可持续。循环经济理论与绿色发展理念一致,是工业绿色发展的重要支撑理论,工业绿色发展是绿色的工业发展,是在降低污染排放的条件下实现工业高质量发展。既包括"工业绿色化",要求产业绿色生态集聚,也包括"绿色工业化",将资源环境转化为经济效益。循环经济是推动工业高质量集聚、实现工业绿色发展的重要着力点。循环经济理论有力地支撑了第 6 章和第 7 章中产业集聚对长江经济带城市工业绿色发展效率的影响研究。

3.3　资源环境承载力理论

资源环境承载力是结合资源承载力和环境容量而形成的一个复合概念,是指在一定的时间和空间范围内,保证资源可持续利用和生态文明建设稳步推进的前提下,区域可利用的资源环境能够维持经济社会持续发展的能力(王奎峰,2015;王丽萍和李淑琴,2018)。资源环境承载力属于适度承载力,是基于环境、经济、社会协调发展的最优承载力,符合绿色、协调、创新发展理念内在要求(孙茜,2017)。资源环境承载力是经济社会系统与资源环境系统间相互联系的媒介,一旦人类生产、生活对资源环境的攫取程度超出资源环境承载力,则环境-经济-社会复合生态系统稳定性会遭到削弱,如不进行及时修正,资源环境系统长期将会面临系统性崩溃风险。整体而言,区域资源环境承载力主要存在三大基本特征:一是平稳性,二是人本性,三是差异性(马爱锄,2003)。

平稳性是指资源供给与环境容量在一定时期存在限度,区域资源环境承载能力在一定时空约束下相对稳定。区域作为一个开放系统,通过与外界交换物质、能量、信息,保持其资源环境系统的结构和功能相对稳定,使得反映资源环境系统结构特征的资源环境承载力相对平稳。人类为实现经济社会发展所进行的生产、生活活动必须要控制在资源环境容量范围内,超出资源环境承载力则人类社会难以获得自然资源稳定的物质资源供给,环境、经济、社会平稳协调发展难以为继。当然,资源环境承载力的平稳性并非表明其固定不变,随着时间的持续推移,技术条件的改善,可被利用的资源种类增加,环境治理水平提升,资源环境承载能力会平稳增强。

人本性是指人类居于环境、经济、社会复合生态系统的核心地位。因人类为快速推进经济社会发展而加剧自然资源开发速度,超出资源环境自我恢复能力,才使得资源环境承载问题凸显出来。尽管在一定的时间、空间、技术条件下,区域资源供给能力和环境容量存在一定限度,但人类可以发挥主观能动性,通过转变开发利用自然资源方式,加强生态环境保护,逐步调节资源环境承载力。正如资源环境承载力的相对平稳性,随着经济社会发展,生产技术改进,绿色发展理念全面落实,区域资源环境承载力一般呈上升态势,但在这个过程中,人的主观能动性始终发挥着主体与核心推动作用。因此,不论是资源环境承载力问题的产生,还是其动态平稳变动,人类始终居于核心地位。

差异性是指不同区域不同时期因自然资源禀赋基础和生产技术条件差异而使得资源环境承载力存在异质性。不同区域在同一时期的资源环境承载力不尽相同,即使同一区域在不同时期的资源环境承载力也差异显著,时序性和空间性是资源环境承载力差异性的主要表现。特别是处于不同发展阶段的区域生产技术具有显著差异,使得各地区关于资源环境承载力的改善程度也差异明显。差异性产生的内在原因则是资源环境系统的结构不同,一方面是资源环境系统的自身运动变化差异所致,即资源禀赋差异,另一方面则是人类对资源环境系统施加的影响差异所致,即技术水平差异。时空异质性是资源环境承载力研究必须关注的问题,各地区应根据时间差异和空间差异下的资源环境承载能力确定适宜的开发方式和开发强度。

资源承载力是资源环境系统承载的物质基础,而环境承载力是资源环境系统稳定的约束条件。人类发展必须立足于各种自然资源,但自然资源在利用过程中则会产生一定的废弃物,而生态环境容量并非无限,生产生活过程中产生的废弃物不能超出环境的自净容量,资源利用受环境容量约束。为保证开发活动控制在合理区间,需要设定工业环境标准,对工业生产进行环境管控,强化工业污染治理,降低工业污染排放强度,提高资源利用效率,推动工业绿色发展。本书第 4 章、第 5 章也正是立足于资源环境承载力理论,探讨如何从环境规制视角提升长江经济带城市工业绿色发展内生动力,确保长江经济带工业发展维持在资源环境承载力合理可控范围内。

3.4 外部性理论

外部性又被称为外部效应、外部影响。外部性理论亦称“外部经济理论”,研究外部经济活动对福利的影响及如何限制或扩大这种外部影响。外部性理论由马歇尔和庇古创立,该理论的核心思想是在自由竞争市场中,单个个体边际生产成本(收益)与整个社会边际生产成本(收益)不相吻合,使得社会实际供给和需求的均衡点脱离最佳均衡点,要求政府进行必要的市场干预,以达到鼓励正外部性和限制负外部性的效果(张运生,2012)。

马歇尔(1890)在《经济学原理》中最早提出外部性概念,他从外部经济角度对外部性进行了充分阐述,旨在解释产业集聚的内在机理,因此他只关注到外部性的一个方面,即正外部性,并未注意到与之相对应的负外部性存在。马歇尔认为企业扩大生产规模和大规模集聚会产生外部经济,有利于企业分工,提升生产效率,降低企业产品平均生产成本,加快信息、技术、人才在企业间充分流动。庇古(1920)

在《福利经济学》中进一步拓展深化外部性内涵，基于私人边际成本、社会边际成本、私人边际收益、社会边际收益等概念，指出私人边际纯产值与社会边际纯产值存在差异，私人经济行为存在外部经济效应，须通过政府征税或补贴以内生化这种外部性。当私人边际成本低于社会边际成本，则存在“外部不经济”，产品供给过剩；当私人边际收益低于社会边际收益，则存在“外部经济”，产品供给不足。高斯(Coase，1960)对庇古的观点进行了批判吸收，认为如果交易费用为零，无论初始产权如何界定，市场交易或自愿协商均能达成资源最优配置，无须政府进行市场干预；如果交易费用不为零，产权界定极为重要，一旦产权清晰则可以通过市场交易替代庇古税。

从不同角度根据不同划分标准，可将外部性划分成不同类型。从社会边际产值与私人编辑产值差异，可将外部性分为正外部性和负外部性(Pigou，1920)，这是外部性最普遍的分类标准，正外部性具有社会净边际收益，即“外部经济”；负外部性具有社会净边际成本，即“外部不经济”。从外部性是否可以影响社会实际总产出，可将外部性分为技术外部性与货币外部性(Viner，1932)，技术外部性影响资源配置效率，货币外部性只影响产品价格。从外部性产生的不同领域，可将外部性分为生产外部性与消费外部性。从外部性实施者和接受者是否可逆，可将外部性分为单向外部性和交互外部性(经济合作与发展组织，1996)；从外部性产生的外部效应是否可预期，可将外部性分为可预期外部性与不可预期外部性；从外部性实施者和接受者的福利是否存在帕累托改进，可将外部性分为帕累托相关的外部性和帕累托不相关外部性(Buchanan and Stubblebine，1962)；从外部性效应是否可以具有竞争性，可将外部性分为公共外部性和私人外部性(Baumol and Oates，1988)。从外部性效应能否在当期凸显，可将外部性分为代内外部性和代际外部性(沈满洪和何灵巧，2002)。从外部性作用媒介是具体物质还是抽象制度，可将外部性分为物质外部性和制度外部性(贾丽虹，2003；张宏军，2007；周灿，2014)。

梳理外部性理论内涵可知，当经济主体福利受到自身外的其他经济主体决策或行为影响时则意味着存在外部性，该理论亦为贯穿全文的基础性理论。企业集聚的一个重要原因即在于加强企业间生产合作联系，降低交易成本，获取临近企业的知识、信息、技术外溢，产业集聚源于集聚的正外部性。而环境规制则是为了克服企业生产的负外部性，无论是征收环境税，还是设定环境标准，都旨在内化企业生产的社会净成本，增强企业清洁生产主动性，推动工业绿色发展。外部性也意味着企业间是相互关联的，一个企业的行为可以影响另一企业的福利，反之亦然，表明企业间存在空间关联，有必要将空间效应纳入环境规制、产业集聚对工业绿色发展影响的分析框架。因此，外部性理论从分析内容上贯穿全文，为本书的重要基础理论，而可持续发展理论则是从分析主题上统领全文。

3.5 区域经济传递理论

区域经济传递概念最早由美国经济学家赫希曼（Hirschman，1957）提出，指两个或两个以上区域间经济发展中的某些因素相互影响、波及而使区域经济结构发生变化的过程（程必定，1995）。区域经济传递的对象除劳动、资本、技术、信息等生产要素外，也包括由此引起的区域经济增长或失衡等区域经济结构的改变。区域间发生经济传递的媒介渠道，不局限于交通等基础设施物质载体，更包括日益频繁的经济技术联系，特别是大数据、云计算、互联网等信息网络，加紧了区域间经济往来联系和要素传递（何雄浪，2014）。

赫希曼（Hirschman，1958）指出区际间经济传递主要通过极化效应和涓滴效应实现。由于存在着地理上的二元经济结构，劳动、资源等生产要素因收益率差异而由欠发达地区向发达地区转移，使得先发地区更为发达，而欠发达地区日益衰败，这种现象即为“极化效应”。当发达地区发展到一定程度时，由于人口过度集聚、交通拥堵、资本过剩、环境污染，超出资源环境承载能力，出现集聚负外部性，导致发达地区技术、资本、人才向周边临近地区流动，以寻求更高边际收益，从而间接促进了欠发达地区经济发展，缩小了区域发展差距，这种现象即为“涓滴效应”。市场力量一般倾向以极化效应为主导，加剧区际间经济发展差距，但最终“涓滴效应”会占据优势，实现区际间均衡协调发展，这与缪达尔（Myrdal，1957）的“回波效应”和“扩散效应”学说观点基本一致。

区际经济传递主要遵循三条基本规律。一是梯度指向规律，区域经济传递的空间指向一般沿区际经济发展的位势差方向梯度推移，传递程度与位势差程度成正比，区际经济发展差距越大，则传递幅度越大。区域经济传递具有交互性，经济发展程度较低的地区资源、劳动力向经济发展程度较高地区流动，而经济发展程度较高地区技术、资本、信息向经济发展程度较低地区流动。二是距离衰减规律，区域经济传递程度与区际空间距离成反比，随着空间距离的增加而减少，距离越大，则传递阻力越大，传递程度越低。三是自我强化规律，区域经济传递格局一旦形成，便会以越来越快的传递速度和越来越大的传递规模持续推进。当然传递程度与受传递区域容纳能力有关，如果受传递区域市场容量较小，自然地理条件不适宜，则传递规模也不会持续扩张，而会向其他条件更为适宜的地区传递（程必定，1998）。

区域经济空间传递类型主要存在梯度推进和中心辐射两种模式。梯度推进模式是指生产要素和产业沿着梯度方向进行等级传递，其中要素传递为双向传递，而产业传递为单向传递。根据区域经济传递的两种效应，要素传递可划分为等级极化与等级扩散两种形式，前者是指初级生产要素由低等级区域向高等级区域集聚，后者则是指高端生产要素由高等级区域向低等级区域扩散。而区域产业传递的内在根源为区域技术梯度差，产业传递一般由技术水平较高区域向技术水平较低区域单向传递。中心辐射模式是指要素和产业在经济发展水平较高地区与周围经济发展水平较低地区进行传递，中心区域可以是点状中心城市，也可以是线状交通基础设施，还可以是面状经济区，相应地存在向心极化和辐射扩散，轴线汇集和辐轴扩散，波状极化和波状扩散等中心—外围区域经济传递形式（马海霞，2003；吴传清，2009）。

工业绿色发展遵循区域经济传递效应。长江经济带城市间交通基础设施日益完善，已形成较为完备的综合立体交通体系，特别是大数据、云计算等信息网络全方位布局，城市间人才、资金、信息、技术、资源等生产要素流动性加快，工业绿色发展空间效应愈加明显。随着城市间经济传递效应加快，城市间的绿色发展要素亦随之流动，工业绿色发展的空间传递成为研究长江经济带城市工业绿色发展效率必须考虑的重要因素。第 4 章中的产业集聚分析即是以区域经济传递理论为基础，中游地区城市工业集聚度最高，正是得益于临近下游地区城市的工业梯度转移。第 5 章、第 6 章中环境规制、产业集聚对长江经济带城市工业绿色发展效率影响的空间溢出效应也是立足于区域经济传递理论。由于区域经济间相互联系和相互作用，一城市环境规制、产业集聚的变化对周边地区城市工业绿色生产能力产生影响，必须将这种空间溢出效应考虑进来，以准确反映环境规制、产业集聚对长江经济带城市工业绿色发展效率影响的边际效应，为第 8 章的政策建议提供科学依据。

3.6 总体评议

上面阐述了可持续发展理论、循环经济理论、资源环境承载力理论、外部性理论、区域经济传递理论的基本内容及与本书研究的内在关联，这五大理论构成本书研究的理论基础，下文均是围绕上述理论展开，始终立足五大理论探究环境规制、产业集聚对长江经济带城市工业绿色发展效率的影响效应。

其中，可持续发展理论和外部性理论是贯穿全文的基础理论，前者在研究主题上统领全文，本书研究的核心目标在于提升工业绿色发展效率，增强工业绿色发展内生动力，旨在提升工业可持续发展能力；而后者则在研究内容上融入各个章节分析中，外部性理论关系产业集聚的规模经济、环境规制的目的以及空间溢出效应的存在性。循环经济理论则是工业绿色发展的内在要求，促进产业绿色生态集聚，增长绿色发展内生性，具体呈现在第 6 章和第 7 章中产业集聚的环境效应分析。资源环境承载力理论强调生态环境容量的有限性，必须有效约束工业粗放发展模式，强化工业环境治理，第 4 章和第 5 章的分析内容正是在此理论上展开。区域经济传递理论表明地区间存在密切的相互作用关系，奠定了区域经济学空间溢出效应存在性的理论基础，有力支撑了第 5 章、第 6 章中探讨环境规制、产业集聚对长江经济带城市绿色发展效率影响的空间溢出效应。相关基础理论在各章节中分布情况，见表 3-1。

表 3-1　相关基础理论在各章节中的分布

理　　论	核心内容	分布章节
可持续发展理论	既能满足当代人的需要，又不对后代人满足其需要的能力构成危害的发展	贯穿全文，为本书研究主题的理论主线
循环经济理论	以资源节约和循环利用为特征，以“减量化、再利用、资源化”为原则，与环境和谐相容的经济发展模式	第 5 章、第 7 章中产业生态集聚对长江经济带城市工业绿色发展效率的影响分析

续表

理　　论	核 心 内 容	分 布 章 节
资源环境承载力理论	一定时空和技术条件下，资源环境系统在维持其结构稳定前提下所能承受的经济社会发展的能力	第4章、第5章中探讨如何从环境规制视角提升长江经济带城市工业绿色发展能力
外部性理论	经济主体行为决策的实施效益，或执行成本与对应的社会受益，或成本不相符所产生的低效率现象	贯穿全文，为本书研究内容的理论主线，特别是在第4章、第5章、第7章探讨环境规制的工业绿色发展影响效应
区域经济传递理论	区际间某些因素相互影响、相互渗透而使区域经济结构产生变化的过程	第5章、第6章中环境规制、产业集聚对长江经济带城市工业绿色发展效率影响的空间溢出效应分析，第8章中政策启示

资料来源：根据理论分析内容归纳整理。

第 4 章 环境规制、产业集聚、工业绿色发展效率演化的特征事实

前三章对环境规制、产业集聚、工业绿色发展效率的相关理论研究作出了系统性阐述，本章将承前启后，由理论研究开始向实证研究过渡，从时间演化特征、空间差异特征、空间特征演变、地区差异演变等四个方面着手，采用加权平均法、区位商、全局超效率 EBM 模型、标准差椭圆 SDE、泰尔指数等方法，全面分析长江经济带城市环境规制、产业集聚、工业绿色发展效率三大核心变量的时空演变规律，把握长江经济带城市工业环境治理现状、工业集聚态势、工业绿色发展成效，为下文深入探究环境规制、产业集聚对长江经济带城市工业绿色发展效率的影响研究做好基础性准备工作，为合理制定长江经济带城市环境政策和产业政策提供经验证据。

4.1 研究方法

4.1.1 环境规制测度方法

在第 1.2.1 节中已阐述环境规制是以保护环境为目的，通过有形制度或无形意

识形成的一种环境保护的约束性力量(赵玉民等,2009)。关于环境规制强度的衡量正是基于其内涵展开,总体可以划分为两大类:一是从环境规制的实施过程而言,如政府出台的环境保护相关政策文件、污染治理投资(占总产出比重)、排污税费(占财政支出比重)等;二是从环境规制的实施效果而言,即采用环境规制下的主要污染物排放量予以反映(董直庆和王辉,2019),或直接采用绝对数指标衡量,如污染物排放量(达标量),或使用相对数指标衡量,如污染排放以达标率(去除率)。考虑到环境规制的过程难以全面把握,不易准确获取政府出台的强化环境保护规章制度数据。实施环境规制政策、加大污染治理投入、征收环境税费的目的旨在通过削减污染排放以实现绿色发展,降低污染排放是实行过程管制的核心目标。因此,本书以工业为研究对象,从环境规制的实施效果出发,兼顾数据的可得性,参考借鉴沈坤荣等(2017)研究成果做法,采用工业二氧化硫去除率和工业烟(粉)尘去除率两个单项指标构建加权的长江经济带城市工业环境规制综合指数(IER)。

由于二氧化硫去除率 p_{ti1} 和工业烟(粉)尘去除率 p_{ti2} 取值范围为[0,1],与沈坤荣等(2017)做法不同,本书未对两类原始指标进行标准化处理,认为标准化处理反而会扩大指标间的环境规制差距,不能真实反映那些环境规制水平相对较弱地区的环境规制成效。因此,本书首先计算各个城市两个单项指标的合成权重,由于不同城市工业二氧化硫和工业烟(粉)尘排放量比重存在差别,并且同一城市内不同污染物的排放强度也各不相同,需要对每个城市的每种污染物排放赋予不同的权重。赋权的基本思想是污染排放强度较大的污染物需要投入更多的人力、资金和政策支持,即实现同样的污染去除率,对排放刚性较强的污染物实行的环境规制强度更强。基于此,各种污染物权重系数 W_{tij} 的计算具体方法如下:

$$S_{tij}=\frac{P_{tij}}{\mathrm{igdp}_{ti}}\Bigg/\frac{\sum_{i=1}^{110}P_{tij}}{\sum_{i=1}^{110}\mathrm{igdp}_{tij}} \tag{4-1}$$

$$W_{tij}=S_{tij}\Big/\left(\sum_{j=1}^{K}S_{tij}\right) \tag{4-2}$$

式(4-1)、式(4-2)中,若 $S_{tij}>1$,则说明第 t 年城市 i 第 j 种工业污染物排放强度高于长江经济带该种污染物平均排放强度;若 $S_{tij}=1$,则说明第 t 年城市 i 第 j 种工业污染物排放强度与长江经济带该种污染物平均排放强度相同;若 $S_{tij}<1$,则说明第 t 年城市 i 第 j 种工业污染物排放强度低于长江经济带该种污染物平均排放

强度。P_{tij} 表示第 t 年 i 城市第 j 种工业污染物排放量($j=1,2$),$igdp_{ti}$ 表示第 t 年 i 城市的工业增加值($i=1,2,\cdots,110$),K 为工业污染物种类数量,此处 K 为 2。可以看出,此处的权重是同一城市的不同污染物相对所有城市的排放强度的相对大小。而沈坤荣等(2017)直接将工业污染物相对所有城市的排放强度视为环境污染治理权重,忽略了城市间污染排放强度差异远远大于工业污染物实际治理成效差异的事实,使得环境规制测度过程过分偏向污染物排放强度,对污染物治理的实际成效关注度不够,导致测度结果与现实情况不吻合。欠发达地区城市因生产方式粗放,工业污染排放强度极大,实际较弱的环境规制反而被过分夸大,与现实极不相符。工业污染物排放强度可以作为同一城市不同污染物的治理权重,而不应作为不同城市同一污染物的治理权重,否则最终测度结果会极大失真,甚至与现实情况截然相反。

进一步将工业二氧化硫去除率和工业烟(粉)尘去除率这两个单项指标分别乘以对应的权重系数并求和,得到各城市的环境规制强度 IER:

$$\mathrm{IER}_{ti}=\sum_{j=1}^{K}W_{tij}\cdot p_{tij} \tag{4-3}$$

式(4-3)中,权重 W_{tij} 取值范围为$[0,1]$,且同一城市在同一年份的各污染物权重之和为 1。W_{tij} 越大,则表示在第 t 年城市 i 的 K 种工业污染物治理中,其中第 j 种工业污染物的治理难度越大,需要更多的治理投入才能达到该城市其他污染物相同的治理效果。故而,IER_{ti} 越大,表示第 t 年城市 i 的工业环境规制强度越高,工业污染治理效果越显著。

此外,由于《中国城市统计年鉴》(2012—2017)只提供了二氧化硫产生量和二氧化硫排放量,没有直接给出二氧化硫去除量,《中国城市统计年鉴》(2012—2015)只给出了工业烟(粉)尘去除量和工业烟(粉)尘排放量数据,没有工业烟(粉)尘产生量,《中国城市统计年鉴》(2016—2017)只给出了工业烟(粉)尘产生量和工业烟(粉)尘排放量数据,也就无法直接获取二氧化硫去除率和工业烟(粉)尘去除率。根据沈坤荣等(2017)、李虹和邹庆(2018)研究成果,工业废弃物是经过处理后再进行排放的,因此工业废弃物去除率在工业废弃物排放率的对立面,2011—2016 年工业二氧化硫去除率等于 1 减去二氧化硫排放量除以二氧化硫产生量后的差值,2011—2014 年工业烟(粉)尘去除率等于工业烟(粉)尘排放量除以工业烟(粉)尘排放量与工业烟(粉)尘产生量之和的比值,2015—2016 年工业烟(粉)尘排去除率等于 1 减去工业烟(粉)尘排放量除以工业烟(粉)尘产生量的差值。

$$p_{ti1}=1-P_{ti1}/Q_{ti1} \tag{4-4}$$

$$p_{ti2}=\begin{cases}D_{ti2}/(P_{ti2}+D_{ti2}), & t=2011,2012,2013,2014\\1-P_{ti2}/Q_{ti2}, & t=2015,2016\end{cases} \tag{4-5}$$

式(4-4)、式(4-5)中，p_{ti1}、p_{ti2}分别为第 t 年城市 i 二氧化硫去除率和工业烟(粉)尘去除率，P_{ti1}、P_{ti2}分别为第 t 年城市 i 二氧化硫排放量和工业烟(粉)尘排放量，Q_{ti1}、Q_{ti2}为第 t 年城市 i 二氧化硫产生量和工业烟(粉)尘排放量，D_{ti2}为第 t 城市 i 工业烟(粉)尘去除量。

4.1.2 产业集聚测度方法

现有研究大都采用单一指标法、空间基尼系数、E-G 指数、赫芬达尔指数、泰尔指数、区位商等方法衡量产业集聚水平(师博和任保平，2019)。单一指标法相对灵活，从产业集聚内涵出发，寻找能够表现一定地域空间内经济活动集中程度的指标，如刘习平和宋德勇(2013)采用经济密度指标衡量产业集聚水平，罗能生和李建明(2018)采用专业化集聚指数和多样化集聚指数测度产业集聚水平，刘耀彬等(2018)采用工业产值占全国工业产值比重作为产业集聚水平指标。空间基尼系数、区位商、E-G 指数则成为省域尺度产业集聚水平的主流测度工具，谢子远和吴丽娟(2017)采用空间基尼系数测评全国省域尺度二位数工业细分行业集聚水平，孙慧和朱俏俏(2016)区位商指数作为衡量省级资源型产业集聚程度的指标，关爱萍和张宇(2015)采用修正的 E-G 指数测度中国制造业集聚水平。

值得一提的是，对产业集聚的测度分为二位数细分行业集聚和单一行业产业集聚，前者更偏向采用空间基尼系数、E-G 指数等衡量细分行业在大区域内的综合集聚水平，后者侧重采用区位商测度单一产业相对大区平均水平的专业化集聚水平。本书主要探讨城市尺度的工业集聚水平，囿于数据可得性，参考杨仁发(2013)、程中华和于斌斌(2014)研究成果，采用区位商指标衡量长江经济带城市工业集聚水平。该方法消除了区位规模的异质性效应，既可测度区域维度产业专业化水平，也可测度产业维度产业专业化水平，被广泛应用于产业集聚测评研究中(杨仁发和李娜娜，2018)。具体计算过程如下：

$$\mathrm{iaggl}_{ti}=(\mathrm{igdp}_{ti}/\mathrm{gdp}_{ti})/(\mathrm{IGDP}_t/\mathrm{GDP}_t) \tag{4-6}$$

式(4-6)中，iaggl_{ti}表示第 t 年长江经济带城市 i 的工业集聚水平；igdp_{ti}表示第 t 年城市 i 的工业增加值；gdp_{ti}表示第 t 年城市 i 的地区所有行业增加值；IGDP_t 表示

全国第 t 年工业增加值；GDP_t 表示全国第 t 年所有行业增加值。以全国工业化水平为基准，而不以长江经济带城市整体工业化水平为基准，不仅可以反映长江经济带单一城市自身的工业专业化水平，而且可以反映长江经济带城市整体专业化发展趋势，若与自身比较，则无法反映长江经济带本身的工业专业化水平。当 $iaggl_{ti}>1$ 时，表示城市 i 的工业专业化程度高于全国平均水平，具有工业发展比较优势，工业呈集聚发展态势；当 $iaggl_{ti}=1$ 时，表示城市 i 的工业专业化程度与全国平均水平下相当，工业呈均衡发展态势；当 $iaggl_{ti}<1$ 时，表示城市 i 的工业专业化程度不及全国平均水平，存在工业发展相对劣势，工业呈分散发展态势。

4.1.3 工业绿色发展效率测度方法

工业绿色效率是指当前技术条件下，工业生产投入、期望产出和非期望产出之间的最优比例关系。正如第 2.3 节所述，现有关于效率测度的工具主要有数据包络分析 DEA 和随机前沿分析 SFA，鉴于前者对多投入多产出的现实拟合度更高，本书采用 DEA 方法测评长江经济带城市工业绿色发展效率。考虑到工业非期望产出是工业绿色发展效率与传统效率的根本区别，也是体现绿色发展和生态文明理念的重要表现。传统工业效率对工业增长的环境负荷考虑不足，过分追求工业产出增加，导致资源能源效率不高，工业环境污染问题日益凸显，工业发展的要素驱动倾向明显。提升工业绿色发展效率，加快工业高质量发展，成为长江经济带工业发展的必然选择。科学处理工业非期望产出是准确测度工业绿色发展效率的最重要环节。部分学者认为工业增长的环境代价即为工业非期望产出，将其视为工业投入置于生产过程(详见第 2.4 节)。但这种处理方式违背了工业非期望产出的弱可处置性，工业非期望产出与期望产出相伴而生，在既定生产技术条件下无法实现工业非期望产出与工业期望产出的逆向变动。

为充分反映环境非期望产出的现实特性，钟等(Chung et al.,1997)引入方向性距离函数，使得测度模型可有效识别期望产出和环境非期望产出，极大改进了工业绿色发展效率测评方法。然而方向性距离函数虽能区分期望产出和非期望产出，但只能测度无效决策单元的工业投入产出径向比例变动，未能考虑投入、产出变量的非零松弛项，仍旧容易高估工业绿色发展效率。为解决松弛变动问题，托恩(Tone,2001)将方向性距离函数和松弛测度模型结合，提出基于松弛测度的方向性 SBM-DDF(Slack-Based Measure)模型，福山和韦伯(Fukuyama and Weber,

2009)推广该法在测度工业绿色生产率中的应用,包含非期望产出的基于松弛变量测度的 SBM 模型进一步提升了工业绿色发展效率的准确性。但是 SBM 模型只是以非径向松弛变动替换了径向松弛变动,完全忽视了投入产出变量同比例变化的初始条件,无法通过效率前沿投影值获取投入产出变量原始比例信息,使得最终效率评价结果存在一定偏误。为将径向比例要素冗余科学纳入生产过程,托恩和筒井(Tone and Tsutsui,2010)在 SBM 模型基础上进一步提出了 EBM(Epsilon-Based Measure)模型,可以同时考虑径向和非径向松弛变动,能够更加准确地评价长江经济带城市工业绿色发展效率。为进一步增加效率测度的可比性,分别借鉴欧(Oh,2010)、安德森和皮特森(Andersen and Petersen,1993)构建全局生产技术集、超效率 DEA 思路,构建包含非期望产出的全局超效率 EBM 模型测评长江经济带工业绿色发展效率(黄磊和吴传清,2019)。非导向的考虑非期望产出的 EBM 模型具体如下:

$$\min \frac{\theta - \varepsilon_x \left(1 \Big/ \sum_{t=1}^{T}\sum_{m=1}^{M}\omega_m^-\right)\sum_{t=1}^{T}\sum_{m=1}^{M}\omega_m^- s_m^- / x_{mk}}{\varphi + \varepsilon_y \left(1 \Big/ \sum_{t=1}^{T}\sum_{n=1}^{N}\omega_n^+\right)\sum_{t=1}^{T}\sum_{n=1}^{N}\omega_n^+ s_n^+ / y_{nk} + \varepsilon_z \left(1 \Big/ \sum_{t=1}^{T}\sum_{b=1}^{B}\omega_b^\times\right)\sum_{t=1}^{T}\sum_{b=1}^{B}\omega_b^\times s_b^\times / z_{bk}}$$

$$\text{s.t.}\begin{cases}\sum\limits_{t=1,\neq p}^{T}\sum\limits_{r=1,\neq k}^{Q}\lambda_r^t x_{rm}^t + s_m^- = \theta x_k \\ \sum\limits_{t=1,\neq p}^{T}\sum\limits_{r=1,\neq k}^{Q}\lambda_r^t y_{rn}^t - s_n^+ = \varphi y_k \\ \sum\limits_{t=1,\neq p}^{T}\sum\limits_{r=1,\neq k}^{Q}\lambda_r^t z_{rb}^t + s_b^\times = \varphi z_k \\ \boldsymbol{\lambda}, s_m^-, s_n^+, s_b^\times \geqslant 0\end{cases} \tag{4-7}$$

式(4-7)中,求解线性规划最小值即为 EBM 模型超效率值,θ 为经典 DEA-CCR 模型计算的径向效率值,$\varepsilon=(\varepsilon_x,\varepsilon_y,\varepsilon_z)$为包含径向效率值与非径向效率值的关键参数,当 $\varepsilon=0$ 时,EBM 模型即转化为投入导向的 CCR 模型;当 $\theta=\varepsilon=1$ 时,EBM 模型即转变为 SBM 模型。M、N、B 分别表示工业投入要素、期望产出、非期望产出种数。T、Q 分别表示时间跨期数和决策单元数。$s=(s_m^-,s_n^+,s_b^\times)$与 $\omega=(\omega_m^-,\omega_n^+,\omega_b^\times)$分别表示工业要素投入、工业期望产出、工业非期望产出松弛变量与相对权重。x、y、z 分别表示工业要素投入、工业期望产出、工业非期望产出对应矩阵，$\boldsymbol{\lambda}$ 为权重向量。

上述模型主要涉及三类变量：工业投入要素、工业期望产出、工业非期望产出。基于新古典增长理论，主要考虑城市工业劳动力和城市工业资本两类变量，分别采用城市工业单位从业人员（人）、城市规上工业固定资产合计（万元）予以衡量。本书认为工业期望产出为工业产出的最终新增市场价值，选用城市工业增加值（万元）予以衡量，如若选用城市规上工业总产值可能高估工业期望产出，工业总产值包含工业生产的中间产品价值，未能准确反映工业有效产出。基于长江经济带的流域经济属性，工业非期望产出主要为废水、废气两类工业毒害物质，分别采用工业废水排放量（万吨）、城市工业二氧化硫排放量（吨）、城市工业烟（粉）尘排放量（吨）予以衡量。

4.1.4 空间特征规律识别方法

长江经济带地域空间特征明显，分析长江经济带工业绿色发展的空间演化趋势是探究长江经济带工业绿色发展规律的重要内容。采用标准差椭圆方法 SDE（Standard Deviation Ellipse，SPE）作为反映长江经济带要素空间分布特征的识别工具，该方法可以有效从全局空间角度解释长江经济带要素空间分布的重心位置、主体范围、集中方向、密集程度、空间变动，即椭圆分布的中心性、展布性、方向性、密集性、形状等基本特征（赵璐和赵作权，2014）。标准差椭圆是以要素地理分布的平均中心为重心，分别计算所有要素在横坐标方向与纵坐标方向的标准差，根据标准差大小定义覆盖一定比例要素的椭圆长轴与短轴。标准差椭圆分析能够准确识别要素地理分布是否存在扩张或收缩，并由此而具有特定方向。中心、长轴、短轴、扁率、方位角、面积构成标准差椭圆的基本参数（赵璐和赵作权，2018）。标准差椭圆的几何中心表示要素空间分布的地理重心所在位置；长轴和短轴分别表示要素在空间分布上的主要趋势和次要趋势，其对应的具体长度则分别表示在主次趋势方向上要素平均偏离重心的地理距离；扁率反映标准差椭圆的形状，扁率等于长轴与短轴的差距占长轴的比重；方位角表示要素空间分布主要集中方向，等于从椭圆长轴逆时针到正北方向的夹角度数。基于长江经济带 110 个地级及以上城市的空间区位(经纬度坐标),用各城市对应的工业环境规制强度、工业集聚水平、工业绿色发展效率为相应的权重,分别计算长江经济带城市工业环境规制、工业集聚、工业绿色发展效率分布的加权标准差椭圆。加权标准差椭圆的计算公式如下：

平均中心($\bar{X}_w$, $\bar{Y}_w$)：

$$\bar{X}_w=\frac{\sum_{i=1}^{110}w_ix_i}{\sum_{i=1}^{110}w_i},\qquad \bar{Y}_w=\frac{\sum_{i=1}^{110}w_iy_i}{\sum_{i=1}^{110}w_i} \tag{4-8}$$

方位角 θ：

$$\tan\theta=\frac{\left(\sum_{i=1}^{110}w_i^2\tilde{x}_i^2-\sum_{i=1}^{110}w_i^2\tilde{y}_i^2\right)+\sqrt{\left(\sum_{i=1}^{110}w_i^2\tilde{x}_i^2-\sum_{i=1}^{110}w_i^2\tilde{y}_i^2\right)^2+4\sum_{i=1}^{110}w_i^2\tilde{x}_i^2\tilde{y}_i^2}}{2*\sum_{i=1}^{110}w_i^2\tilde{x}_i^2\tilde{y}_i^2} \tag{4-9}$$

X 轴标准差：

$$\sigma_x=\sqrt{\frac{\sum_{i=1}^{110}(w_i\tilde{x}_i\cos\theta-w_i\tilde{y}_i\sin\theta)^2}{\sum_{i=1}^{110}w_i^2}} \tag{4-10}$$

Y 轴标准差：

$$\sigma_y=\sqrt{\frac{\sum_{i=1}^{110}(w_i\tilde{x}_i\sin\theta-w_i\tilde{y}_i\cos\theta)^2}{\sum_{i=1}^{110}w_i^2}} \tag{4-11}$$

式中,(x_i,y_i)表示城市政府驻地的经纬度坐标;w_i 表示每个城市对应的工业环境规制强度、工业产业集聚水平、工业绿色发展效率值;($\bar{X}_w$,$\bar{Y}_w$)表示加权平均中心,即要素分布几何中心;θ 为椭圆方位角,即椭圆长轴逆时针旋转到正北方向所形成的夹角;$\tilde{x}_i$、$\tilde{y}_i$ 分别表示各城市政府驻地经纬度坐标与要素分布几何中心的差值;σ_x、σ_y 分别表示沿 X 轴、Y 轴的标准差,即标准差椭圆的长短轴一半长度。椭圆范围表明城市要素分布的发展态势,若椭圆长短轴缩短,则椭圆空间范围减少,标准差椭圆内部城市要素发展态势快于外部城市;椭圆中心反映城市要素分布的重点方向，椭圆中心向哪个方向移动，则该方向城市要素发展态势较快；椭圆长短轴比重反映城市要素分布的均衡性，若长短轴比重趋近于1，则城市要素分布较为均衡；椭圆方位角表示城市要素分布的主要偏向，若方位角减小，则东北部城市要素影响增强。

4.1.5 地区差异规律识别方法

长江经济带横跨我国东中西部三大经济地带，上、中、下游地区发展差异显著，而缩小长江经济带工业绿色发展差距，推动长江经济带工业协调发展，也是长江经济带高质量发展的题中之义。因此，有必要进一步分析长江经济带城市工业绿色发展的地区差异变动。学术界一般采用泰尔指数、变异系数、标准差系数、β收敛、核密度函数等方法分析要素的差异变化趋势(侯孟阳和姚顺波，2018)。本书采用泰尔指数分析长江经济带城市工业绿色发展的空间差异变化规律，不仅可以识别整体差异趋势，还可以判断内部上中下游地区间、地区内城市工业绿色发展的差异变动及其差异贡献率(卢丽文等，2016)。具体计算过程见以下步骤：

$$T=\frac{1}{n}\sum_{i=1}^{n}\frac{y_i}{\bar{y}}\ln\left(\frac{y_i}{\bar{y}}\right) \tag{4-12}$$

$$T=T_b+T_w=\sum_{k=1}^{K}\left(y_k\ln\frac{y_k}{n_k/n}\right)+\sum_{k=1}^{K}\left(y_k\left(\sum_{i\in g_k}^{n_k}\frac{y_i}{y_k}\ln\frac{y_i/y_k}{1/n_k}\right)\right) \tag{4-13}$$

$$T_b=\sum_{k=1}^{K}\left(y_k\ln\frac{y_k}{n_k/n}\right) \tag{4-14}$$

$$T_w=\sum_{k=1}^{K}\left(y_k\left(\sum_{i\in g_k}^{n_k}\frac{y_i}{y_k}\ln\frac{y_i/y_k}{1/n_k}\right)\right)=\sum_{k=1}^{K}\left(y_k\left(\frac{1}{n_k}\sum_{i\in g_k}^{n_k}\frac{x_i}{\bar{x}_k}\ln\frac{x_i}{\bar{x}_k}\right)\right) \tag{4-15}$$

$$W_b=T_b/T \tag{4-16}$$

$$W_w=T_w/T \tag{4-17}$$

$$W_k=T_k/T=\left(\sum_{k=1}^{K}y_k\left(\sum_{i\in g_k}^{n_k}\frac{y_i}{y_k}\ln\frac{y_i/y_k}{1/n_k}\right)\right)/T \tag{4-18}$$

式中，T表示泰尔指数，反映整体长江经济带城市工业环境规制、产业集聚、绿色发展效率地区差异；ln表示以自然对数e为底的对数函数；T_b、T_w表示上中下游地区间要素分布差异；K 表示样本总量 n 的分组数，此处 K 为 3，n 为 110；x_i 表示城市 i 的要素水平；y_i 表示城市 i 的要素水平 x_i 在总体要素水平中份额；y_k 表示第 k 组样本要素水平和在总体要素水平的份额；W_b 表示上中下游地区间城市要素水平差异在整体差异中的份额；W_w 表示上、中、下游地区内城市要素水平差异在整体差异中的份额；W_k 分别表示上、中、下游地区内城市要素水平差异在整体差异中的份额。

4.1.6 研究时段与数据来源

本书以 2011 年为起始研究年份，全面反映长江经济带城市工业绿色发展绩效时空变迁。同时主要指标统计口径和行政区划在 2011 年发生重大调整，2011 年规上工业企业标准由年主营业务收入 500 万元及以上提高到年主营业务收入 2000 万元及以上，使得诸多基础指标在 2011 年以后不可比较。此外，2011 年长江经济带中安徽省巢湖市被撤销有关行政区划分别归合肥市、马鞍山市、芜湖市管辖（即“三分巢湖”），因此巢湖市不再列入《中国城市统计年鉴》地级市统计对象；贵州省毕节地区、铜仁地区调整为毕节市、铜仁市，从而纳入《中国城市统计年鉴》统计单元范围。出于指标口径和研究单元口径一致性考虑，本书也认为以 2011 年作为研究起点较为合适，因此研究时段最终确定为 2011—2016 年。

所选用指标数据来自于 2012—2017 年《中国城市统计年鉴》、长江经济带沿线 11 个省份 2012—2017 年统计年鉴、湖北省 12 个城市 2012—2017 年统计年鉴、四川省 18 个城市 2011—2016 年国民经济和社会发展统计公报。其中，涉及市场价值的工业固定资产合计、工业增加值指标分别采用以 2011 年为基期的定基工业固定资产投资价格指数、定基工业增加值平减指数消除物价波动。研究对象为长江经济带 110 个地级及以上城市，为充分反映长江经济带地区差异，将长江经济带划分为上、中、下游三大地区。参照 2014 年国务院出台的《国务院关于依托黄金水道推动长江经济带发展的指导意见》地区划分标准，上游地区包括重庆、四川、贵州、云南四省份 33 个城市，中游地区包括江西、湖北、湖南三省份 36 个城市，下游地区包括上海、江苏、浙江、安徽四省份 41 个城市。

4.2 测度结果分析

4.2.1 长江经济带城市环境规制的时空特征

1. 长江经济带城市环境规制的时间演变特征

长江经济带城市工业环境治理成效逐渐凸显，工业环境规制强度稳步增强。如表4-1所示，长江经济带城市环境规制强度由2011年的0.7060平稳上升至2016年的0.8280，年均增长3.24%，始终高度重视推进工业生产低碳清洁化，强化工业污染治理，加快推动城市工业生态文明建设。2012—2015年长江经济带城市工业环境规制强度增速相对较慢，年均增速仅为1.19%，可能是由于自2012年经济发展步入新常态，经济发展增速换挡，而加快传统产能扩张以保证经济平稳增长，一定程度上放松工业环境治理力度。特别是2013年以来国家逐步确立长江经济带发展重大战略，长江经济带被定位为打造国家经济发展的战略支撑带，加快布局一批工业项目，对环境准入门槛相对较低，以加快提升工业经济发展贡献率。

表4-1 2011—2016年长江经济带整体及各地区城市工业环境规制强度

地区	年份					
	2011	2012	2013	2014	2015	2016
长江经济带	0.7060	0.7463	0.7615	0.7647	0.7733	0.8280
上游地区	0.6420	0.6962	0.6990	0.7044	0.7020	0.7287
中游地区	0.6965	0.7318	0.7615	0.7608	0.7904	0.8606
下游地区	0.7659	0.7994	0.8118	0.8166	0.8155	0.8793

注：长江经济带及各地区工业环境规制强度为内部城市算术平均值。

资料来源：根据测度结果整理。

2016年长江经济带城市工业环境规制强度大幅提升，较2015年增长7.08%，超过2011—2016年平均增速的两倍，工业绿色发展势头极为迅猛。2016年年初习近平总书记在重庆主持召开推动长江经济带发展座谈会，确立长江经济带“生态优先、绿色发展”的战略定位，要求长江经济带“共抓大保护、不搞大开发”，把修复和改善长江生态环境摆在首要位置，将长江经济带建设为我国生态文明建设的先行示范带。工业作为环境污染产出的主要产业来源，是提升长江经济带生态环境质量的重要领域，进一步提高长江经济带工业项目的环境准入门槛，加大沿江重化工业污染治理，应用推广清洁生产工艺和管理模式，长江经济带工业环境规制强度迅猛提升，工业环境质量大幅改善。

2. 长江经济带城市环境规制的空间差异特征

长江经济带城市工业环境治理成效的地区分异显著，上、中、下游地区城市呈严格梯度递增分布格局，上游地区城市工业环境治理成效较弱，中游地区保持平稳较快增长态势，下游地区城市工业环境治理最为严格，成效最为突出。如上页表4-1所示，2011—2016年长江经济带上游地区城市工业环境规制强度由0.6420平缓上升至0.7287，年均增长2.57%，绝对水平和相对速度较中下游地区城市滞后。中游地区城市工业环境规制强度由0.6965平稳较快上升至0.8606，年均增长4.32%，增速高于上游、下游地区城市，逐步缩小与下游地区城市工业污染治理差距。下游地区城市工业环境规制强度由0.7659平稳上升至0.8793，年均增长2.80%，城市工业污染治理力度始终高于中上游地区。空间聚类分布见表4-2。

表4-2　2011年、2016年长江经济带城市工业环境规制强度空间聚类分布

类　型	地区	2011年	2016年
高水平地区	上游	德阳、雅安、自贡、贵阳、玉溪(5)	雅安、铜仁(2)
	中游	荆门、黄石、岳阳、娄底、永州、郴州、鹰潭(7)	武汉、鄂州、黄石、郴州、九江、鹰潭(6)
	下游	南通、常州、无锡、宁波、台州、温州、滁州、芜湖、铜陵、宣城、安庆、池州(12)	南京、扬州、泰州、宁波、舟山、台州、合肥、马鞍山、安庆、铜陵、池州(11)
较高水平地区	上游	重庆、成都、泸州、毕节、铜仁、丽江、普洱(7)	重庆、遵义、安顺、六盘水(4)
	中游	鄂州、黄冈、孝感、咸宁、十堰、长沙、德阳、上饶、吉安、赣州(10)	孝感、黄冈、咸宁、荆门、荆州、长沙、株洲、邵阳、南昌、宜春、景德镇、上饶(12)
	下游	上海、苏州、镇江、扬州、盐城、徐州、湖州、金华、衢州、合肥、淮南、阜阳、蚌埠、宿州(14)	苏州、无锡、常州、镇江、南通、盐城、徐州、嘉兴、金华、温州、宣城、蚌埠、淮南、六安(14)

续表

类　型	地区	2011 年	2016 年
中等水平地区	上游	乐山、眉山、资阳、遂宁、绵阳、广安、达州、攀枝花、安顺、六盘水、曲靖(11)	成都、遂宁、广安、贵阳、昆明、曲靖、昭通(7)
	中游	武汉、襄阳、宜昌、湘潭、益阳、怀化、邵阳、南昌、九江、新余(10)	宜昌、岳阳、常德、益阳、娄底、湘潭、衡阳、萍乡、新余、吉安、赣州(11)
	下游	南京、淮安、宿迁、杭州、嘉兴、绍兴、丽水、舟山、马鞍山、六安、淮北(11)	上海、淮安、湖州、绍兴、衢州、芜湖、滁州、淮北(8)
较低水平地区	上游	内江、宜宾、广元、昭通、保山(5)	眉山、乐山、内江、宜宾、泸州、德阳、绵阳、达州、毕节、普洱(10)
	中游	荆州、随州、张家界、衡阳、宜春、萍乡(6)	十堰、随州、怀化、永州、抚州(5)
	下游	泰州、连云港、黄山(3)	宿迁、连云港、杭州、宿州、亳州、阜阳(6)
低水平地区	上游	南充、巴中、遵义、昆明、临沧(5)	资阳、自贡、南充、巴中、广元、攀枝花、玉溪、丽江、保山、临沧(10)
	中游	株洲、景德镇、抚州(3)	襄阳、张家界(2)
	下游	亳州(1)	丽水、黄山(2)

资料来源：根据 ArcGIS10.5 软件输出结果整理，括号内数字为对应类型城市数量。

长江经济带城市工业环境规制强度呈现出较为明显的“T 型”中心-外围分布态势，沿海沿江城市，特别是沿长江干线城市工业污染治理力度整体高于内陆地区城市、非沿江地区城市。2011 年沿海和沿长江干线地区位于高水平工业环境规制区域的城市有 14 座，占比为 58.33%，而 2016 年沿海和沿长江干线地区位于高水平工业环境规制区域的城市为 15 座，占比已高达 83.33%，沿江和沿海地区为推进工业污染治理的重点地区。几乎所有的低水平工业环境规制城市均位于内陆地区，特别是省际交界区城市：2011 年有 8 座低水平工业环境规制强度城市位于省际交界区，占比高达 88.89%；2016 年有 11 座低水平工业环境规制强度城市位于省际交界区，占比为 78.57%。内陆边远地区城市工业污染治理未得到足够重视，工业环境规制强度较弱。

长江经济带城市工业环境治理总体呈现出典型的经济基础导向特征，经济发展基础较好的城市工业污染治理效果相对较好。不论是上中下游地区城市工业环境规制梯度递增的空间格局，还是从沿海沿长江干线到内陆两翼“T 型”中心-外围的城市工业环境规制分布结构，均表明经济较发达的城市工业环境规制更为严格，工业污染治理成效更加明显。工业污染治理需要大量的资金、人才、技术，对于欠发达城市发展可能会带来沉重的经济压力，上游地区、省际交界地区城市工业发展在经济发展和就业稳定压力下，对工业污染治理的投入力度和最终成效不及中下游地区城市、沿海沿江地区城市。经济较发达的城市具有显著资金、人才、技术优势，居民生活水平较高，对环境质量要求更为强烈，使得经济发展条件较好的城市工业环境规制强度更高，工业生产过程更为清洁，工业绿色产品更为丰富，工业污染治理成效更为显著。

3. 长江经济带城市环境规制的空间特征演变

如图 4-1 所示，长江经济带城市工业环境规制重心向东偏北方向移动，中下游地区正强化长江经济带城市工业污染治理中心地位。2011—2016 年长江经济带城市工业环境规制重心整体向东北方向移动 14.03km，其中向东 13.90km，向北移动 1.92km，地理位置始终位于湖北省荆州市，由荆州市中部向东部地区转移。尽管 2012 年重心向西南方向移动 9.10km，其中向西移动 9.04km，向南移动 1.03km，而后迅速向东北方向转移，至 2016 年累计向东北方向移动 23.13km，其中向东移动 22.94km，向北移动 2.94km。中下游地区城市工业环境污染治理投入力度超过上游地区，长江经济带城市工业环境规制重心东移趋势明显。

长江经济带城市工业污染治理呈集聚发展态势，特别是偏向中游地区的集聚趋势明显。2011—2016 年长江经济带城市工业环境规制标准差椭圆的地理面积持续收缩，如表 4-3 所示，长轴和短轴长度不断收缩，面积由 862106.56km^2 稳步缩减至 832407.63km^2，平均每年减少 5939.79km^2，约相当于一个上海市面积。长江经济带城市工业污染治理集中化趋势明显，城市间工业污染处理力度的相对差距依然突出。此外，标准差椭圆长轴缩短主要是由于西南半轴收缩，东北半轴基本保持平稳，表明中游地区城市工业污染治理力度增强明显，但下游地区城市工业污染治理保持平稳态势。尽管标准差椭圆的长轴和短轴均在缩短，但长轴缩短的绝对长度与相对比例均甚于短轴，前者累计收缩 48.12km，5 年间缩短 2.76%，而后者累计收缩仅 4.42km，5 年间缩短 0.71%，表明东西方向的集聚趋势远远强于南北方向的集聚趋势。方位角呈波动减少态势，整体由 2011 年的 75.52°微弱波动下降至 2016 年的 75.18°，进一步证实了偏向东北部的中下游地区城市对长江经济带城市环境治理的促进作用增强。

长江经济带城市工业环境治理成效呈显著“中游崛起”特征，中游地区在强化长江经济带城市工业环境规制过程中的支撑作用日益凸显。标准差椭圆形状基本保持稳定,扁率维持在0.63—0.64之间,变动幅度微小,但长轴和短轴均有不同程度收缩,特别是椭圆覆盖中游地区城市的面积份额最大,表明椭圆内部城市工业环境规制强度提升速度快于椭圆外部地区城市。中游地区城市环境规制强度正快速上升,逐步缩小与下游地区城市工业污染治理力度差距,成为长江经济带工业污染治理重要推动区。而上游地区城市工业污染治理执行力度较中游地区相对较弱,其作为长江经济带重要生态屏障,应进一步加强工业污染治理,推动长江生态环境修复和改善工作稳步推进。

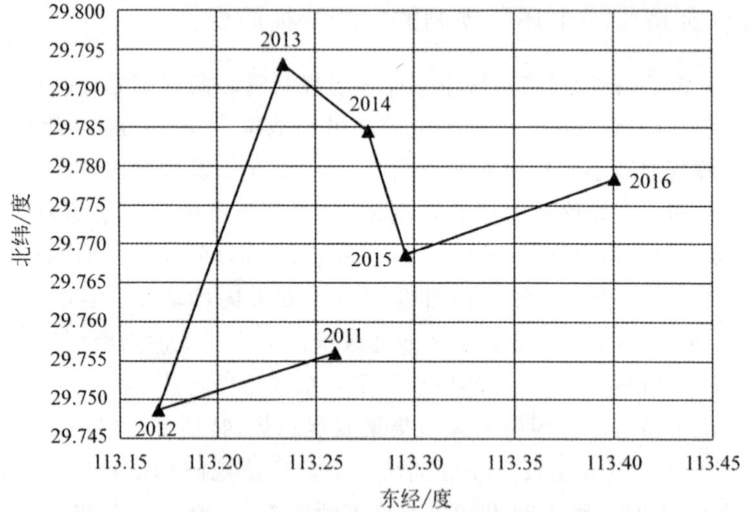

图 4-1　2011—2016 年长江经济带城市工业环境规制标准差椭圆的重心轨迹

资料来源:根据测算结果整理绘制。

表 4-3　2011—2016 年长江经济带城市工业环境规制标准差椭圆的基本参数

年份	重心坐标	长轴/km	短轴/km	扁率	方位角/°	面积/km²
2011	(113.26°E,29.76°N)	1741.22	630.50	0.6379	75.52	862106.56
2012	(113.17°E,29.75°N)	1743.18	627.93	0.6398	74.84	859548.63
2013	(113.23°E,29.79°N)	1729.03	627.09	0.6373	75.04	851438.17
2014	(113.28°E,29.78°N)	1723.16	626.39	0.6365	74.69	847594.37
2015	(113.30°E,29.77°N)	1711.88	626.04	0.6343	75.00	841555.03
2016	(113.40°E,29.78°N)	1693.10	626.08	0.6302	75.18	832407.63

资料来源:根据 ArcGIS10.5 软件输出结果整理。

4. 长江经济带城市环境规制的地区差异演变

长江经济带城市工业环境治理地区差异逐步缩小，工业污染治理成效有较强同一化趋势。如表4-4所示，长江经济带城市工业环境规制强度泰尔指数由2011年的0.0455稳步下降至2016年的0.0168，年均下降速度高达18.07%。长江经济带城市工业污染治理力度和治理效果差异呈快速收敛态势，表明长江经济带正在有序推进污染治理一体化进程，加快长江经济带协调、绿色发展。长江经济带城市工业环境治理一体化主要得益于上、中、下游地区内城市工业污染治理差异大幅缩小，但地区间城市污染治理差异依然明显，长江经济带城市工业污染治理呈俱乐部收敛特征，俱乐部之间工业污染治理成效并未趋同。长江经济带上、中、下游地区内城市差异系数由2011年的0.0428急速下降至2016年的0.0136，年均下降高达20.49%，工业污染治理呈现出极强的同一化趋势。但地区间城市差异系数则呈"U型"上升趋势，差异系数由2011年的0.0026下降至2013年的0.0018，后持续上升至2016年的0.0032，年均上升4.24%，上、中、下游地区城市间工业环境治理差异短期内难以消除。此外，尽管长江经济带上、中、下游地区间城市工业污染治理差异呈扩大趋势，但地区内城市差异在总体差异中占据绝对支配地位。即使地区内城市工业污染治理差异系数比重持续下降至2016年，在整个长江经济带城市工业环境治理差异份额亦高达80.99%，而同期地区间差异份额为19.01%，远大于后者，长江经济带城市工业环境规制同一化趋势大于差异化趋势。

表4-4 长江经济带城市工业环境规制水平的泰尔指数及其分解贡献率

类　别	年　份					
	2011	2012	2013	2014	2015	2016
泰尔指数	0.0455	0.0343	0.0269	0.0252	0.0180	0.0168
地区间差异	0.0026	0.0017	0.0018	0.0018	0.0019	0.0032
地区间贡献	5.73%	4.88%	6.82%	7.14%	10.78%	19.01%
地区内差异	0.0428	0.0326	0.0250	0.0234	0.0161	0.0136
地区内贡献	94.27%	95.12%	93.18%	92.86%	89.22%	80.99%
上游地区差异	0.0703	0.0526	0.0394	0.0328	0.0280	0.0308
上游地区贡献	42.22%	42.99%	40.33%	35.98%	42.32%	48.35%
中游地区差异	0.0510	0.0431	0.0338	0.0330	0.0129	0.0086

续表

类别	年份					
	2011	2012	2013	2014	2015	2016
中游地区贡献	36.22%	40.39%	41.17%	42.61%	24.01%	17.28%
下游地区差异	0.0178	0.0101	0.0079	0.0090	0.0105	0.0065
下游地区贡献	15.83%	11.74%	11.67%	14.27%	22.89%	15.35%

资料来源：基于MATLAB2017a的泰尔指数及其分解运行结果整理。

长江经济带上、中、下游地区内城市工业环境治理协同度整体呈向好趋势，但地区差异显著，上游、中游、下游地区城市工业环境治理协同性梯度递减。2011—2016年上游地区城市工业环境规制强度差异系数由0.0703下降至0.0308，年均下降15.21%，整体呈收敛态势，但城市工业环境规制协同水平与中下游地区依然存在显著差异。2016年上游地区城市对长江经济带整体城市工业环境规制差异贡献率已高达48.35%，长江经济带城市间工业环境治理绩效差异贡献几乎一半源自于上游地区城市。上游地区城市经济发展差异极大，重庆、成都、贵阳、昆明等城市着力打造国家中心城市、区域性中心城市，经济发展程度和技术水平处于领先地位，可有力支撑工业绿色转型，但更多城市经济社会发展极不充分，工业污染治理压力较大，上游地区内城市工业污染治理差异尤为明显。

中游地区城市对推进长江经济带城市工业环境治理一体化进程贡献最大，工业环境治理城市差异稳步缩小，对总体差异贡献度亦大幅下降。城市工业环境规制强度差异系数由0.0510持续下降至0.0086，年均下降速度高达29.95%，总体差异贡献率也由36.22%下降至17.28%，降低近20个百分点。2011—2014年中游地区城市工业环境治理差异系数保持平缓微弱上升态势，但2015年、2016年中游地区城市工业集聚差异系数锐降，主要原因是中游地区城市加大"化工围江围湖"协同治理力度，以宜昌、荆州、岳阳、黄石等沿江城市尤为典型，下大力气重拳出击强化工业污染治理。

下游地区城市工业环境治理协同度最高，工业环境规制强度差异系数最低，对总体差异贡献率也最小，差异系数整体维持在0.01以下，贡献度稳定在15%左右。

可以看出，推动长江经济带城市工业环境治理一体化的难点地区在于上游地区，而中、下游地区则是加快长江经济带城市工业污染协同治理的主要支撑区。加强中、下游地区对上游地区工业污染治理支持，提升上游地区城市工业污染治理一体化程度，成为长江经济带建设生态文明先行示范带的紧迫任务。

4.2.2 长江经济带城市产业集聚的时空特征

1. 长江经济带城市产业集聚的时间演变特征

长江经济带城市工业集聚能力保持平稳上升态势，集聚优势更加凸显。如表4-5所示，2011—2016年长江经济带整体城市工业集聚度由1.1176平缓波动上升至1.1520，始终高于1，年均增强0.61%，作为全国工业生产基地，长江经济带城市工业专业化水平遥遥领先于全国平均水平，保持强大的工业生产能力。2011—2013年工业集聚度上升态势较为稳定，出于对前期集聚工业产能消化吸收，2014年较2013年略有下降。2015年工业集聚度由出现较大幅度上升，主要是由于2014年9月出台的《国务院关于依托黄金水道推动长江经济带发展的指导意见》明确长江经济带发展的首要定位是建设具有全球影响力的内河经济带。沿线城市将推动经济发展作为长江经济带建设第一要务，大开发成为主基调，进入一轮大规模工业化开发高潮时期，加快上马工业项目，强化工业对经济增长的推动作用，城市工业产能急剧增加，工业集聚水平大幅提升。

表4-5 2011—2016年长江经济带整体及各地区城市工业集聚水平

地区	年份					
	2011	2012	2013	2014	2015	2016
长江经济带	1.1176	1.1326	1.1475	1.1467	1.1614	1.1520
上游地区	1.0487	1.0860	1.1048	1.0946	1.1157	1.1109
中游地区	1.1650	1.1838	1.2159	1.2276	1.2435	1.2089
下游地区	1.1216	1.1272	1.1328	1.1297	1.1415	1.1420

注：长江经济带及各地区工业集聚水平为各地区城市工业增加值之和占城市GDP之和的份额与全国工业增加值占全国GDP的份额的比值。

资料来源：根据测算结果整理。

但2016年长江经济带城市工业集聚度出现明显减弱态势，主要是由于沿江地区无序开发严重超出长江经济带资源环境承载能力，对长江生态环境造成巨大威胁，引起中央对长江经济带开放开发的高度关注。2016年年初习近平总书记在重庆召开推动长江经济带发展座谈会,明确长江经济带"生态优先、绿色发展"的战略定位,彻底扭转了前期无序粗放开发导向。保护长江生态环境,实现绿色发展,成为长江经济带发展的前提条件和基本要求,沿江城市加快重化工业和高耗能工业淘汰转移,从严管控工业项目审批上马,有效控制了长江经济带工业生产盲目扩张,使得工业集聚优势较 2015 年有所下降。整体看来,长江经济带城市工业集聚优势极为突出,国家工业生产基地地位牢固,未来将进一步向绿色集约高效方向集聚化发展,在保持工业生产量的优势基础上更多凸显工业发展质的优势。

2. 长江经济带城市产业集聚的空间差异特征

长江经济带城市工业集聚地区差异显著,呈现出中游、下游、上游地区城市稳定梯度递减的左偏"凸型"分布格局。2011—2016 年长江经济带上游地区城市工业集聚度呈波动上升趋势(见表 4-6),由 1.0487 增长至 1.1109,工业集聚度年均增强 1.16%,工业集聚速度远高于中下游地区城市,成渝城市群已形成较为紧密的工业集群区。中游地区城市工业集聚度呈抛物线型上升态势,由 2011 年的 1.1650 平稳上升至 2015 年的 1.2435,后迅速衰减至 2016 年的 1.2089,工业集聚度整体年均增强 0.74%,"襄宜荆""长株潭""九宜新"等工业集聚高水平城市已逐渐成网连片,成为中游地区城市工业集聚主要承载区。下游地区城市工业集聚度保持平缓上升态势,由 1.1216 上升至 1.1420,工业集聚度年均增强幅度仅为 0.36%,以江苏和安徽中南部城市工业集聚尤为明显。从上游地区城市工业集聚度快速提升态势与中游地区领先的工业集聚现实状况来看,下游地区城市并非现阶段大规模推进工业化的战略区域。

表 4-6　2011 年、2016 年长江经济带城市工业集聚强度空间聚类分布

类　型	地区	2011 年	2016 年
高水平地区	上游	德阳、内江、乐山、宜宾、泸州、攀枝花、六盘水、玉溪(8)	内江、泸州、攀枝花(3)
	中游	黄石、宜昌、萍乡、新余、景德镇、鹰潭(6)	(0)
	下游	马鞍山、芜湖、铜陵、淮北、淮南(5)	铜陵(1)

续表

类　型	地区	2011 年	2016 年
较高水平地区	上游	雅安、眉山、资阳、自贡、达州、曲靖(6)	资阳、遂宁、德阳、雅安、眉山、乐山、自贡、宜宾、玉溪(9)
	中游	十堰、襄阳、荆门、鄂州、长沙、岳阳、娄底、湘潭、株洲、郴州、九江、宜春(12)	襄阳、宜昌、荆门、鄂州、黄石、湘潭、株洲、郴州、萍乡、新余、鹰潭、景德镇(12)
	下游	苏州、无锡、常州、镇江、扬州、宁波、绍兴、湖州、嘉兴、衢州、安庆(11)	镇江、宁波、嘉兴、芜湖、马鞍山、淮北(6)
中等水平地区	上游	遂宁、南充、绵阳(3)	广安、南充、广元、绵阳、六盘水(5)
	中游	孝感、随州、咸宁、常德、衡阳、南昌、抚州、上饶、吉安、赣州(10)	十堰、随州、孝感、荆州、咸宁、长沙、岳阳、常德、娄底、南昌、九江、上饶、宜春(13)
	下游	南通、泰州、徐州、杭州、金华、台州、丽水、温州、舟山、合肥、滁州、蚌埠、宣城(13)	苏州、无锡、常州、南通、泰州、扬州、盐城、宿迁、湖州、绍兴、舟山、金华、台州、丽水、衢州、合肥、滁州、蚌埠、淮南、安庆、宣城(21)
较低水平地区	上游	重庆、成都、广安、广元、贵阳、遵义、安顺、毕节、昆明、昭通(10)	重庆、成都、巴中、达州、遵义、毕节、曲靖(7)
	中游	武汉、黄冈、荆州、益阳、邵阳、怀化、永州(7)	武汉、黄冈、益阳、怀化、邵阳、衡阳、永州、吉安、抚州、赣州(10)
	下游	上海、南京、盐城、淮安、宿迁、连云港、池州、黄山、六安、阜阳、亳州、宿州(12)	南京、淮安、连云港、徐州、杭州、温州、池州、黄山、六安、阜阳、亳州、宿州(12)
低水平地区	上游	巴中、铜仁、丽江、普洱、临沧、保山(6)	贵阳、安顺、铜仁、昆明、昭通、丽江、普洱、临沧、保山(9)
	中游	张家界(1)	张家界(1)
	下游	(0)	上海(1)

资料来源：根据 ArcGIS10.5 软件输出结果整理，括号内数字为对应类型城市数量。

长江经济带城市工业集聚水平与前期工业基础和地缘条件存在较强关联性。处于工业化中期的城市为长江经济带城市工业集聚的核心承载区，处于工业化前期和后工业化阶段的城市并不是长江经济带工业集聚的重点地区。长江经济带9个省会城市与2个直辖市均不在高水平工业集聚区，大都属于较低水平甚至是低水平工业集聚区，但一般省会城市和直辖市周围均有分布高水平和较高水平工业集聚城市。长江经济带经济发展水平较高的城市倾向将工业生产转移到周边地区城市，推动自身产业结构迈向智能化、服务化、高端化，更多注重高技术制造业与生产研发、现代物流、现代金融等生产性服务业发展。

长江经济带城市工业集聚水平与城市承载容纳能力正相关。处于工业化中期的城市前期工业基础较好，有条件承接临近发达城市工业转移，进一步加快本城市工业发展。如上游地区的德阳、资阳、内江、眉山、乐山、玉溪、曲靖等城市，中游地区的鄂州、黄石、襄阳、宜春、荆门、九江、岳阳、湘潭、株洲、萍乡等城市，下游地区马鞍山、芜湖、铜陵、镇江、常州、扬州、嘉兴等城市，加快承接劳动密集型和以内需为主的技术密集型工业转移，以加快经济发展。但是处于省际交界与内陆边境地区的城市处于工业化前期，大都为中上游地区的国家级重点生态功能区，生态系统较为脆弱，生态功能极为重要，不适宜进行大规模高强度工业化城镇化开发，劳动力人口不断流失，地区工业发展容量有限，无法成为工业集聚区，巴中、丽江、保山、临沧、普洱、张家界、铜仁、昭通等城市工业化程度不高，工业集聚难以壮大。

3. 长江经济带城市产业集聚的空间特征演变

长江经济带城市工业集聚重心呈现出明显的阶段性特征，工业发展集聚态势逐渐由上游地区转向中下游地区。2011—2013 年工业集聚重心不断向西北方向移动，累计移动 8.41km，其中向西移动 8.26km，向北移动 1.95km。成渝地区作为 2011 年国家出台的《全国主体功能区规划》所明确的国家级重点开发区，上游地区特别是成渝城市群城市工业集聚能力提升迅猛，加快工业发展布局，积极承接中下游地区工业转移。同时上游地区城市工业基础相对较弱，提升速度较快，整体使得工业集聚重心在这一时期不断向西北方向偏移。2013—2014 年工业集聚重心则向东北方向移动 9.23km，其中向东移动 8.38km，向北移动 3.87km，主要是由于“襄宜荆十”城市群、“长株潭”城市群等中游地区城市工业集聚能力大幅提升，工业重心大幅东移。2014—2016 年，工业集聚重心又经过一次西移和东移，两次移动幅度不大，整体保持基本平稳。尽管中游地区和上游地区的工业集聚力量强势，整体呈现出向西北移动趋势，但下游地区工业集聚优势也逐渐凸显，椭圆长轴并非双向收缩，而是有向东扩张趋势(见图 4-2)。下游地区随着高技术制造业蓬勃发展，长江经济带城市工业集聚重心东移趋势增强，城市工业集聚模式已逐渐由规模数量型集聚向质量效益型集聚转变。

长江经济带北部地区城市工业集聚能力整体稳定优于南部地区城市，工业发展重心稳步向北推进。尽管2011—2016年长江城市工业重心东西方向波动剧烈，但是南北方向偏向性极为明确，工业集聚重心不断北移，累计向北移动10.48km，而累计向西移动仅为1.36km。北部地区集聚了长江经济带大部分工业竞争力较强的城市群，如扬子江城市群、皖江城市带、武汉城市圈、"襄宜荆"城市群、"成渝"城市群整体均位于长江经济带偏北地区，南部地区仅"长株潭"城市群工业集聚能力较强，环鄱阳湖生态经济区、滇中城市群、黔中城市群工业基础较为薄弱，难以大规模集聚工业产能。且保山、临沧、普洱、永州、郴州、赣州等南部城市临近川滇森林及生物多样性生态功能区、南岭山地森林及生物多样性生态功能区，出于保护生态环境考量，不适宜大规模集聚传统工业产能。长江经济带北部地区城市工业基础和自然地理条件整体显著优于南部地区城市，北部地区工业集聚优势稳步凸显，使得工业集聚重心持续向北移动。

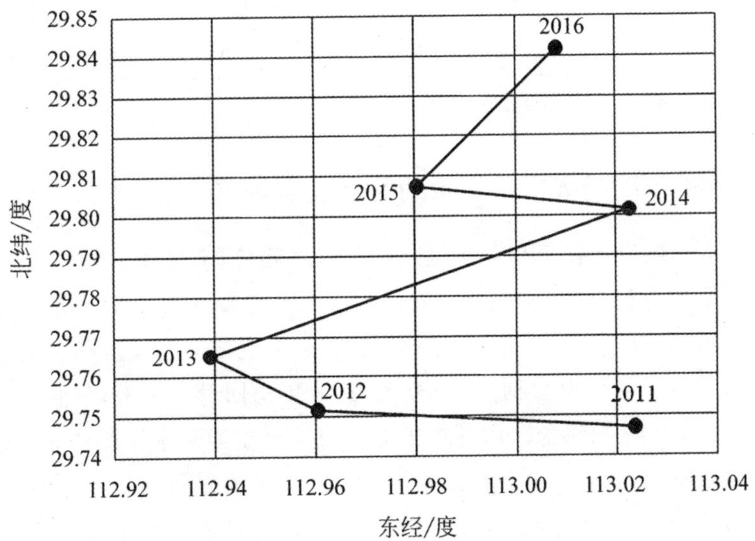

图 4-2　2011—2016 年长江经济带城市工业集聚标准差椭圆的重心轨迹

资料来源：根据测算结果整理绘制。

长江经济带城市工业集聚态势整体较为均衡，未呈现出明显朝某一地区专向集聚，工业发展呈集中均衡布局。如表4-7所示，2011—2016工业集聚标准差椭圆面积变动较小，长轴短轴变动方向较为一致，平均每年仅收缩919.69km^2，不足一个崇明岛面积，扁率变动也不明显，维持在0.63左右微弱波动。表明椭圆的面积与形状变动较小，长江经济带城市工业集聚分布较为多元，工业生产或同时向中上游地区城市偏向，或同时向中下游地区城市偏向，各地区城市工业均有长足发展。进一步也反映出长江经济带工业转型升级正有序进行，下游地区先将传统工业产能向中上游地区转移，高技术制造产能日益发展壮大，工业集聚优势又向中下游地区转移，完成长江经济带工业发展的梯度升级过程。

表 4-7 2011—2016 年长江经济带城市工业集聚标准差椭圆的基本参数

年份	重心坐标	长轴/km	短轴/km	扁率	方位角/°	面积/km²
2011	(113.02°E,29.75°N)	1723.33	631.77	0.6334	76.41	854971.67
2012	(112.96°E,29.75°N)	1730.06	631.51	0.6350	76.36	857952.43
2013	(112.94°E,29.77°N)	1728.33	632.70	0.6339	76.37	858705.58
2014	(113.02°E,29.80°N)	1706.88	633.17	0.6290	76.83	848683.85
2015	(112.98°E,29.81°N)	1711.23	633.23	0.6300	77.00	850931.55
2016	(113.01°E,29.84°N)	1715.81	631.13	0.6322	77.01	850373.21

资料来源：根据 ArcGIS10.5 软件输出结果整理。

4. 长江经济带城市产业集聚的地区差异演变

长江经济带城市工业集聚差异呈“V 型”递增趋势，未呈现出明显收敛迹象，集聚仍是工业发展主要趋势。2011—2013 年长江经济带城市工业集聚泰尔指数不断缩小(见表 4-8)，由 0.0252 持续下降至 0.0222，工业集聚差异度年均缩小6.14%，2013—2016 年则持续扩张，反弹回升至 0.0257，年均回升 5.00%，已超出初始工业集聚差异度。上、中、下游地区内城市工业集聚差异支配并主导长江经济带城市整体工业集聚差异，对后者贡献率稳定在 97%以上，变动方向与后者保持一致，亦以 2013 年为拐点呈“V 型”递增态势。上、中、下游地区间城市工业集聚差异微弱，对整体工业集聚差异贡献率较小，不超过 3%，且工业集聚差异系数和贡献率均呈波动衰减态势，表明长江经济带城市工业集聚的地区差异整体呈衰减态势，地区间工业发展差距逐渐缩小。进一步反映出长江经济带城市工业发展呈现出“大均衡、小集聚”的发展态势，上、中、下游地区内城市工业集聚差异整体呈扩大趋势，工业集聚力量占据主导地位，但上、中、下游地区间城市工业集聚差异呈收敛态势，地区工业发展以协调均衡力量为主导。

长江经济带上、中、下游地区内城市工业集聚差异巨大，上游地区城市集聚趋势越发明显，中、下游地区特别是下游地区城市工业逐渐在集聚中走向均衡，下游地区城市工业集聚差异逐渐减弱，迈入城市工业协同发展阶段。上游地区城市工业集聚差异系数整体保持较快上升态势，由 0.0433 扩张到 0.0532，年均增长 4.20%，对长江经济带城市整体工业集聚差异贡献率长期稳定在 50%以上(2011 年除外)，年均增加 2.12%。中游地区城市工业集聚差异系数则呈“U 型”减小态势，由 2011 年的 0.0190 持续下降至 2013 年的 0.0163，后平缓增加至 2016 年的 0.0178，工业集聚发展趋势依然较强，但对长江经济带整体城市工业集聚差异贡献率微幅减弱，年均下降 0.44%。下游地区城市工业集聚差异系数呈平缓下降态势，由 0.0156 下降至 0.0107，对长江经济带城市整体工业集聚差异贡献率不断减少，年均下降 1.50%，未来下游地区城市工业集聚将朝向网络化协调均衡方向发展。

长江经济带上、中、下游地区内城市工业集聚差异进一步反映出中、上游地区特别是上游地区仍处于工业化大规模集聚阶段，而下游地区已逐步迈入网络化协同发展阶段。一方面，上游地区自然地理条件不适宜进行遍地开花式开发，作为长江经济带重要生态屏障，全面开发将对长江生态系统造成严重破坏，重点加强对成渝城市群工业集聚发展，其他地区仍以保护为主，在发展中加强保护，在保护中寻求发展。另一方面，上游地区人力、资金、技术等要素禀赋有限，只能集中优势工业要素优先发展“成渝”城市群内工业基础条件较好的城市，以点带面推动上游地区工业化城镇化发展。中游地区整体仍处于工业化中期，武汉城市圈、环长株潭城市群、环鄱阳湖生态城市群等工业基础较好的城市化地区，地理条件和要素禀赋均较为充分，为集中均衡式工业发展模式。下游地区工业协同度最优，国土空间大都为优化开发区、重点开发区，人才、技术、资金较为充裕，工业发展基础良好，逐渐形成网络化遍地开花型工业协同发展模式。

表 4-8 长江经济带城市工业集聚水平的泰尔指数及其分解贡献率

地区	年份					
	2011	2012	2013	2014	2015	2016
泰尔指数	0.0252	0.0234	0.0222	0.0246	0.0252	0.0257
地区间差异	0.0005	0.0002	0.0003	0.0007	0.0006	0.0003
地区间贡献	2.11%	1.07%	1.25%	2.84%	2.57%	1.24%
地区内差异	0.0247	0.0231	0.0219	0.0239	0.0245	0.0254

续表

地区	年份					
	2011	2012	2013	2014	2015	2016
地区内贡献	97.89%	98.93%	98.75%	97.16%	97.43%	98.76%
上游地区差异	0.0433	0.0410	0.0385	0.0464	0.0518	0.0532
上游地区贡献	49.23%	51.09%	50.35%	53.72%	59.21%	59.83%
中游地区差异	0.0190	0.0173	0.0163	0.0163	0.0166	0.0178
中游地区贡献	25.53%	24.81%	24.71%	22.69%	22.62%	23.31%
下游地区差异	0.0156	0.0144	0.0142	0.0137	0.0106	0.0107
下游地区贡献	23.14%	23.04%	23.70%	20.75%	15.60%	15.62%

资料来源：基于 MATLAB2017a 的泰尔指数及其分解运行结果整理。

4.2.3 长江经济带城市工业绿色发展效率的时空特征

1. 长江经济带城市工业绿色发展效率的时间演变特征

长江经济带城市工业绿色发展内生动力整体呈增强态势，城市工业生产清洁度显著提升，有力地支撑了长江经济带城市工业绿色发展的效率变革。2011—2016 年长江经济带城市工业绿色发展效率保持上升趋势(见表 4-9)，由 2011 年的 0.5268 波动上升至 2016 年的 0.6232，年均增长 3.42%，后期增速愈发加快，2016 年城市工业绿色发展效率较 2015 年增长 14.33%。在生态文明建设要求下，特别是自 2012 年党的十八大报告将生态文明建设纳入“五位一体”总布局以来，绿色发展成为长江经济带工业发展的主流趋势。沿江各城市纷纷加快产业绿色转型升级进程，加大绿色清洁生产技术研发和推广力度，降低工业生产过程中环境废物排放，并提升工业产品生产效率。习近平总书记 2016 年年初在重庆召开的推动长江经济带发展座谈会上明确“生态优先、绿色发展”的战略定位，沿线传统工业低端过剩产能大幅清理削减，促使工业绿色生产能力大幅提升。2018 年 4 月在武汉召开的深入推动长江经济带发展座谈会上，明确长江经济带作为引领国家经济高质量发展的“生力军”，绿色发展理念必将进一步深入贯彻执行，未来长江经济带工业绿色发展内生动力会愈发强劲。

表 4-9 2011—2016 年长江经济带整体及各地区城市工业绿色发展效率

地　区	年　份					
	2011	2012	2013	2014	2015	2016
长江经济带	0.5268	0.5543	0.5238	0.5436	0.5451	0.6232
上游地区	0.5228	0.5529	0.5334	0.5663	0.5776	0.6568
中游地区	0.5197	0.5558	0.5172	0.5374	0.5355	0.6019
下游地区	0.5361	0.5542	0.5218	0.5308	0.5275	0.6149

注：长江经济带及各地区工业绿色发展效率为各地区城市算术平均值。

资料来源：根据测算结果整理。

长江经济带工业绿色发展内生动力仍不稳定，依然存在明显波动性。可以看到，2013 年长江经济带城市工业绿色发展效率出现一定程度下降，较 2012 年下降 5.51%，主要原因是 2012 年以来经济发展步入新常态，经济增长速度面临换挡关口，资源和人口等要素驱动力逐步衰弱。为“熨平”经济增长下滑趋势，加快传统重化工项目上马，一定程度上加剧了长江经济带城市工业环境压力，工业绿色发展理念尚未得到全面贯彻落实。事实上，2011—2015 年长江经济带城市工业绿色发展效率增速较为平缓，在 0.5238 到 0.5543 区间轻微波动，年均增速仅为 0.86%。直到 2016 年长江经济带“生态优先、绿色发展”战略定位得以确立，必须以“共抓大保护、不搞大开发”导向为前提，长江经济带粗放开发趋势才得以根本遏制。沿江城市开始下大力气抓生态环境修复治理，加快传统高耗能重化工行业淘汰转型升级，破解“化工围江围城围湖”难题，大力提升工业发展清洁度，增强工业绿色发展内生动力。如果缺乏国家强有力的工业绿色发展政策导向，长江经济带工业绿色发展仍存在机会主义倾向，仍需进一步提升工业绿色发展的内生性、自主性与持续性。

长江经济带城市发展面临环境保护与工业增长的权衡取舍，工业规模扩张倾向较为明显。“党的十八大”报告将生态文明建设明确为现代化建设的重要组成部分，生态文明理念不断深入，但是在实际经济发展过程中，受制于技术条件所限，在资源开采开发利用过程中容易造成较大的环境破坏，正处于工业化中期的长江经济带更是面临环境保护与工业增长的两难选择。前期长江经济带生态环境保护的重要性未得到足够重视，更偏向通过工业增长拉动经济社会发展，当前在“生态优先、绿色发展”战略定位下，工业粗放发展倾向得到有效限制，但必须配套更多的绿色技术和政策支持，以实现环境保护与工业绿色发展的双赢局面。

2. 长江经济带城市工业绿色发展效率的空间差异特征

长江经济带城市工业绿色发展内生动力整体呈现出上游、下游、中游地区梯度递减态势，上游地区城市工业绿色发展内生动力较强，中下游地区城市工业绿色发展内生性相对不足。上游地区城市工业绿色发展效率由2011年的0.5228波动上升至2016年的0.6568，年均增速高达4.67%，绝对水平和相对增速均远高于中下游地区城市。中游地区城市工业绿色发展效率由2011年的0.5197波动上升至2016年的0.6019，年均增速为2.98%，在2013年和2015年均出现不同程度下降。2013年主要是为"熨平"经济增速换挡波动，加快传统重化工产业生产布局，使得污染排放加大，2015年下降是由于国务院出台的《国务院关于依托黄金水道推动长江经济带发展的指导意见》提出将长江经济带打造为具有全球影响力的内河经济带。沿江城市预期长江经济带发展将进入新一轮大开发时期，大幅扩张产能，新建工业园区，一定程度上加剧工业污染，削弱绿色发展内生性。下游地区城市工业绿色发展效率则由2011年的0.5361缓慢波动上升至2016年的0.6149，年均增速仅为2.78%，若非2016年的强烈拉动，下游地区城市工业绿色生产能力甚至整体呈下降态势，当然这主要是下游地区城市产业结构向服务化转型所致。尽管长江经济带城市工业绿色生产能力整体保持平稳上升态势，但内部地区分异依然明显，且呈现出扩张趋势，城市间工业绿色发展协同性在短期内难以实现根本好转。

长江经济带城市工业绿色发展优势地区由下游地区逐渐向中、上游地区转移，特别是上游地区工业绿色发展优势日益凸显。除2012年外，上游地区城市工业绿色发展效率始终高于中下游地区城市，且差距呈现扩大趋势，由2011年的0.0031快速扩张至2016年的0.0549，提高了近17倍，上游地区城市工业绿色发展后发优势逐渐强化。上游地区位于工业绿色发展效率高水平地区城市数量由2011年的4个猛增至2016年的11个，提高了近2倍；而中游地区工业绿色发展效率高水平城市也由2011年的2个增长至2016年的5个；下游地区工业绿色发展效率高水平城市则由2011年的3个增长至2016年的5个，增量最低(见表4-10)。上游地区工业绿色生产能力快速提升与下游地区加快向中上游地区城市产业转移所带来的绿色红利有着紧密联系。上游地区技术基础相对较弱薄弱，下游地区向上游地区转移的劳动密集型产业与以内需为主的技术密集型产业，如装备制造、电子信息、汽车零部件等行业，极大提升了上游地区工业生产技术，促进工业绿色生产能力加速增强。下游地区城市产业结构向智能化、高端化、服务化方向转向升级，产业结构以服务业为主导，大力发展现代服务业是下游地区城市产业发展的主要趋势，下游地区城市并未投入过多生产要素至工业，因此工业绿色发展效率提升并不明显。

长江经济带内欠发达城市工业绿色发展内生动力较弱，不合理的工业化开发对欠发达地区生态环境会造成严重影响，不利于提升欠发达地区工业绿色生产能力。上游地区位于工业绿色发展效率低水平区域的城市数量依然较大，曲靖、六盘水、保山、临沧、普洱等云贵地区城市工业绿色生产能力长期难以提升。这些城市或处于生态功能重要、生态系统脆弱地区，经济基础薄弱，对承接企业的先进生产技术也难以消化吸收，仍旧延续较为粗放的工业生产模式。而不合理的工业化开发对当地生态环境会造成严重破坏，使得这些城市工业绿色发展能力提升滞后，萍乡、抚州、吉安等江西城市与上游地区工业绿色发展滞后城市情况类似。昆明、贵阳作为省会城市，经济社会发展程度相对较高，但较重庆、成都仍存在较大差距，且对资源开采加工产业依赖较大，工业绿色生产能力也增长缓慢。在保护环境的基础上稳步推进工业化是长江经济带内欠发达城市实现工业绿色发展必然选择，否则欠发达城市工业绿色发展难以为继。

表 4-10　2011 年、2016 年长江经济带城市工业绿色发展效率空间聚类分布

类　型	地区	2011 年	2016 年
高水平地区	上游	资阳、广安、南充、巴中(4)	重庆、成都、资阳、遂宁、雅安、自贡、泸州、广安、广元、巴中、丽江(11)
	中游	长沙、九江(2)	武汉、随州、长沙、张家界、常德(5)
	下游	上海、苏州、黄山(3)	上海、苏州、舟山、温州、黄山(5)
较高水平地区	上游	自贡、遂宁、雅安、泸州(4)	内江、遵义、铜仁(3)
	中游	襄阳、常德、张家界、上饶、吉安(5)	岳阳、湘潭、怀化、郴州(4)
	下游	无锡、常州、温州、安庆、池州(5)	南京、无锡、杭州、宁波、金华、丽水、合肥、池州(8)
中等水平地区	上游	重庆、成都、广元、达州、内江、宜宾、丽江、玉溪(8)	南充、绵阳、德阳、眉山、乐山(5)
	中游	武汉、随州、荆州、株洲、衡阳、邵阳、南昌、新余、萍乡、鹰潭、赣州(11)	鄂州、黄冈、咸宁、十堰、襄阳、益阳、娄底、株洲、衡阳、永州、鹰潭(11)
	下游	南通、泰州、扬州、盐城、徐州、杭州、宁波、金华、台州、合肥、芜湖、马鞍山、滁州、亳州(14)	常州、镇江、扬州、南通、盐城、扬州、绍兴、台州、宣城、铜陵、芜湖、马鞍山、滁州、蚌埠、亳州、六安(16)

续表

类　型	地区	2011 年	2016 年
较低水平地区	上游	眉山、德阳、绵阳、遵义、铜仁、毕节(6)	宜宾、达州、攀枝花、安顺、毕节、昭通、玉溪(7)
	中游	荆门、黄冈、岳阳、益阳、娄底、湘潭、怀化、永州、郴州、宜春、抚州、景德镇(12)	宜昌、荆门、荆州、孝感、黄石、邵阳、南昌、九江、上饶、赣州(10)
	下游	南京、镇江、淮安、宿迁、湖州、绍兴、丽水、衢州、舟山、铜陵、宣城、六安、阜阳、蚌埠、宿州(15)	泰州、连云港、宿迁、淮安、湖州、衢州、阜阳、安庆(8)
低水平地区	上游	乐山、攀枝花、贵阳、安顺、六盘水、昆明、曲靖、昭通、普洱、临沧、保山(11)	贵阳、六盘水、昆明、曲靖、普洱、临沧、保山(7)
	中游	孝感、宜昌、十堰、鄂州、黄石、咸宁(6)	景德镇、新余、宜春、萍乡、吉安、抚州(6)
	下游	连云港、嘉兴、淮北、淮南(4)	嘉兴、淮南、淮北、宿州(4)

资料来源：根据 ArcGIS10.5 软件输出结果整理，括号内数字为相应类型城市数量。

3. 长江经济带城市工业绿色发展效率的空间特征演变

长江经济带城市工业绿色发展重心稳步向中上游地区转移，上游地区构成长江经济带城市工业绿色发展主导区域。如图 4-3、表 4-11 所示，2011—2016 年长江经济带城市工业绿色发展标准差椭圆重心整体向西北方向移动，椭圆主轴整体向西南扩张，累计向西北方向移动 26.36km，其中向西移动 26.33km，向北移动 1.41km。特别是 2011—2015 年呈显著的西移态势，向西南移动 36.59km，其中向西移动 35.58km，向南移动 2.85km，但随后 2016 年，重心突然向东北方向移动 10.19km，其中向东移动 9.25km，向北移动 4.26km。值得一提的是，尽管 2016 年重心快速向东北方向移动，但这仍然表明上游地区工业绿色发展内生性极为强大，受上游地区东北部前沿城市——重庆市的强力拉动，至 2016 年重庆市步入工业绿色发展效率高水平地区，因此一定程度上使得工业绿色发展重心向东北移动。

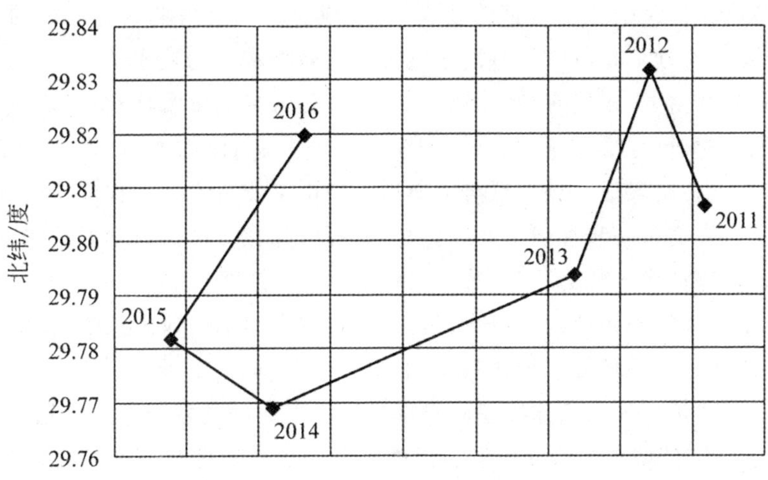

图 4-3　2011—2016 年长江经济带城市工业绿色发展效率标准差椭圆的重心轨迹

资料来源：根据测算结果整理绘制。

表 4-11　2011—2016 年长江经济带城市工业绿色发展效率标准差椭圆的基本参数

年份	重心坐标	长轴/km	短轴/km	扁率	方位角/°	面积/km²
2011	(113.06°E,29.81°N)	1714.60	630.48	0.6323	78.29	848896.77
2012	(113.02°E,29.83°N)	1687.14	635.38	0.6234	78.79	841797.46
2013	(112.97°E,29.79°N)	1705.19	625.86	0.6330	79.02	838060.23
2014	(112.76°E,29.77°N)	1727.01	627.82	0.6365	78.97	851427.02
2015	(112.69°E,29.78°N)	1737.62	623.62	0.6411	78.98	850938.37
2016	(112.78°E,29.82°N)	1728.57	620.03	0.6413	79.50	841623.39

资料来源：根据 ArcGIS10.5 软件输出结果整理。

长江经济带下游地区城市工业绿色发展持续性较为稳定，较上游地区未有明显波动。尽管标准差椭圆长轴不断扩张，但扩张方向主要是在西南方向，并非均衡式双向扩张，凸显出上游地区城市工业绿色发展能力不断增强。虽然下游地区城市工业绿色生产内生性未有显著提升，但是仍具有引领长江经济带工业发展的先进绿色生产技术，能够保证下游地区城市具有较强的工业绿色发展基础，促使长江经济带城市工业绿色发展扩张呈现出单一方向趋势。上游地区城市工业绿色生产能力大幅提升主要是受益于适宜的技术扩散，成渝城市群前期具有一定的工业生产基础，能够较好地消化吸收下游地区城市工业转移带来的技术扩散。但云南、贵州前期工业生产薄弱，未能有效吸收外来工业转移带来的技术红利，工业绿色生产能力未能明显提升，标准差椭圆长轴无法进一步深入向西南方向延伸。可以预见的是，当未来下一阶段成渝城市群与下游地区城市工业生产技术梯度差逐渐缩小，上游地区城市还需进一步加强工业绿色技术创新，强化工业绿色发展技术支撑，以持续提升工业绿色生产能力(下文第 5.3.4 节将进行证明)。云贵地区城市应逐步转变采矿、冶炼等行业粗放发展模式，延伸产业链条，增加产业附加值，在资源开发的同时，同步强化资源环境保护，提升工业绿色生产能力。

沿长江干线地区城市为支撑长江经济带城市工业绿色发展空间主轴。2011—2016 年长江经济带城市工业绿色发展标准差椭圆短轴整体呈收缩趋势，累计缩短 10.45km，表明南北方向城市工业绿色发展能力提升相对缓慢。同时 2011—2016 年长江经济带城市工业绿色发展标准差椭圆长轴则呈扩张趋势，累计增长 13.97km，东北到西南方向城市工业绿色发展能力提升相对较快。椭圆长轴扩张，短轴收缩，导致椭圆扁率呈微幅变大，由 0.6323 缓慢上升至 0.6413，椭圆形状呈扁平化态势，椭圆面积也整体收缩 7273.38km^2，椭圆内部城市工业绿色发展内生性显著提升。长江经济带城市工业绿色发展呈集聚态势，与长江干线方向基本一致，沿长江干线地区成为长江经济带城市工业绿色发展核心集聚区。

4. 长江经济带城市工业绿色发展效率的地区差异演变

长江经济带城市间工业绿色生产能力差距整体呈波动上升态势，工业绿色发展协同性较弱。如表 4-12 所示，城市工业绿色发展能力泰尔指数由 2011 年的 0.0571 波动上升至 2016 年的 0.0654，年均增长 2.75%，总体维持在 0.05 至 0.07，远大于环境规制差异系数和产业集聚差异系数，且未有明显收敛趋势。尽管上中下游地区间城市工业绿色发展能力差异系数呈急速上升态势，由 2011 年的 0.0001 上升至 2016 年的 0.0007，年均增速高达 46.92%，但由于差异绝对水平相对较小，对城市间工业绿色生产能力整体差异贡献率不高，除 2015 年外，均不超过 1%。上中下游地区内城市工业绿色生产能力差异则占据绝对支配地位，由 2011 年的 0.0570 波动上升至 2016 年的 0.0648，远远高于地区间差异水平，对整体差异贡献率稳定在 98%以上，对长江经济带整体城市工业生产能力差异变化起决定性作用。地区间和地区内城市工业绿色生产能力差异系数均呈上升态势，长江经济带城市工业绿色生产能力协同性在短期内难以实现有效提升。值得一提的是，2016年在“生态优先、绿色发展”战略定位下，沿线城市纷纷强化工业污染治理，加强工业绿色生产能力提升，使得长江经济带城市间工业生产内生动力差异显著缩小，未来应会进一步缩小。

表4-12 长江经济带城市工业绿色发展效率的泰尔指数及其分解贡献率

类别	年份					
	2011	2012	2013	2014	2015	2016
泰尔指数	0.0571	0.0597	0.0585	0.0609	0.0671	0.0654
地区间差异	0.0001	0.0000	0.0001	0.0004	0.0008	0.0007
地区间贡献	0.17%	0.00%	0.13%	0.63%	1.15%	1.00%
地区内差异	0.0570	0.0597	0.0584	0.0605	0.0663	0.0648
地区内贡献	99.83%	100.00%	99.87%	99.37%	98.85%	99.00%
上游地区差异	0.0733	0.0909	0.0804	0.0831	0.0915	0.0850
上游地区贡献	38.24%	45.57%	41.98%	42.62%	43.37%	41.10%
中游地区差异	0.0468	0.0375	0.0459	0.0471	0.0553	0.0595
中游地区贡献	26.48%	20.62%	25.33%	25.00%	26.51%	28.73%
下游地区差异	0.0529	0.0542	0.0513	0.0531	0.0539	0.0519
下游地区贡献	35.11%	33.80%	32.55%	31.75%	28.98%	29.17%

资料来源：基于MATLAB2017a的泰尔指数及其分解运行结果整理。

长江经济带上中下游地区内城市工业绿色生产能力差异系数呈上游、中游、下游梯度递减格局。上游地区内城市工业绿色发展协同性最差，工业绿色生产差异系数由2011年的0.0733波动上升至2016年的0.0850，年均增长3.01%，差异绝对水平明显高于中下游地区城市，对长江经济带整体城市工业绿色发展差异贡献率超过40%。中游地区城市间工业绿色发展协同性则呈加速恶化趋势，工业绿色生产差异系数由2011年的0.0468下降至2012年的0.0375，后持续上升至2016年的0.0595，整体年均增长高达4.92%，差异扩张速度远高于上下游地区城市，对长江经济带整体城市工业绿色发展差异贡献率上升至28.73%。下游地区城市工业绿色发展协同性则相对较为稳定，且呈现出良性发展态势，工业绿色生产差异系数稳中微缩，由2011年的0.0529弱波动下降至2016年的0.0519，年均下降0.38%。下游地区城市差异绝对水平已显著低于上游和中游地区城市，对长江经济带整体城市工业绿色发展差异贡献率明显下降，至2016年已缩小至29.17%，年均下降超过1%。需要指出的是，尽管2016年下游地区城市工业绿色发展协同性优于中游地区，但却对长江经济带整体城市差异贡献率略高于中游地区。主要是由于下游地区城市数量略多于中游地区，且2016年城市工业绿色发展效率高于中游地区，所以在总体差异系数中权重略大，故而出现差异系数较小而差异贡献率较大的特殊情况。

长江经济带城市工业绿色生产能力差异普遍较大，上、中、下游地区内城市工业绿色发展协同性整体较弱。尽管长江经济带上、中、下游地区内城市工业绿色发展内生性差异较为明显，但城市工业绿色生产能力巨大差异的内部差距并未过度拉开，均维持在高度差异态势，工业绿色生产能力参差不齐是一个较为普遍而严重的问题。2011—2016年，上游地区城市与中下游地区城市在工业绿色发展能力差异性方面差距总体保持平稳，上游地区城市平均工业绿色发展能力差异系数为中游地区城市的1.72倍，为下游地区城市的1.58倍，这种差距远低于上游地区城市与中下游地区城市环境规制、产业集聚的最大差距。同期上游地区城市平均环境治理差异系数分别为中游、下游地区城市的2.65倍、3.46倍，平均工业专业化生产差异系数分别为中游、下游地区城市的1.39倍、4.19倍。未过度扩张的工业绿色发展内生性差距并非反映出工业绿色发展协同性逐渐增强，而是说明上中下游地区城市间工业绿色发展差异系数绝对水平均处于较高水平。2011—2016年长江经济带城市工业绿色发展差异系数分别为环境规制差异系数、产业集聚差异系数的2.21倍、2.52倍，城市间工业绿色发展内生性差异显著。长江经济带城市工业绿色发展协同性不足，应重点加强城市间工业绿色发展互动合作与优势互补。

4.3 本章小结

本章主要对本书的核心变量环境规制、产业集聚、工业绿色发展效率的时空演变规律的特征事实进行描述性分析，旨在为下文系统探究长江经济带环境规制、产业集聚对工业绿色发展效率的影响效应作铺垫性研究，以期更好把握三者之间的内在联系。采用加权平均法、区位商、全局超效率EBM模型分别对2011—2016年长江经济带110个城市的环境规制、工业集聚、工业绿色发展效率进行测度分析，并采用标准差椭圆SDE和泰尔指数进一步反映三者的时空变迁与地区差异特征。主要结论如下：

(1) 长江经济带城市工业环境治理整体呈不断加强态势，治理成效与城市经济发展程度密切相关。长江经济带城市工业生产清洁度大幅提升，以2016年上升尤为突出。上、中、下游地区城市工业环境规制强度呈梯度递增格局，中下游地区为长江经济带城市工业治理的重心所在，上游地区受技术条件和经济条件所限，工业污染治理力度相对较弱。沿海城市与沿长江干线城市工业环境治理强度整体高于其他内陆地区城市，特别是处于省际交界区城市工业污染治理相对较弱。长江经济带城市工业环境治理的协同性总体不断增强，上游地区内城市工业环境治理能力差异相对较大，中游地区城市工业环境治理差距显著缩小，下游地区城市工业污染治理一体化成效最为显著。

(2) 长江经济带城市工业集聚能力整体呈增强态势，受宏观政策影响较大。2016年在“生态优先、绿色发展”战略定位下，沿线城市加快传统高耗能污染产业转型、转移、淘汰，工业集聚度出现一定程度下降。传统工业为长江经济带城市工业集聚的主导产业类型，中游地区为承接传统工业转移的主要集聚区，下游地区产业结构向绿色化、智能化、服务化转型，传统工业集聚优势并不明显。随着下游地区高技术产业、先进制造业集群发展壮大，长江经济带城市工业集聚重心逐渐向下游地区城市转移，由数量型集聚向质量型集聚迈进。长江经济带城市工业发展整体以集聚为主导趋势，工业集聚发展差异未见收敛，特别是上游地区城市主要偏向成渝城市群集聚，中下游地区城市工业集聚则相对均衡。

(3) 长江经济带城市工业绿色生产能力显著提升，上游地区城市工业绿色发展后发优势凸显。上游、下游、中游地区城市工业绿色生产能力整体呈梯度递减态势，上游地区工业绿色发展的后发优势逐步凸显。长江经济带城市工业绿色发展内生动力稳定性较弱，特别是欠发达城市在短期内面临工业增长与环境保护的双重压力，工业绿色发展难以在短期内取得显著进展。长江经济带城市工业绿色发展重心向上游地区转移，下游地区城市工业绿色发展内生动力相对稳定，沿长江干线构成长江经济带城市工业绿色发展空间主轴。长江经济带城市工业绿色发展的地区分异显著，城市间工业绿色发展内生性差异普遍较大，中心-外围分布格局明显，上、中、下游地区城市工业绿色发展协同性呈梯度递减格局。

第5章 环境规制对长江经济带城市工业绿色发展效率的影响研究

第2.5节中对学术界关于环境规制对绿色发展效率影响的研究成果进行了系统梳理，由于研究对象和研究时期的不同使得研究结论不尽相同。也正如第2.6节所述，空间因素在绿色发展效率变迁中的作用已逐渐引起学术界关注。因此，本章将在厘清环境规制作用工业绿色发展效率的理论基础上，基于空间效应视角详细探讨环境规制对长江经济带城市工业绿色发展效率的影响作用。考虑到长江经济带上中下游地区发展程度差异显著，环境规制的实施强度存在地区差异（详见第4.2.1节），将分别探究环境规制对长江经济带整体城市、上游地区城市、中游地区城市、下游地区城市的工业绿色发展效率影响效应，分解环境规制在影响长江经济带城市工业绿色发展效率中所产生的直接效应和溢出效应。第6章、第7章分析框架与本章保持一致。

5.1 环境规制对工业绿色发展效率的影响机理

环境规制能够有效规范约束企业生产和排放行为，影响企业绿色生产能力，受规制企业的经济条件和创新能力不同，对企业生产效率影响效应具有不确定性。

其对工业绿色发展效率的作用机理可从以下三种效应进行分析。

1. 成本约束效应

企业对环境规制的反应存在一定的适应期，在短期内，企业只能在环境规制约束下被动调整生产活动，通过削减产出总量以控制污染排放总量，并加大污染排放治理投入以改善生态环境质量。面临严格的环境规制时，考虑到环境污染的弱可处置属性，在既定生产技术条件下，企业无法同时实现减排与增产，或直接购置引进环保生产设备、污染排放配额，或减少工业产出总量，导致生产成本上升、产品收益下降。环境规制相当于给企业额外征收一项环境税，使得企业特别是风险能力较弱的中小企业生产效率降低。当企业形成加强环境管控预期时，在短期内企业尚可以承受为抵消环境规制带来的生产成本上升，但为抵御更为严格的污染管制政策，高排放、高污染工业企业可能加快工业产能扩张，特别是在环境政策发布日期到实施日期时段内，工业污染排放可能会大幅增加。因此在短期内，环境规制倾向增加企业的生产成本，甚至可能会导致污染排放加剧，不利于增强工业绿色发展内生性(高苇等，2018)。基于此，提出如下研究假设：

H_1：环境规制在短期内会加剧工业企业成本，降低企业生产效率，对企业绿色发展能力提升具有抑制作用。

2. 绿色引导效应

在长期内，工业企业则可根据环境规制积极主动调整生产经营决策，投入更多资源以提升企业绿色生产技术，增强企业产品绿色科技含量，从而提升企业的绿色发展能力(原毅军和谢荣辉，2016)。工业企业在逐步加强的环境规制压力下，会加快先进绿色生产技术、生产设备和管理模式的引进应用推广，推动传统高耗能、高排放、高污染产业创新驱动绿色转型升级，培育壮大绿色先进制造业和高技术产业，增强工业绿色发展内生性。对于无法适应强环境规制的高排放低效益的工业企业则面临“关停并转”，其在市场中的污染排放效应会逐步降低。同时政府在强化环境污染排放管控时，也会对企业绿色发展给予一定的配套政策支持，降低工业污染排放达标企业环境税费，鼓励发展绿色金融、绿色信贷、绿色债券资本，减少节能环保企业融资费率，引导工业企业不断提升绿色生产能力。因此在经济发展、技术进步、政府引导下，长期内加强环境规制对增强工业企业绿色发展内生性可能具有较强的激励与引导作用(薛澜和张慧勇，2017)。基于此，提出如下研究假设：

H_2：环境规制长期内存在绿色引导效应，推动企业加快绿色转型升级，对工业企业绿色生产能力提升具有推动作用。

3. 污染扩散效应

污染排放较高的工业企业对环境规制的适应能力较差，因自身盈利能力和创新基础不强，无法承担购置绿色生产设备和污染治理的成本加成，面临关闭和转移的权衡取舍。为延展生命周期，维持企业盈利能力，往往会选择就近转移，规避环境规制约束，降低企业迁移的运输成本，最大程度保住原有市场份额。承接地大多与转出区存在较大的经济发展梯度差，工业发展基础相对薄弱，面临较大的经济增长和就业稳定压力。承接地对企业污染排放管理相对较为宽松，当地政府招商部门甚至会主动引进部分发达地区丧失比较优势的传统工业至当地工业园区，并给予相应的税收、土地、利率优惠政策，以迅速借力推动本地区经济增长。迁出地工业企业在环境规制约束下不得不向外迁移，而迁入地政府便利的基础设施和宽松的政策环境提供了良好的入驻条件，迁出供给与迁入需求相互匹配，高耗能、高排放、高污染型传统工业企业可能大规模向周边地区转移，造成工业污染加速扩散，对承接地工业绿色发展产生不利影响（沈坤荣等，2017）。基于此，提出如下研究假设：

H_3：环境规制会导致高耗能产业转移，并伴随有严重的污染迁移，对承接地工业绿色发展存在负向溢出效应。

环境规制对工业绿色发展效率影响的作用机制，如图 5-1 所示。

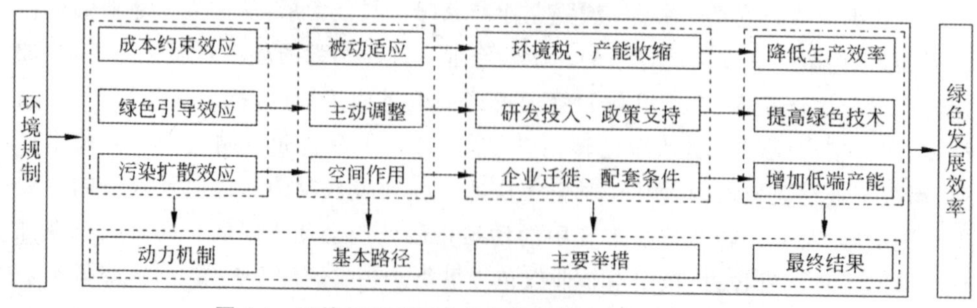

图 5-1　环境规制对工业绿色发展效率影响的作用机制

5.2 研究方法

5.2.1 模型设定

基于上述理论分析，环境规制对工业绿色发展效率的影响可能存在空间溢出效应，因此偏向采用空间计量模型作为探究环境规制对长江经济带工业绿色发展效率影响的分析工具。当然环境规制在长江经济带范围内是否存在空间溢出效应，还需进一步检验，并非直接使用空间面板模型。参考安斯林（Anselin，1996），勒萨热和佩斯（Lsage and Pace，2009），埃洛斯特（Elhorst，2014）研究成果，首先建立普通面板线性基准回归模型，通过对面板线性回归模型结果进行（稳健的）LM检验模型判断是否存在空间效应。如若不存在空间效应，则使用普通面板回归模型即可；若存在空间效应，则进一步根据空间效应类型选择适宜的面板空间模型，并分解环境规制的直接效应、间接效应、总效应。

① 传统面板回归模型 OLS(不存在空间交互效应)：

$$\begin{aligned}\text{EIGD}_{it} = {} & \alpha_i + \text{environment}_{it} \cdot \beta_1 + \text{environment}_{it}^2 \cdot \beta_2 + \text{economy}_{it}\beta_3 + \\ & \text{capitallabor}_{it} \cdot \beta_4 + \text{urbanization}_{it} \cdot \beta_5 + \text{opening}_{it} \cdot \beta_6 + \\ & u_i + v_t + \varepsilon_{it}\end{aligned} \tag{5-1}$$

② 面板空间滞后模型 SLM(只存在内生空间交互效应)：

$$\begin{aligned}\text{EIGD}_{it} = {} & \alpha_i + \delta \sum_{j=1}^{110} w_{ij}\,\text{EIGD}_{jt} + \text{environment}_{it} \cdot \beta_1 + \text{environment}_{it}^2 \cdot \beta_2 + \\ & \text{economy}_{it}\beta_3 + \text{capitallabor}_{it} \cdot \beta_4 + \text{urbanization}_{it} \cdot \beta_5 + \\ & \text{opening}_{it} \cdot \beta_6 + u_i + v_t + \varepsilon_{it}\end{aligned} \tag{5-2}$$

③ 面板空间误差模型 SEM(只存在误差项空间交互效应)：

$$\begin{aligned}\text{EIGD}_{it} = {} & \alpha_i + \text{environment}_{it} \cdot \beta_1 + \text{environment}_{it}^2 \cdot \beta_2 + \text{economy}_{it}\beta_3 + \\ & \text{capitallabor}_{it} \cdot \beta_4 + \text{urbanization}_{it} \cdot \beta_5 + \text{opening}_{it} \cdot \beta_6 + \\ & u_i + v_t + \varepsilon_{it}\end{aligned} \tag{5-3}$$

$$\varepsilon_{it}=\lambda\sum_{j=1}^{110}w_{ij}\varepsilon_{jt}+\mu_{it}$$

④ 面板空间杜宾模型 SDM(同时存在内生空间交互效应、误差项空间交互效应):

$$\begin{aligned}\text{EIGD}_{it}=&\alpha_i+\delta\sum_{j=1}^{110}w_{ij}\,\text{EIGD}_{jt}+\text{environment}_{it}\cdot\beta_1+\text{environment}_{it}^2\cdot\beta_2+\\&\text{economy}_{it}\beta_3+\text{capitallabor}_{it}\cdot\beta_4+\text{urbanization}_{it}\cdot\beta_5+\\&\text{opening}_{it}\cdot\beta_6+\sum_{j=1}^{110}w_{ij}\,\text{environment}_{jt}\cdot\theta_1+\\&\sum_{j=1}^{110}w_{ij}\,\text{environment}_{it}^2\cdot\theta_2+\sum_{j=1}^{110}w_{ij}\,\text{economy}_{it}\cdot\theta_3+\\&\sum_{j=1}^{110}w_{ij}\,\text{capitallabor}_{it}\cdot\theta_4+\sum_{j=1}^{110}w_{ij}\,\text{urbanization}_{it}\cdot\theta_5+\\&\sum_{j=1}^{110}w_{ij}\,\text{opening}_{it}\cdot\theta_6+u_i+v_t+\varepsilon_{it}\end{aligned}\tag{5-4}$$

式中,$\boldsymbol{W}=(w_{ij})_{110\times110}$为空间权重矩阵,$\delta$ 为空间自回归系数,λ 为空间自相关系数,β_1、β_2、β_3、β_4、β_5、β_6 为解释变量回归系数,θ_1、θ_2、θ_3、θ_4、θ_5、θ_6 为解释变量空间滞后项回归系数,u_i 为地区固定效应,v_t 为时间固定效应,ε_{it}为随机误差项,α_i 为常数项,i 和 t 分别是城市单元和时期。若经过空间效应存在性检验,则需进一步分解解释变量的直接效应与间接效应,总效应为两种效应之和。为使得其空间效应更加明晰,将线性方程模型(5-4)转换为矩阵方程形式。具体如下:

$$\begin{aligned}\text{EIGD}=&(I_n-\delta\boldsymbol{W})[l_n\alpha+(I_n\beta_1+\boldsymbol{W}\theta_1)\cdot\text{environment}+(I_n\beta_2+W\theta_2)\cdot\\&\text{environment}^2+(I_n\beta_3+\boldsymbol{W}\theta_3)\cdot\text{economy}+\\&(I_n\beta_4+\boldsymbol{W}\theta_4)\text{capitallabor}+(I_n\beta_5+\boldsymbol{W}\theta_5)\text{urbanization}+\\&(I_n\beta_6+\boldsymbol{W}\theta_6)\text{opening}+u+v+\varepsilon]\end{aligned}\tag{5-5}$$

进一步将式(5-5)简化为如下形式:

$$\text{EIGD}=(\boldsymbol{I}_{n\cdot t}-\delta\boldsymbol{W})^{-1}[l_{n\cdot t}\alpha+(\boldsymbol{I}_{n\cdot t}\beta+\boldsymbol{W}\theta)\cdot X+u+v+\varepsilon]\tag{5-6}$$

式中,$\boldsymbol{l}_n$ 为 n 维元素均为 1 的列向量,$\boldsymbol{I}_n$ 表示 $n\times n$ 单位矩阵,$\boldsymbol{I}_{n\cdot t}$ 表示$(n\cdot t)\cdot(n\cdot t)$单位矩阵,$\beta=(\beta_1,\beta_2,\cdots,\beta_6)$,$\theta=(\theta_1,\theta_2,\cdots,\theta_6)$,$X=$ (environment, environment^2, economy, capitallabor, urbanization, opening),对式(5-6)第 k 解释变量求偏导,则有

$$S_{x_k}(\boldsymbol{W}) = \partial \mathrm{EIGD} / \partial x_k = (\boldsymbol{I}_{n \times t} - \delta \boldsymbol{W})^{-1} (\boldsymbol{I}_{n \times t} \beta_k + \boldsymbol{W} \theta_k) \tag{5-7}$$

根据勒萨热和佩斯(Lesage and Pace,2009)的观点,式(5-7)右边矩阵所有元素之和的平均值为第 k 个解释变量的总效应,其对角线元素之和的平均值为直接效应,非对角线元素之和的平均值为间接效应(空间溢出效应),直接效应与第 k 个解释变量的回归估计系数 $\hat{\beta}_k$ 之差为反馈效应,反馈效应反映的是解释变量变动影响临近地区,临近地区又反馈到当地而对被解释变量的作用程度。反馈效应非本书研究重点,本书侧重分析直接效应和间接效应,因此总效应和反馈效应未有更多分析。

$$\mathrm{Total}_{x_k} = \frac{1}{n} \boldsymbol{l}_n^T S_{x_k}(\boldsymbol{W}) \boldsymbol{l}_n \tag{5-8}$$

$$\mathrm{Direct}_{x_k} = \frac{1}{n} \mathrm{tr}[S_{x_k}(\boldsymbol{W})] \tag{5-9}$$

$$\mathrm{Indirect}_{x_k} = \mathrm{Total}_{x_k} - \mathrm{Direct}_{x_k} \tag{5-10}$$

$$\mathrm{Feedback}_{x_k} = \mathrm{Direct}_{x_k} - \hat{\beta}_k \tag{5-11}$$

式中,Total_{x_k} 表示总效应,Direct_{x_k} 表示直接效应,$\mathrm{Indirect}_{x_k}$ 表示间接效应,$\mathrm{Feedback}_{x_k}$ 表示反馈效应,$\boldsymbol{l}_n^T$ 表示 n 维所有元素均为 1 的行向量,tr 表示矩阵的迹。

关于模型选取的具体原则,主要遵循埃洛斯特(Elhorst,2014)确定空间模型的基本原则:从特殊模型到一般模型与从一般模型到特殊模型检验一致性原则。从特殊模型到一般模型的检验,有两个步骤:①确立基准传统面板模型,对混合面板模型、时间固定效应、空间固定效应、时间空间双固定效应等传统面板模型进行时间、空间固定效应的联合非显著性 LR 检验。如果时间、空间固定效应联合非显著性 LR 检验均未通过,则以混合面板模型作为基准传统面板模型;如果时间固定效应联合非显著性 LR 检验通过而空间固定效应联合非显著 LR 检验未通过,则以时间固定效应面板模型为基准传统面板模型;如果时间固定效应联合非显著性 LR 检验未通过而空间固定效应联合非显著性 LR 检验通过,则以空间固定效应面板模型为基准传统面板模型;如果时间、空间固定效应联合非显著性 LR 检验均通过,则以时间空间双固定效应面板模型为基准传统面板模型。②明确空间效应类型,对基准传统面板模型进行内生空间交互效应与误差项空间交互效应存在性的 LM 检验、稳健的 LM 检验,如果两种检验从正反方向均指向同一空间交互效应,则选择对应的面板 SLM 或 SEM,否则应选用面板 SDM 模型。

从一般模型到特殊模型的检验，同样有两个步骤：①确立基准面板 SDM 类型，对空间随机效应面板 SDM 与空间固定效应面板 SDM 进行 Hausman 检验，注意该检验为单侧检验，以显著性水平 0.05 为临界值，若 Hausman 检验未通过，则采用时间固定空间随机的面板 SDM 为基准面板 SDM，若 Hausman 检验通过，则采用时间空间双固定 SDM 为基准面板 SDM。②明确空间效应类型，采用 Wald 检验和 LR 检验判断基准面板 SDM 能否简化为面板 SLM 或 SEM，若两种检验均一致指向相同的单一空间交互效应，且与从特殊模型到一般模型的 LM 检验、稳健的 LM 检验结果保持一致，则根据检验结果，采用面板 SLM 或 SEM，否则应选用形式更为一般且稳健的面板 SDM 模型。

总体而言，只有当两类检验均表明存在单一的内生交互效应、误差项交互效应或不存在空间效应，方可采用 SLM 模型、SEM 模型或传统面板模型，否则应采用形式更为一般的 SDM 模型。此外，因为空间滞后模型 SLM 所有解释变量的直接效应与间接效应比值固定，空间误差模型 SEM 对应的解释解释变量的间接效应过于微小（一般视为 0），均不太符合实际经济状况，而空间杜宾模型 SDM 对应的解释变量的直接效应与间接效应较为灵活，更加符合现实经济状况，所以从解释经济问题合理性而言，空间杜宾模型 SDM 也更为合适。本处对空间面板模型适宜性进行了充分阐述与说明，在第 6 章和第 7 章中探讨产业集聚对长江经济带城市工业绿色发展效率的影响以及环境规制、产业集聚对长江经济带城市工业绿色发展效率的影响中，将不再另行说明模型选用原则。

5.2.2 变量选取

被解释变量：工业绿色发展效率（EIGD）。

核心解释变量：工业环境规制（environment）。由理论分析可知，短期内环境规制对工业绿色发展效率影响以成本效应为主，之后工业企业逐渐适应环境规制，其绿色引导作用开始凸显，故而同时将环境规制一次项与二次项同时纳入模型，以检验环境规制的双重效应是否存在。

控制变量：控制变量是指除核心解释变量之外的其他可以对被解释变量产生影响的变量。在测度被解释变量工业绿色发展效率时已使用了六项指标，这些指标均能对被解释变量产生影响，为避免重复选取指标和多重共线性问题，参考已有文献在探讨环境规制与绿色发展关系的相关控制变量选取（沈坤荣等，2017；高苇等,2018;Wang and Shao,2019),本书主要选取了四项控制变量。一是经济发展(economy),经济发展能够为工业企业绿色转型提供物质基础,提高居民的环保意识,进一步约束企业排污行为,采用各城市实际人均GDP衡量(元/人),并将其进行自然对数化处理以减少数据波动性降低异方差性。二是要素禀赋(capitallabor),要素禀赋结构若更偏向资本,工业生产技术趋于智能自动化,注重技术升级以降低资源消耗,有利于实现绿色生产,采用工业劳均资产(万元/人)衡量,同样将其自然对数化处理。三是城镇化(urbanization),在城镇化推进中,城镇人口增加的同时城镇建设用地也大幅扩张,土地城镇化会造成城市空间和低端工业产能无序扩张,造成工业要素配置冗余与无谓损失,采用常住人口城镇化率(%)衡量。四是对外开放(opening),加强对外开放有利于引进国外先进生产技术和管理模式,但也可能存在"污染避难所"现象,采用实际利用外资占工业固定资产投资比重(%)衡量,此处的对外开放属广义概念,兼顾对外开放与外商投资内涵。需要强调的是,控制变量并非本书分析的重点,只是在这里将其交代清楚,以表明本书变量选取的内在依据。

5.2.3 数据来源

研究时段确定为2011—2016年,详见第4.2节。被解释变量数据取自第4.2.3节测度结果,核心解释变量环境规制数据取自第4.1.1节测度结果,控制变量数据来源除取自于《中国城市统计年鉴》(2012—2017),长江经济带沿线11个省份2012—2017年统计年鉴,城镇常住人口、城市总人口数据还取自于2012—2017年湖北省12个城市统计年鉴、2011—2016年四川省18个城市国民经济和社会发展统计公报、2011—2016年《浙江省人口变动抽样调查主要数据公报》。其中,涉及市场价值的衡量经济发展水平的人均GDP指标采用《中国统计年鉴》(2012—2017)以2011年为基期的定基GDP平减指数消除物价波动。

长江经济带覆盖110个地级及以上城市,横跨我国东中西部三大经济地带,上、中、下游地区差异显著,为准确识别环境规制对长江经济带工业绿色发展效率的影响的地区特征,从长江经济带城市整体、上游地区城市、中游地区城市、下游地区城市四个维度分别逐一分析环境规制在长江经济带的城市工业绿色发展效应。与第4章分析口径相同,遵循《国务院关于依托黄金水道推动长江经济带发展的指导意见》(2014)关于长江经济带的地区划分,上游地区包括重庆、四川、贵州、云南四省(直辖市)33个城市,中游地区包括江西、湖北、湖南三省36个城市,下游地区包括上海、江苏、浙江、安徽四省(直辖市)41个城市,本书第6章、第7章不变。相关变量指标的描述性统计见表5-1。

表5-1 主要变量及描述性统计

变量名称	符　号	单位	样本数	最大值	最小值	均值	标准差
绿色发展效率	EIGD	—	660	1.0561	0.1443	0.5528	0.1999
环境规制	environment	—	660	0.9959	0.0393	0.7633	0.1663
	$envirmonment^2$	—	660	0.9918	0.0015	0.6102	0.2145
经济发展	economy	元/人	660	11.8223	9.0912	10.5122	0.5633
要素禀赋	capitallabor	万元/人	660	6.2672	2.3829	4.0636	0.5451
城镇化	urbanization	%	660	0.8960	0.2259	0.5204	0.1277
对外开放	opening	%	660	0.1856	0.0001	0.0284	0.0272

资料来源:根据测算结果及相关统计年鉴与统计公报资料整理。

采用基于queen邻接关系构建构建权重矩阵$\boldsymbol{W}$,若城市i与城市j在地理空间上具有相邻的边界或顶点,则$\boldsymbol{W}_{ij}=1$,反之$\boldsymbol{W}_{ij}=0$,且$W_{ii}=0$。

5.3 实证结果分析

5.3.1 对长江经济带整体城市影响分析

从特殊模型到一般模型的检验而言,时间、空间固定效应联合非显著性LR检验统计量分别为61.8900、1102.1085,对应的伴随概率均远低于1%的显著性水平,表明基准传统面板模型同时存在时间固定效应和空间固定效应,应选择双向固定效应传统面板模型作为基准模型。进一步对双固定模型进行空间效应检验,内生空间交互效应和误差项空间交互效应的LM检验统计量分别为14.2299、12.4301,对应的伴随概率亦均低于1%的显著性水平,而稳健的LM检验则指向空间滞后模型,不拒绝不存在误差项空间交互效应。LM检验与稳健的LM检验未能从正反两个方向指明存在内生空间交互效应，不存在误差项空间交互效应，因此应谨慎选用包含两种空间效应的面板空间杜宾模型SDM探究环境规制对长江经济带城市工业绿色发展效率影响效应的分析工具。此外，不仅双固定效应模型无法确定空间效应类型，混合模型、空间固定模型、时间固定效应均未能明确指明只存在单一空间交互效应。

环境规制对长江经济带整体城市工业绿色发展效率影响的OLS回归，见表5-2。

表5-2　环境规制对长江经济带整体城市工业绿色发展效率影响的OLS回归

变　量	混合OLS	时间固定效应	空间固定效应	时空双固定效应
environment	−0.7522*** (−3.3145)	−0.6626*** (−2.9527)	−0.5581*** (−3.7853)	−0.3715*** (−2.5961)
envirmonment^2	0.4123** (2.3394)	0.3175* (1.8169)	0.3886*** (3.3545)	0.2051* (1.8071)
economy	0.1958*** (6.2309)	0.1878*** (6.0407)	0.3427*** (5.6895)	0.3347*** (4.0427)
capitallabor	0.0037 (0.2594)	−0.0070 (−0.4909)	0.0009 (0.0771)	−0.0117 (−1.0010)
urbanization	−0.6503*** (−4.4980)	−0.6797*** (−4.7802)	−0.9100*** (−2.9771)	−1.1328*** (−3.8187)
opening	1.2808*** (3.9045)	1.5423*** (4.6021)	0.9736** (2.4266)	0.8814** (2.1881)
intercept	−0.8956*** (−3.3986)			
R^2	0.7144	0.7448	0.8283	0.8390
LogL	166.5757	178.1028	698.2120	729.1570
σ^2	0.0357	0.0344	0.0071	0.0065
LM_spatial_lag	47.5894*** [0.0000]	40.8271*** [0.0000]	36.7722*** [0.0000]	14.2299*** [0.0002]
LM_spatial_err	49.6593*** [0.0000]	40.8514*** [0.0000]	34.5330*** [0.0000]	12.4301*** [0.0004]
LM_Rspatial_lag	1.6728 [0.1959]	0.8395 [0.3595]	2.3618 [0.1243]	3.1673* [0.0751]

续表

变　量	混合 OLS	时间固定效应	空间固定效应	时空双固定效应
LM_Rspatial_err	3.7427* [0.0530]	0.8638 [0.3527]	0.1226 [0.7262]	1.3674 [0.2423]
时间固定效应 LR	61.8900*** [0.0000]		空间固定效应 LR	1102.1085*** [0.0000]

注：括号内为 t 值，中括号内为 p 值；*、**、***分别表示在10%、5%、1%的显著性水平下显著。

资料来源：根据 MATLAB2017a 运行结果整理。

从一般模型到特殊模型的检验而言，Hausman 检验统计量为 35.5874，对应的伴随概率远低于1%的显著性水平，表明应采用时间空间双固定效应面板 SDM 作为基准空间模型。内生空间交互效应和误差项空间交互效应的 Wald 检验统计量分别为 14.0295、14.6492，对应的伴随概率均低于5%的显著性水平，表明两种空间效应均存在；而 LR 检验统计量分别为 16.1061、17.0356，分别在5%、1%的显著性水平下拒绝原假设，亦表明两种空间效应同时存在。可以看出，双固定面板 SDM 模型为最佳环境规制的绿色发展效应分析模型，表 5-3 展示了该模型对应的回归参数，将双固定 SLM、SEM 模型回归参数一并列出，增强模型回归分析的可靠性。由于存在内生空间交互效应，不能通过解释变量空间滞后项系数估计空间溢出效应，还需进一步根据勒萨热和佩斯（Lsage and Pace，2009）做法分解出解释变量的直接效应和间接效应，具体见表 5-4。

表 5-3　环境规制对长江经济带整体城市工业绿色发展效率影响的空间计量回归

变　量	SDM（双固定）	SLM（双固定）	SEM（双固定）
W · EIGD	0.1405*** (2.6800)	0.1833*** (3.5895)	
environment	−0.3607** (−2.3090)	−0.3515** (−2.2691)	−0.3401** (−2.2027)
$environment^2$	0.2079* (1.6845)	0.1999* (1.6272)	0.1989* (1.6165)
economy	0.3788*** (3.9468)	0.3125*** (3.4848)	0.3204*** (3.4560)
capitallabor	−0.0169 (−1.3233)	−0.0132 (−1.0456)	−0.0148 (−1.1608)

续表

变　量	SDM(双固定)	SLM(双固定)	SEM(双固定)
urbanization	−1.1808*** (−3.6368)	−1.1138*** (−3.4686)	−1.1105*** (−3.4769)
open	0.5644* (1.7580)	0.7858* (1.8023)	0.7517* (1.6469)
W · environment	−0.0687** (−2.2155)		
W · environment^2	−0.1187 (−0.4764)		
W · economy	−0.0639 (−0.3870)		
W · capitallabor	0.0287 (1.3566)		
W · urbanization	−0.7697* (−1.8846)		
W · opening	0.7712* (1.7165)		
W · u			0.1908*** (3.7120)
R^2	0.8462	0.8428	0.8389
LogL	743.2365	735.2285	734.7187
σ^2	0.0074	0.0076	0.0076

Wald_spatial_lag	14.0295** [0.0293]	LR_spatial_lag	16.0161** [0.0137]		
Wald_spatial_err	14.6492** [0.0232]	LR_spatial_err	17.0356*** [0.0092]	Hausman-test	33.5874*** [0.0014]

注：括号内为 t 值，中括号内为 p 值；*、**、***分别表示在 10%、5%、1%的显著性水平下显著。

资料来源：根据 MATLAB2017a 运行结果整理。

表 5-4　环境规制对长江经济带整体城市工业绿色发展效率影响的直接效应和间接效应

变　量	时间空间双固定 SDM			时间空间双固定 SLM		
	直接效应	间接效应	总效应	直接效应	间接效应	总效应
environment	−0.3656** (−2.2955)	−0.1302** (−2.3644)	−0.4958** (−2.2079)	−0.3554* (−2.2804)	−0.0764* (−1.7884)	−0.4317** (−2.2691)

续表

变量	时间空间双固定 SDM			时间空间双固定 SLM		
	直接效应	间接效应	总效应	直接效应	间接效应	总效应
envirmonment^2	0.2065* (1.6585)	−0.1042 (−0.3733)	0.1023 (0.3240)	0.2020* (1.6506)	0.0433 (1.4001)	0.2453* (1.6444)
economy	0.3802*** (3.9653)	−0.0171 (−0.0957)	0.3631* (1.8525)	0.3165*** (3.8217)	0.0682** (2.3706)	0.3847*** (3.7522)
capitallabor	−0.0162 (−1.2728)	0.0289 (1.2444)	0.0127 (0.4821)	−0.0129 (−0.9976)	−0.0028 (−0.9013)	−0.0157 (−0.9927)
urbanization	−1.2225*** (−3.5775)	−1.0142* (−1.7709)	−2.2367** (−2.0313)	−1.1231*** (−3.6249)	−0.2426** (−2.2902)	−1.3657*** (−3.5407)
opening	0.5675* (1.9095)	0.9437* (1.6788)	1.5112* (1.8705)	0.7867* (1.7484)	0.1707 (1.4834)	0.9574* (1.7387)

注：括号内为 t 值；*、**、***分别表示在 10%、5%、1%的显著性水平下显著；由于空间误差模型 SEM 不存在内生交互效应 $W \cdot Y$ 和外生空间交互效应 $W \cdot X$，不能对应具体空间理论模型，无法分解出解释变量的空间效应，且扰动项相对较小，一般直接认为其空间溢出效应为 0，故未列出 SEM 的空间效应。

资料来源：根据 MATLAB2017a 运行结果整理。

环境规制在短期内会抑制长江经济带整体城市工业绿色发展能力提升，在长期则具有较强促进作用。环境规制直接效应一次项回归系数在 5%的显著性水平下对长江经济带整体城市工业绿色发展效率具有负向影响，表明在短期内会增加工业生产成本，与假设 H_1 相符。强化工业环境管控，对整体经济发展水平极不均衡的长江经济带而言，虽然能够有效减少工业废弃物产生并强化工业污染治理，但是部分效益较差中小型工业企业无力承担工业污染治理成本而面临严重生产困境。这些企业被迫大幅减产以满足污染排放限额标准，造成总产量下降甚至企业倒闭破产，污染减少的环境效益大于生产减少的经济效益，使得工业绿色发展的持续性不足。二次项回归系数在 10%的显著性水平下对长江经济带整体城市工业绿色发展效率具有积极作用，与假设 H_2 相符。表明在长期内环境规制能够有效加强企业绿色技术创新，增加企业的绿色高质量产出，提升企业生产效率和经济效益，弥补并覆盖企业技术创新成本和环境治理成本，从而增强长江经济带工业绿色发展的内生性。环境规制对长江经济带工业绿色发展影响符合"环境库兹涅茨曲线"，需要经历生产调整和污染治理阵痛期，绿色刺激作用方能逐步凸显。

环境规制会导致污染企业向长江经济带区内周边地区城市转移，抑制周边地区工业绿色发展能力提升。长江经济带整体城市范围内环境规制在 5%的显著性水平下存在负向空间溢出效应，与假设 H_3 相符。环境规制会产生污染挤出效应，造纸、印染、钢铁、化工等传统高耗能工业向环保标准相对宽松的临近欠发达地区城市转移，对周边地区城市产生严重的污染扩散效应。这种污染溢出效应是持续存在的，环境规制二次项的空间溢出效应并不显著，甚至在 SDM 模型中符号为负，具有不明显的负向溢出效应，无法对周边地区形成良好的绿色引导作用。环境规制产生的污染扩散效应一方面是企业规避环境管制降低生产成本的自主选择结果，另一方面也是长江经济带整体范围内一定程度存在的以邻为壑的恶性城市竞争产物。

控制变量效应。经济发展能够有效促进长江经济带整体城市工业绿色发展内生动力提升，但其空间溢出效应不明显，更多关注本城市绿色发展。要素禀赋的直接效应和溢出效应均不显著，表明资本与劳动力要素在推动长江经济带城市工业绿色发展中不存在优先性。城镇化的直接效应和溢出效应均为负，长江经济带城市间土地城镇化和地方政府土地竞争问题突出。对外开放的直接效应和间接效应均为正，扩大开放有利于引进并消化吸收国外先进绿色生产技术并形成良性绿色技术扩散效应。

5.3.2 对上游地区城市影响分析

表 5-5 为环境规制对上游地区城市工业绿色发展效率影响的 OLS 回归结果。从特殊模型到一般模型的检验而言，时间空间固定效应联合非显著性检验的 LR 统计量分别为 11.0463、371.9896，在 10%与 1%的显著性水平下拒绝原假设，表明应采用时间空间双固定效应传统面板模型作为基准模型。进一步对基准传统面板模型进行空间交互效应检验，内生空间交互效应的 LM、稳健的 LM 检验统计量分别为 1.4348、0.8994，误差项空间交互效应的 LM、稳健的 LM 检验统计量分别为 1.7356、1.2002，均未通过 10%的显著性检验，表明不存在空间交互效应。然而，基准模型除拟合系数 R^2 相对较高之外，解释变量参数估计统计量显著性检验效果并不理想。混合面板模型、空间固定效应模型、时间固定效应模型的 LM 检验统计量分别在 1%、5%的显著性水平下拒绝原假设，表明同时存在内生空间交互效应和外生空间交互效应；而稳健的 LM 检验结果则与基准传统面板模型基本相同，不存在空间交互效应。因此，本书还是更偏向采用面板空间杜宾模型 SDM，下文检验结果将进一步佐证 SDM 为探究环境规制在长江经济带上游地区城市的绿色发展

效应的最佳模型。

表 5-5 环境规制对上游地区城市工业绿色发展效率影响的 OLS 回归

变　量	混合 OLS	时间固定效应	空间固定效应	时空双固定效应
environment	−0.9377** (−2.0881)	−0.9029** (−2.0480)	−0.3974* (−1.6787)	−0.3151 (−1.2815)
envirmonment^2	0.6945* (1.8605)	0.6620* (1.8051)	0.2961 (1.4542)	0.2161 (1.0559)
economy	0.2662*** (3.4749)	0.2370*** (3.0851)	0.0670 (0.5071)	0.1819 (1.2448)
capitallabor	−0.0256 (−0.9494)	−0.0415 (−1.5290)	0.0026 (0.1375)	−0.0071 (−0.3731)
urbanization	−0.9692*** (−2.8937)	−1.0648*** (−3.2244)	0.8652 (1.0990)	0.3604 (0.3788)
opening	0.4570 (0.3824)	1.3463 (1.0937)	−2.3690** (−2.1938)	−2.1162* (−1.8285)
intercept	−1.3242** (−2.1024)			
R^2	0.7684	0.7713	0.8550	0.8269
LogL	9.8205	13.5073	193.9790	199.5021
σ^2	0.0550	0.0527	0.0085	0.0080
LM_spatial_lag	42.4692*** [0.0000]	39.3442*** [0.0000]	4.6722** [0.0307]	1.4348 [0.2310]
LM_spatial_err	39.3713*** [0.0000]	38.1043*** [0.0000]	4.8285** [0.0280]	1.7356 [0.1877]
LM_Rspatial_lag	3.4515* [0.0632]	1.2586 [0.2619]	0.0020 [0.9641]	0.8994 [0.3429]
LM_Rspatial_err	0.3536 [0.5321]	0.0187 [0.8913]	0.1583 [0.6907]	1.2002 [0.2733]
时间固定效应 LR	11.0463* [0.0870]		空间固定效应 LR	371.9896*** [0.0000]

注：括号内为 t 值，中括号内为 p 值；*、**、***分别表示在 10%、5%、1%的显著性水平下显著。

资料来源：根据 MATLAB2017a 运行结果整理。

从一般模型到特殊模型的检验而言，Hausman 检验统计量为 106.4923，在 1%的显著性水平下拒绝原假设，表明时间空间双固定效应面板空间杜宾模型 SDM 为基准模型。双固定 SDM 内生空间交互效应、误差项空间交互效应存在性的 Wald 检验统计量分别为 16.8674、15.9342，在 1%、5%的显著性水平下拒绝原假设，而 LR 检验统计量分别为 19.6984、19.2225，均在 1%的显著性水平下拒绝原假设，Wald 检验与 LR 检验均表明两种空间交互效应同时存在，无法简化为单一空间效应模型。此外，双固定效应 SDM 拟合优度大大高于双固定传统面板模型，解释变量回归系数显著性效果也相对较好，尽管两类检验结果指向不一致，出于模型判断谨慎性与模型估计有效性考虑，双固定面板空间杜宾模型 SDM 更为适宜。表 5-6 仅呈现模型回归参数，有关模型解释变量的直接效应和间接效应具体见表 5-7。

表 5-6　环境规制对上游地区城市工业绿色发展效率影响的空间计量回归

变　量	SDM(双固定)	SLM(双固定)	SEM(双固定)
W · EIGD	0.1348* (1.6519)	0.1381* (1.6559)	
environment	−0.4105* (−1.6604)	−0.2845* (−1.7632)	−0.2757* (−1.6392)
$environment^2$	0.3373* (1.6524)	0.1922* (1.8626)	0.1843* (1.8318)
economy	0.5919*** (3.0549)	0.1696 (1.0646)	0.1929 (1.1769)
capitallabor	−0.0129 (−0.6277)	−0.0073 (−0.3517)	−0.0079 (−0.3785)
urbanization	0.1610 (0.1567)	0.4778 (0.4614)	0.6497 (0.6343)
open	−1.4020 (−1.1252)	−2.1321* (−1.6925)	−2.0614* (−1.6605)
W · environment	−0.1171 (−0.2176)		
W · $environment^2$	0.1712 (0.3900)		
W · economy	−0.5236* (−1.7029)		
W · capitallabor	0.0379 (1.2769)		
W · urbanization	−3.9507** (−2.2478)		

续表

<table>
<tr><th colspan="2">变　量</th><th colspan="2">SDM(双固定)</th><th colspan="2">SLM(双固定)</th></tr>
</table>

<table>
<tr><th>变　量</th><th>SDM(双固定)</th><th>SLM(双固定)</th><th>SEM(双固定)</th></tr>
<tr><td>$\boldsymbol{W}\cdot$ opening</td><td>−0.3692
(−0.1565)</td><td></td><td></td></tr>
<tr><td>$\boldsymbol{W}\cdot u$</td><td></td><td></td><td>0.1619*
(1.9500)</td></tr>
<tr><td>R^2</td><td>0.8772</td><td>0.8644</td><td>0.8627</td></tr>
<tr><td>LogL</td><td>210.0144</td><td>200.1652</td><td>200.4031</td></tr>
<tr><td>σ^2</td><td>0.0086</td><td>0.0095</td><td>0.0095</td></tr>
</table>

<table>
<tr><td>Wald_spatial_lag</td><td>16.8674***
[0.0098]</td><td>LR_spatial_lag</td><td>19.6984***
[0.0031]</td><td></td><td></td></tr>
<tr><td>Wald_spatial_err</td><td>15.9342**
[0.0141]</td><td>LR_spatial_err</td><td>19.2225***
[0.0038]</td><td>Hausman-test</td><td>106.4923***
[0.0000]</td></tr>
</table>

注：括号内为 t 值，中括号内为 p 值；*、**、***分别表示在 10%、5%、1%的显著性水平下显著。

资料来源：根据 MATLAB2017a 运行结果整理。

表 5-7　环境规制对上游地区城市工业绿色发展效率影响的直接效应和间接效应

变　量	时间空间双固定 SDM			时间空间双固定 SLM		
	直接效应	间接效应	总效应	直接效应	间接效应	总效应
environment	−0.4303* (−1.6592)	−0.1588 (−0.2561)	−0.5891* (−1.8217)	−0.2761* (−1.7427)	−0.0431 (−0.7792)	−0.3192 (−1.0368)
envirmonment^2	0.3560* (1.6705)	0.2122 (0.4174)	0.5682 (0.9811)	0.1829* (1.8286)	0.0285 (0.6494)	0.2114* (1.8252)
economy	0.5704*** (3.0708)	−0.4971 (−1.5089)	0.0733 (0.2309)	0.1679 (1.0479)	0.0256 (0.7584)	0.1935 (1.0376)
capitallabor	−0.0112 (−0.5561)	0.0396 (1.1981)	0.0285 (0.7398)	−0.0078 (−0.3684)	−0.0013 (−0.3072)	−0.0091 (−0.3671)
urbanization	−0.0031 (−0.0030)	−4.3587** (−2.1934)	−4.3618* (−1.7697)	0.5326 (0.5123)	0.0832 (0.4077)	0.6158 (0.5080)
opening	−1.4119* (−1.6507)	−0.4181 (−0.1493)	−1.8300 (−0.5289)	−2.2047* (−1.7057)	−0.3419* (−1.6664)	−2.5466* (−1.6741)

注：括号内为 t 值；*、**、***分别表示在 10%、5%、1%的显著性水平下显著；由于空间误差模型 SEM 不存在内生交互效应 $W\cdot Y$ 和外生空间交互效应 $W\cdot X$，不能对应具体空间理论模型，无法分解出解释变量的空间效应，且扰动项相对较小，一般直接认为其空间溢出效应为 0，故未列出 SEM 的空间效应。

资料来源：根据 MATLAB2017a 运行结果整理。

环境规制对上游地区城市工业绿色发展的直接影响亦呈先抑制后促进的"U型"关系。上游经济发展水平相对较低，工业生产技术整体较为滞后，为削减工业污染排放，环境规制在短期内会严重限制工业生产能力扩张。这种抑制效应超出长江经济带整体城市平均水平，可以看出环境规制直接效应一次项回归系数绝对值(0.4303)大于长江经济带整体城市绝对值(0.3656)。但上游地区城市工业发展灵活性较好，环境规制对上游地区城市工业绿色引导作用明显，云贵地区城市工业绿色转型便利，而成渝城市群工业基础相对较好，能够有效吸收下游地区产业转移带来的技术扩散红利。长期内环境规制对上游地区城市工业绿色发展效率的促进作用同样大于整体平均水平，二次项回归系数(0.3560)大于长江经济带整体的回归系数(0.2065)。环境规制对上游地区城市工业绿色发展的成本约束效应与绿色转型效应明显，与假设 H_1 和假设 H_2 相符，上游地区城市一旦探索出适宜的工业绿色发展路径，环境规制绿色促进作用即加快显现。

环境规制未对上游地区城市工业绿色发展产生显著的空间溢出效应，无法有效影响周边地区城市工业绿色发展内生动力。由第 4.2.1 节分析可知，上游地区城市面临较大的经济发展压力，工业环境规制强度相对较低，与中下游地区城市仍然存在显著差距。环境规制尚未对工业发展产生强烈的绿色约束作用，生产成本上升幅度尚不足以使污染排放较高的工业企业大规模向周边地区城市转移。一方面是由于环境规制标准较低，对工业企业成本提升较小；另一方面，上游地区城市的相邻城市工业生产条件较差，基础设施及配套政策等软硬环境不及本地区城市。因此上游地区城市工业企业存在区位选择黏性，使得环境规制在上游地区的绿色空间溢出效应并不明显。上游地区城市仍需进一步加强工业环境规制强度，并加快交通、园区等基础设施建设，发挥环境规制的绿色溢出作用。

控制变量效应。经济发展对上游地区城市工业绿色发展能力提升具有显著促进作用，是工业绿色发展的重要支撑，但上游地区城市经济发展相对滞后，对周边地区城市未能产生显著的带动作用。要素禀赋未能对上游地区城市工业绿色发展产生显著的直接效应和间接效应，上游地区资本、劳动要素更为稀缺，不存在要素禀赋偏向。城镇化对上游地区城市工业绿色发展能力提升未有显著影响，上游地区城镇开发空间相对稀缺，但地方政府的土地竞争对上游地区城市工业绿色发展产生严重的负向溢出效应。对外开放对上游地区城市工业绿色发展能力提升具有显著的抑制效应，一定程度在上游地区存在"污染避难所"现象，但受基础设施等条件限制，其空间溢出效应并不明显。

5.3.3 对中游地区城市影响分析

表 5-8 为环境规制对中游地区城市工业绿色发展效率影响的 OLS 回归。从特殊模型到一般模型的检验而言,时间、空间固定效应联合非显著性检验 LR 统计量分别为 16.3786、232.7294,相应在 5%、1%的显著性水平下拒绝原假设,表明双固定效应模型为基准传统面板模型。进一步分析双固定效应模型空间效应存在性,内生空间交互效应的 LM、稳健的 LM 检验统计量分别为 4.5691、5.4198,均在 5%的显著性水平下拒绝原假设;误差项空间交互效应的 LM、稳健的 LM 统计量分别为 2.5981、3.4488,均在 10%的显著性水平下拒绝原假设,表明两种空间效应同时存在,应采用面板空间杜宾模型 SDM。其他传统面板模型检验结果各不相同,混合 OLS 显示仅存在内生空间交互效应,空间固定效应模型显示两种空间效应均存在,与双固定模型检验结果一致,而时间固定效应模型显示不存在空间效应。基准传统面板模型检验空间杜宾模型 SDM,下文将进一步证实该模型为分析环境规制对长江经济带中游地区城市工业绿色发展效率影响效应的最适宜模型。

表 5-8 环境规制对中游地区城市工业绿色发展效率影响的 OLS 回归

变　量	混合 OLS	时间固定效应	空间固定效应	时空双固定效应
environment	−0.2534* (−1.8456)	−0.1666 (−0.5672)	−0.5369** (−2.1881)	−0.3477* (−1.7290)
envirmonment^2	−0.0720 (−0.3050)	−0.1821* (−1.7834)	0.3184* (1.6793)	0.2244 (0.6296)
economy	0.3274*** (5.8716)	0.3279*** (6.0314)	0.4850*** (3.1808)	0.3528 (1.1423)
capitallabor	0.0238 (1.0975)	0.0145 (0.6802)	−0.0591*** (−2.5958)	−0.0622*** (−2.8075)
urbanization	−1.1887*** (−4.7086)	−1.2615*** (−5.1259)	−1.2242 (−1.4387)	−2.3200*** (−2.5881)
opening	3.0234*** (4.4837)	3.3167*** (4.9021)	3.0101** (2.3310)	2.2774 (1.5525)
intercept	−2.2026*** (−4.8180)			
R^2	0.7762	0.3160	0.7488	0.7671

续表

变　量	混合 OLS	时间固定效应	空间固定效应	时空双固定效应
LogL	100.4242	106.5405	214.7159	222.9052
σ^2	0.0239	0.0225	0.0082	0.0076
LM_spatial_lag	3.2634* [0.0708]	1.4511 [0.2284]	7.6308*** [0.0057]	4.5691** [0.0326]
LM_spatial_err	1.8226 [0.1770]	0.6520 [0.4194]	4.7052** [0.0301]	2.5981* [0.1070]
LM_Rspatial_lag	2.3258 [0.1272]	1.4099 [0.2351]	7.4926*** [0.0062]	5.4198** [0.0199]
LM_Rspatial_err	0.8850 [0.3468]	0.6108 [0.4345]	4.5669** [0.0326]	3.4488* [0.0633]
时间固定效应 LR	16.3786** [0.0119]	空间固定效应 LR	232.7294*** [0.0000]	

注：括号内为 t 值，中括号内为 p 值；*、**、***分别表示在10%、5%、1%的显著性水平下显著。

资料来源：根据 MATLAB2017a 运行结果整理。

从一般模型到特殊模型的检验而言，Hausman 检验统计量为 36.3967，对应的伴随概率远低于 5%，表明双固定面板空间杜宾模型 SDM 为基准空间模型。基准模型内生空间交互效应的 Wald 检验统计量、LR 检验统计量分别为 21.7045、26.4616，误差项空间交互效应的 Wald 检验统计量、LR 检验统计量分别为 22.5127、27.5329，对应的伴随概率均远低于 1%，表明两种空间效应同时存在，空间杜宾模型 SDM 无法简化为单一空间效应模型或非空间模型。双固定空间滞后模型 SLM 的空间自回归系数显著性检验渐进 t 分布统计量为 2.6895，双固定空间误差模型 SEM 的空间自相关系数显著性检验渐进 t 分布统计量为 2.6808，均在 1%的显著性水平拒绝原假设，也进一步印证两种空间效应同时存在。从特殊到一般与从一般到特殊的空间效应检验结果一致指向时间空间双固定面板 SDM 为最优模型。表 5-9 为模型回归系数，环境规制及控制变量对长江经济带中游地区城市工业绿色发展效率影响的直接效应和空间效应分析具体见表 5-10。

表 5-9 环境规制对中游地区城市工业绿色发展效率影响的空间计量回归

变　量	SDM(双固定)	SLM(双固定)	SEM(双固定)
W · EIGD	0.1293* (1.7226)	0.2314*** (2.6895)	
environment	−0.2559** (−1.9877)	−0.3159* (−1.7044)	−0.2818* (−1.6806)
environment²	0.1860 (0.4104)	0.2104 (0.5181)	0.1975 (0.4609)
economy	−0.0255 (−0.0739)	0.2706 (0.8127)	0.2124 (0.6382)
capitallabor	−0.0779*** (−3.4015)	−0.0683*** (−2.8616)	−0.0739*** (−3.0838)
urbanization	−1.6000* (−1.6828)	−2.1553** (−2.2275)	−2.0973** (−2.1306)
open	1.6775 (1.0802)	1.8682 (1.1811)	1.6602 (1.0571)
W · environment	−0.4963* (−1.9146)		
W · environment²	0.1213 (0.2733)		
W · economy	1.4852* (1.9018)		
W · capitallabor	0.1003** (2.0988)		
W · urbanization	−2.1205 (−1.0922)		
W · opening	7.0535* (1.7831)		
W · *u*			0.2359*** (2.6808)
R^2	0.7984	0.7741	0.7660
LogL	238.2181	224.9869	224.4512
σ^2	0.0079	0.0089	0.0089

续表

变　量	SDM(双固定)	SLM(双固定)		SEM(双固定)	
Wald_spatial_lag	21.7045*** [0.0014]	LR_spatial_lag	26.4616*** [0.0002]		
Wald_spatial_err	22.5127*** [0.0010]	LR_spatial_err	27.5329*** [0.0001]	Hausman－test	36.3967*** [0.0005]

注：括号内为 t 值，中括号内为 p 值；*、**、***分别表示在10%、5%、1%的显著性水平下显著。

资料来源：根据MATLAB2017a运行结果整理。

表5-10　环境规制对中游地区城市工业绿色发展效率影响的直接效应和间接效应

变　量	时间空间双固定SDM			时间空间双固定SLM		
	直接效应	间接效应	总效应	直接效应	间接效应	总效应
environment	－0.2607** (－1.9804)	－0.6043** (－1.9741)	－0.8649 (－1.1847)	－0.3278 (－1.2072)	－0.0956* (－1.9434)	－0.4234 (－1.1809)
envirmonment^2	0.1840 (0.3960)	0.3560 (0.3100)	0.5400 (0.4069)	0.2188 (0.5425)	0.0642 (0.4579)	0.2830 (0.5322)
economy	0.0269 (0.0776)	1.6865* (1.8699)	1.7134* (1.6819)	0.2762 (0.8304)	0.0844 (0.7330)	0.3607 (0.8276)
capitallabor	－0.0761*** (－3.2862)	0.1002* (1.8212)	0.0241 (0.3909)	－0.0685*** (－2.7754)	－0.0204 (－1.5671)	－0.0888*** (－2.5844)
urbanization	－1.6704* (－1.7717)	－2.5620 (－1.1902)	－4.2324* (－1.8683)	－2.1504** (－2.1337)	－0.6346 (－1.4278)	－2.7851** (－2.0665)
opening	1.8968 (1.1852)	8.2441** (1.8348)	10.1409*** (1.9606)	1.9357 (1.1970)	0.5621 (0.9480)	2.4978 (1.1767)

注：括号内为 t 值；*、**、***分别表示在10%、5%、1%的显著性水平下显著；由于空间误差模型SEM不存在内生交互效应 $W \cdot Y$ 和外生空间交互效应 $W \cdot X$，不能对应具体空间理论模型，无法分解出解释变量的空间效应，且扰动项相对较小，一般直接认为其空间溢出效应为0，故未列出SEM的空间效应。

资料来源：根据MATLAB2017a运行结果整理。

环境规制对中游地区城市工业绿色发展内生动力提升的直接效应具有显著阻碍作用。环境规制直接效应一次项回归系数在5%的显著性水平下显著为负，对工业绿色发展效率具有直接抑制效应，与假设 H_1 相符。二次项回归系数符号虽然为正，但是绝对值相对较小且不显著，未能对中游地区城市工业绿色发展效率提升发挥绿色引导作用。中游地区作为全国钢铁、石化、冶炼、船舶、化工等传统制造业基地，尽管区位教育资源和人力资本优势突出，但是大都投入至绿色技术创新能力较弱的传统高耗能型行业,工业企业生产方式的绿色科技水平较低。加强环境规制会导致中游地区城市大量工业企业因环境治理和处罚成本上升而降低产量,企业盈利能力进一步降低甚至出现亏损破产情况,企业绿色发展内生性日益不足。由于中游地区传统高耗能工业占比较大,且正处于工业化中期,环境规制对企业生产的绿色引导作用在短期内难以显现,中游地区城市应继续加强并优化环境规制,提升工业企业生产清洁度。

环境规制对中游地区城市工业绿色发展具有显著的负向空间溢出效应。环境规制间接效应一次项回归系数在5%的显著性水平下显著为负,具有较强的污染扩散效应,与假设 H_3 相符,而二次项回归系数不显著,绿色技术外溢效应微弱。中游地区城市传统高耗能产业较为发达,且为下游地区城市工业转移重要承接区,高污染型产业环境规制弹性较强,存在污染转移效应。加强工业污染治理,提高工业污染排放标准,则工业企业因成本上升会迅速向周边临近环境规制较弱的城市转移,并将工业污染转移至周边城市,造成其他城市工业绿色发展效率下降。中游地区城市仍在大力推进传统工业绿色转型升级,绿色化改造尚未完成,环境规制还无法对周边地区产生明显的绿色技术扩散与促进低碳企业跨区域布局。中游地区城市应加强工业污染防控协同治理,发挥环境规制对临近城市的绿色引导作用。

控制变量效应。经济发展对中游城市工业绿色发展能力提升的直接效应不明显,但对周边地区城市具有较强的正向溢出效应,有待进一步提升经济发展质量。要素禀赋对中游地区城市工业绿色发展效率的直接效应显著为负,中游地区资本过度投入至高耗能产业导致要素配置冗余与浪费,但工业发展要素外流对周边城市工业绿色转型升级则具有重要的正向空间溢出效应。城镇化对中游地区城市工业绿色发展能力提升具有显著的负向直接效应,土地扩张型的粗放城镇化仍占据主导地位,随着以人为本的新型城镇化向前推进,两种力量交叉作用使得城镇化整体对周边地区城市的空间溢出效应并不显著。对外开放对中游地区城市工业绿色发展提升的直接效应不显著,技术扩散和污染转移相互抵消,但由于学习效应存在,对周边地区城市溢出效应显著为正。

5.3.4 对下游地区城市影响分析

如表5-11所示,从特殊模型到一般模型的检验而言,时间、空间固定效应联合非显著性LR检验统计量分别为27.7909、494.0390,对应的伴随概率远低于1%的显著性水平，表明时间空间双固定效应传统面板模型为基准模型。进一步检验基准模型的空间效应存在性，内生空间交互效应的LM检验、稳健的LM检验统计量分为2.4675、0.4812，对应的伴随概率高于10%的显著性水平，无法拒绝不存在内生空间交互效应原假设；误差空间交互效应的LM检验统计量为3.4906，在10%的显著性水平下拒绝原假设，但稳健的LM检验统计量为1.5043，对应的伴随概率高于10%的显著性水平，表明存在并不稳健的误差项空间交互效应。其他传统模型的检验结果也不尽统一，混合面板模型、时间固定效应面板模型检验结果显示不存在空间效应，而空间固定效应模型的LM检验表明两种空间效应同时存在，但稳健的LM检验结果却表明不存在空间效应。检验结果表明空间误差面板模型SEM为探究环境规制在长江经济带下游地区城市的工业绿色发展效应较为合适的分析模型。

表5-11　环境规制对下游地区城市工业绿色发展效率影响的OLS回归

变　量	混合OLS	时间固定效应	空间固定效应	时空双固定效应
environment	−3.8946*** (−5.3125)	−3.5813*** (−4.8568)	−1.6473*** (−4.2841)	−1.2788*** (−3.3673)
envirmonment^2	2.5905*** (5.1812)	2.3432*** (4.6375)	1.2654*** (4.8592)	0.9476*** (3.6166)
economy	0.1047*** (2.8233)	0.1010*** (2.7524)	0.1977*** (2.7643)	0.3083*** (3.1683)
capitallabor	−0.0432* (−1.6711)	−0.0521** (−1.9637)	0.1069*** (5.4661)	0.1010*** (5.0566)
urbanization	−0.0356 (−0.1978)	−0.0346 (−0.1948)	−0.9991*** (−3.5867)	−1.1896*** (−4.1321)
opening	1.5866*** (4.5045)	1.6284*** (4.5649)	1.1657*** (3.2082)	0.8555** (2.4097)
intercept	0.9627** (2.2841)			
R^2	0.7810	0.8005	0.8949	0.9061
LogL	111.2322	114.6269	347.7509	361.6464
σ^2	0.0244	0.0236	0.0036	0.0032
LM_spatial_lag	0.4025 [0.5258]	0.0854 [0.7701]	8.6007*** [0.0034]	2.4675 [0.1162]

续表

变　　量	混合 OLS	时间固定效应	空间固定效应	时空双固定效应
LM_spatial_err	0.1015 [0.7501]	0.0060 [0.9384]	9.4397*** [0.0021]	3.4906* [0.0617]
LM_Rspatial_lag	0.3508 [0.5537]	0.3345 [0.5630]	0.1482 [0.7003]	0.4812 [0.4879]
LM_Rspatial_err	0.0497 [0.8236]	0.2551 [0.6135]	0.9871 [0.3205]	1.5043 [0.2200]
时间固定效应 LR	27.7909*** [0.0001]		空间固定效应 LR	494.0390*** [0.0000]

注：括号内为 t 值，中括号内为 p 值；*、**、***分别表示在10%、5%、1%的显著性水平下显著。

资料来源：根据 MATLAB2017a 运行结果整理。

从一般模型到特殊模型的检验而言，Hausman 检验统计量为 25.4485，在 5%的显著性水平下拒绝原假设，表明时间空间双固定效应面板空间杜宾模型为基准空间模型。进一步分析基准模型的空间效应存在性与类型，内生空间交互效应的 Wald 检验统计量、LR 检验统计量分别为 34.1143、37.5463，误差项空间交互效应的 Wald 检验统计量、LR 检验统计量分别为 32.0373、35.6115，均在 1%的显著性水平下拒绝原假设，表明两种空间效应同时存在，空间杜宾模型 SDM 不能简化为空间滞后模型 SLM、空间误差模型 SEM 或传统面板模型。可以看出两类检验结果指向并不一致，前文从特殊到一般的模型检验指向空间误差模型 SEM，而从一般到特殊的模型检验指向空间杜宾模型 SDM，就模型灵活性与拟合优度比较而言，后者更为合适。环境规制及控制变量对下游地区城市工业绿色发展效率影响的直接效应、间接效应具体见表 5-12，表 5-13 为模型回归系数。

表 5-12　环境规制对下游地区城市工业绿色发展效率影响的直接效应和间接效应

变　　量	时间空间双固定 SDM			时间空间双固定 SLM		
	直接效应	间接效应	总效应	直接效应	间接效应	总效应
environment	−1.2418*** (−3.3092)	1.0333* (1.7062)	−0.2086 (−0.1961)	−1.2810*** (−2.9294)	−0.1673* (−1.7948)	−1.4483*** (−2.7853)
envirmonment^2	0.9131*** (3.4867)	−0.9639* (−1.9584)	−0.0508 (−0.0678)	0.9469*** (3.1322)	0.1237 (1.1058)	1.0706*** (2.9586)
economy	0.1596 (1.4811)	−1.0398*** (−4.4552)	−0.8802*** (−3.0057)	0.3224*** (3.1297)	0.0421 (1.1398)	0.3645*** (3.0136)

续表

变　量	时间空间双固定 SDM			时间空间双固定 SLM		
	直接效应	间接效应	总效应	直接效应	间接效应	总效应
capitallabor	0.1158*** (5.1949)	0.0219 (0.4518)	0.1378** (2.5213)	0.1006*** (4.4997)	0.0131 (1.1705)	0.1137*** (4.1274)
urbanization	−0.5928* (−1.7456)	3.1542*** (3.2761)	2.5614* (2.1866)	−1.2507*** (−4.0883)	−0.1643* (−1.8603)	−1.4150*** (−3.7604)
opening	−0.1677 (−0.3744)	−0.8789 (−1.0939)	−1.0467 (−1.3464)	0.8491** (2.2600)	0.1092 (1.0608)	0.9584** (2.2270)

注：括号内为 t 值；*、**、***分别表示在10%、5%、1%的显著性水平下显著；由于空间误差模型 SEM 不存在内生交互效应 $W \cdot Y$ 和外生空间交互效应 $W \cdot X$，不能对应具体空间理论模型，无法分解出解释变量的空间效应，且扰动项相对较小，一般直接认为其空间溢出效应为0，故未列出 SEM 的空间效应。

资料来源：根据 MATLAB2017a 运行结果整理。

表 5-13　环境规制对下游地区城市工业绿色发展效率影响的空间计量回归

变　量	SDM(双固定)	SLM(双固定)	SEM(双固定)
W · EIGD	0.0428** (2.4575)	0.1147* (1.6889)	
environment	−1.2440*** (−3.1962)	−1.2906*** (−3.1091)	−1.2670*** (−3.1157)
environment^2	0.9171*** (3.4118)	0.9583*** (3.3462)	0.9506*** (3.3858)
economy	0.1676 (1.4697)	0.3235*** (3.0373)	0.3428*** (3.3350)
capitallabor	0.1159*** (5.5308)	0.1007*** (4.6123)	0.0993*** (4.5992)
urbanization	−0.6172* (−1.7967)	−1.2505*** (−3.9614)	−1.3075*** (−4.3325)
open	−0.1554 (−0.3457)	0.8399** (2.1641)	0.8083** (2.0039)
W · environment	1.0491* (1.7894)		
W · environment^2	−0.9655* (−1.9470)		
W · economy	−1.0412*** (−4.6194)		

续表

<table>
<tr><th>变　量</th><th colspan="2">SDM(双固定)</th><th colspan="2">SLM(双固定)</th><th colspan="2">SEM(双固定)</th></tr>
<tr><td>**W** · capitallabor</td><td colspan="2">0.0183
(0.3560)</td><td colspan="2"></td><td colspan="2"></td></tr>
<tr><td>**W** · urbanization</td><td colspan="2">3.1504***
(3.3903)</td><td colspan="2"></td><td colspan="2"></td></tr>
<tr><td>**W** · opening</td><td colspan="2">−0.8869
(−1.1239)</td><td colspan="2"></td><td colspan="2"></td></tr>
<tr><td>**W** · *u*</td><td colspan="2"></td><td colspan="2"></td><td colspan="2">0.2380***
(2.7487)</td></tr>
<tr><td>R^2</td><td colspan="2">0.9200</td><td colspan="2">0.9064</td><td colspan="2">0.9060</td></tr>
<tr><td>LogL</td><td colspan="2">381.2767</td><td colspan="2">362.5036</td><td colspan="2">363.4705</td></tr>
<tr><td>σ^2</td><td colspan="2">0.0032</td><td colspan="2">0.0038</td><td colspan="2">0.0037</td></tr>
<tr><td>Wald_spatial_lag</td><td>34.1143***
[0.0000]</td><td>LR_spatial_lag</td><td>37.5463***
[0.0000]</td><td></td><td></td><td></td></tr>
<tr><td>Wald_spatial_err</td><td>32.0373***
[0.0000]</td><td>LR_spatial_err</td><td>35.6115***
[0.0000]</td><td></td><td>Hausman-test</td><td>25.4486**
[0.0201]</td></tr>
</table>

注：括号内为 t 值，中括号内为 p 值；*、**、***分别表示在10%、5%、1%的显著性水平下显著。

资料来源：根据MATLAB2017a运行结果整理。

环境规制对下游地区城市工业绿色发展效率影响的直接效应呈显著“U型”关系，在短期内存在较强的抑制作用，但长期则具有明显的促进作用。环境规制直接效应一次项回归系数在1%的显著水平下显著为负，短期抑制效应明显，与假设 H_1 相符；二次项回归系数也在1%的显著性水平下显著为正，长期促进作用较强，与假设 H_2 相符。下游地区内城市工业绿色发展差距也较为明显，强化环境规制会使得部分发展程度相对较低的城市难以承受环境治理成本上升，部分城市污染排放减少是以更大程度的产出减少为代价，城市工业绿色发展内生动力遭受削弱。但下游地区绿色技术创新的人才、资金、技术等高端要素充裕，工业企业盈利能力整体较强，经过一段时期调整，环境规制能够加快绿色技术创新，推动企业应用推广先进绿色生产技术，在降低环境污染排放的同时增加工业产出，增强工业绿色发展内生动力。尽管下游地区工业绿色发展存在内部差异，但工业基础和创新能力显著，环境规制的工业绿色引导效应明显。

环境规制对下游地区城市工业绿色发展效率影响的间接效应呈“倒U型”关

系，与直接效应相反，先具有促进作用，而后具有抑制效应。环境规制间接效应一次项、二次项回归系数均在10%显著性水平显著，前者符号为正，后者符号为负。环境规制导致纺织、服装、化工等传统工业转移，随之也增加了承接城市污染治理成本，但较之于原有生产技术，下游地区转出地城市生产技术相对先进，产出增加效益抵消并大于污染治理成本，总体对工业绿色发展效率提升具有促进作用。传统产业技术门槛相对较低，技术消化吸收进程较快，逐渐在传统工业领域实现技术趋同，承接传统工业的污染扩散效应逐步凸显，并超出产出增量收益，初期获取了环境规制带来的产业转移收益。但承接地城市却未能持续改进生产技术，进一步增强环境规制会使其难以承受上升的成本，而使得工业绿色发展效率下降。下游地区经济较发达城市环境规制带来的工业转移技术扩散效应存在一定有效期，需加以利用方能提升工业绿色发展内生动力。

控制变量效应。经济发展对下游地区城市工业绿色发展效率的直接效应不显著，而空间溢出效应则显著为负。下游地区发展程度较高，绿色支撑作用并不突出，但先发城市存在对后发城市的“绿色虹吸效应”。要素禀赋对下游地区城市工业绿色发展效率存在显著的正向直接效应，但空间溢出效应并不明显。下游地区人力资本和物质资本的绿色技术支撑作用较强，且这种资本优势存在专属性。城镇化对下游地区城市工业绿色发展效率的直接效应显著为负，但空间溢出效应则显著为正，下游地区亦存在土地竞争，引起周边城市警戒并逐步摒弃粗放城镇化模式。对外开放对下游地区城市工业绿色发展效率的直接效应、间接效应均不显著，引进利用外资已成为基本的资源配置方式，逐步实现与外资的技术趋同。

5.4 稳健性检验

为保证上述分析的可靠性，分别进行环境规制对长江经济带整体城市、上游地区城市、中游地区城市、下游地区城市工业绿色发展效率影响的稳健性检验。稳健性检验主要涉及模型、研究时段、代理变量、研究对象等四个方面，本书主要是从模型与空间权重设定角度进行稳健性检验。上述归回模型均是基于李和虞(Lee and Yu，2010)对巴尔塔基(Baltagi，2005)介绍的去均值程序进行偏误校正后得出，本书直接进行无偏误校正回归分析，环境规制的直接效应与间接效应变化不大。在分析过程中，受篇幅所限未展示只包含外生空间交互效应的 SLX 模型回归结果，除展示空间杜宾模型 SDM 回归结果，空间滞后模型 SLM 的直接效应、间接效应一并列出，其实三者差异不大，可保障本书分析的模型稳健性。

进一步改变空间权重矩阵设定，使用各城市政府驻地间距离倒数空间权重矩阵替换地理临近二元空间权重矩阵，并同样进行一系列最优模型识别检验，根据检验结果最后采用空间随机时间固定效应面板 SDM 重新分析环境规制对长江经济带整体城市、上游地区城市、下游地区城市工业绿色发展效率影响，仍然采用时间空间双固定效应面板 SDM 分析环境规制对中游地区城市工业绿色发展效率影响，结果见表 5-14。可以看出，核心解释变量环境规制一次项、二次项的直接效应与间接效应显著性与符号与基于邻接矩阵的分析结果完全相同，控制变量的影响差异不大。综上，本书对环境规制在长江经济带的城市工业绿色发展效应相关分析具有很强的稳健性。

表 5-14 基于反距离函数空间权重矩阵下环境规制的直接效应、间接效应与总效应

变量		整体城市（空间随机）	上游地区城市（空间随机）	中游地区城市（双固定）	下游地区城市（空间随机）
直接效应	environment	−0.4952*** (−3.1326)	−0.5909* (−1.9318)	−0.3503* (−1.9145)	−1.2050*** (−2.9963)
	envirmonment^2	0.2873** (2.3369)	0.4151* (1.7015)	0.1701 (0.7769)	0.9011*** (3.2727)
	economy	0.2224*** (4.2319)	0.2547* (1.9080)	0.2283 (0.6275)	0.2201*** (2.6431)
	capitallabor	−0.0164 (−1.3557)	−0.0208 (−1.0085)	−0.0846*** (−3.5698)	0.0975*** (4.8407)
	urbanization	−0.7751*** (−3.5249)	−0.9800 (−1.5256)	−1.3671 (−1.3850)	−0.9085*** (−3.5025)
	opening	1.0259*** (2.6409)	−1.0077 (−0.7379)	2.4627 (1.3306)	1.4150*** (4.0343)
间接效应	environment	−2.0735* (−1.8999)	−3.5088 (−1.0143)	−1.4723* (−1.6669)	0.2838** (2.2018)
	envirmonment^2	1.4958 (0.3212)	2.2329 (0.8397)	0.8111 (0.4405)	−0.1577** (−2.0577)
	economy	0.7827 (1.1473)	0.9049 (0.8217)	4.2641 (1.3855)	0.6685*** (2.6254)

续表

变量		整体城市（空间随机）	上游地区城市（空间随机）	中游地区城市（双固定）	下游地区城市（空间随机）
间接效应	capitallabor	0.0881 (0.6768)	−0.2349 (−1.0786)	0.0033 (0.0314)	−0.0929* (−1.6464)
	urbanization	−3.5851* (−1.8622)	−9.2117* (−1.7132)	3.9741 (0.6747)	−3.2198*** (−2.6848)
	opening	3.2894* (1.8029)	3.8192 (0.2648)	35.8303* (1.8205)	−0.9522 (−0.9099)
总效应	environment	−2.5688** (−1.9992)	−4.0997 (−1.1303)	−1.8226 (−0.7828)	−0.9212 (−0.6003)
	envirmonment^2	1.7832 (0.5018)	2.6480 (0.9523)	0.9812 (0.5052)	0.7435 (0.7733)
	economy	1.0052** (1.9798)	1.1596 (1.0408)	4.4924 (1.3829)	0.8886*** (3.5143)
	capitallabor	0.0717 (0.5456)	−0.2557 (−1.1470)	−0.0813 (−0.7366)	0.0047 (0.0775)
	urbanization	−4.3602* (−1.8178)	−10.1916* (−1.7863)	2.6070 (0.4247)	−4.1283*** (−3.1611)
	opening	4.3152* (1.7741)	2.8115 (0.1856)	38.2930* (1.8547)	0.4629 (0.4281)

注：括号内为 t 值；*、**、***分别表示在10%、5%、1%的显著性水平下显著。

资料来源：根据MATLAB2017a运行结果整理。

5.5 本章小结

本章主要梳理了环境规制对工业绿色发展效率影响的作用机制，并根据影响机理提出理论假设，详细探讨环境规制对长江经济带整体及上、中、下游地区城市工业绿色发展效率的影响效应。主要结论如下：

（1）环境规制主要通过成本约束效应、绿色引导效应、污染扩散效应对绿色发展效率产生影响。短期内环境规制通过成本约束效应加剧企业生产成本、减少企业期望产出进而抑制企业绿色发展能力提升，而在长期能够通过绿色引导效应鼓励企业加强绿色技术创新以提升绿色生产能力。环境规制也会导致企业迁移,将污染转移至周边地区,影响其他地区工业绿色发展内生性。环境规制对工业企业绿色发展能力的影响效应并非呈单一线性态势,或以抑制效应居于主导,或以促进效应居于主导,或具有显著空间溢出效应。

(2) 环境规制对长江经济带整体城市工业绿色发展效率的直接效应呈"U 型"关系,并产生负向溢出效应。环境规制开始以成本约束效应为主,导致传统企业生产成本和污染治理成本上升而控制产能扩张,之后绿色引导效应逐渐凸显,加快工业结构绿色转型升级。其间接效应则显著为负,污染企业向周边地区城市转移,产生的污染扩散效应在长江经济带较为突出。

(3) 环境规制对长江经济带上游地区城市工业绿色发展效率影响的直接效应也呈"U 型"关系,而溢出效应微弱。上游地区城市工业生产技术相对滞后,但绿色发展弹性丰富,工业绿色转型成本较低,经过短期成本上升后能够较快实现工业绿色发展。其间接效应则不显著,上游地区城市环境规制强度相对较弱,难以形成显著的空间溢出效应。

(4) 环境规制对长江经济带中游地区城市工业绿色发展效率影响的直接效应、间接效应均较为消极。中游地区传统高耗能产业根基牢固,工业企业的创新能力较弱,强化环境规制会增加企业的生产成本,大幅降低企业盈利能力,并导致高排放企业向周边地区城市转移,将工业污染转移至其他城市。

(5) 环境规制对下游地区城市工业绿色发展效率影响的直接效应也呈"U 型"关系,而溢出效应则相反。下游地区内部亦存在工业发展差距,环境规制会造成部分难承受生产成本上升的工业企业"关停并转",存在一定的适应期,随后绿色技术引导作用加快凸显。其间接效应则呈"倒 U 型"关系,下游地区转移企业生产技术相对承接地城市仍存在技术优势,产出效率提升大于污染排放成本,但随后逐步实现技术趋同,环境规制带来的污染扩散效应加快显现。

第6章 产业集聚对长江经济带城市工业绿色发展效率的影响研究

集聚作为企业空间布局的基本形态，在带来集聚规模经济的同时也加剧资源能源消耗和污染排放，对区域绿色发展产生显著影响，第2.5节也梳理了产业集聚对绿色发展效率的多种不同影响效应。长江经济带作为国家传统制造业和新兴产业基地，存在着诸多国家级乃至世界级产业集群，且作为巨型经济带，内部上、中、下游地区的主导产业集群差异显著。那么产业集聚对长江经济带城市工业绿色发展效率会产生怎样的影响？是促进工业绿色生产能力提升，还是加剧工业污染扩张？本章将从产业集聚绿色发展效率的影响机理出发，详细探讨产业集聚对长江经济带整体城市、上游地区城市、中游地区城市、下游地区城市绿色发展效率的影响效应。需要再次强调的是，为保证研究口径的一致性，本书研究内容对应的产业集聚均为工业集聚，不包括服务业集聚或工业与服务业协同集聚。

6.1 产业集聚对工业绿色发展效率的影响机理

企业为节省生产成本、交易成本而在一定空间内大规模集聚，获得集聚规模经济，并在持续集聚过程中逐渐消耗周边地区生态环境容量，使工业绿色发展内生性产生变化。其对工业绿色发展效率的作用机理包含以下三种效应：

1. 规模扩张效应

在产业集聚初始阶段，集聚有利于共享道路、厂房、水电等基础设施，节省交通运输成本和交易成本，工业企业基于集聚红利考虑，倾向大幅增加产能，增强企业经济效益。故而企业在利益刺激下加快集聚速率，对劳动力、土地、资源、能源等生产要素的需求加速扩大。由于早期集聚企业一般为技术水平较低的资源密集型和劳动密集型工业企业，资源能源利用效率较为低下，消耗强度与排放强度均处于高位水平，生产过程易产生大量环境废弃物，加大环境负荷，甚至超出资源环境承载能力，使生态环境质量急剧下降。政府为推动经济快速增长，在企业保证税收、经济增长及就业稳定的前提下，也倾向放松环境管制，为企业生产提供便利的生产环境，对企业排污行为干预相对较少，企业生产的私人环境成本低于社会环境成本，产能进一步加大。在产业集聚发展初期，政府和企业偏向将资源更多投入生产领域而非环保领域，清洁生产技术滞后，环境治理能力相对较弱，工业绿色发展内生动力不足（周明生和王帅，2018）。基于此，提出如下研究假设：

H_1：在经济发展初始阶段，产业集聚会加剧低端产能扩张，增加环境污染，对工业绿色发展效率具有抑制效应。

2. 产业协同效应

当产业集聚达到一定程度后，企业间联系已不限于共用共享基础设施，更多体现在生产过程中互联互通，逐渐形成完整的产业链条乃至产业集群，由地理近邻集聚向内生协同关联转变，企业间交流与合作日益频繁，有利于生产技术加速革新并提升产品附加值和绿色竞争力。特别是处于同一产业链条不同环节的工业企业集聚对提升资源能源利用效率极为有利，受益于范围经济与规模经济，上下游配套企业和相关企业发挥集聚合力。“前向关联”企业与“后向关联”企业能够将生产过程的废弃物资源化并加以利用，使得资源能源利用效率大幅提升，推动循环经济体系加快建立，增强工业绿色发展内生动力（杨平宇和陈建军，2018）。产业集聚带来的生产效率提升，使居民收入和生活水平明显改善，在物质需求得到满足的基础上，生态环境需求开始凸显，政府也会从严工业生产环境标准，驱动工业集聚逐渐向绿色生态集聚转变。尽管此时集聚的产能扩张污染效应依然存在，但较之于企业在内在自发、利益驱动、环境管制引导下的绿色集聚动力，产业绿色协同发展效应居于主导地位。基于此，提出如下研究假设：

H_2：在经济发展较为成熟阶段，产业集聚向产业集群转变，企业间形成良性合作关系，有利于增强工业绿色发展内生动力。

3. 梯度转移效应

产业发展存在生命周期，当产业集聚越过一定阶段后，由于人口稠密、交通拥堵、环境污染、资本过剩、资源不足等原因，逐渐由规模经济向规模不经济转变，由外部经济向外部不经济转变，集聚优势逐渐消散，迫使企业向周边地区寻找新的集聚区。且受益于日趋完善的交通硬件基础设施与信息技术网络，地区间经济联系更为密切，在内部利益动机和外部便利条件下，集聚产业开始向周边地区转移。遵循由低端产业转移逐步向绿色产业转移的原则，绿色技术含量较低的劳动密集型和资源密集型工业因盈利能力较弱，较早丧失比较优势，而向周边地区转移，会相应加剧承接地工业污染，削弱绿色发展动力（孔凡斌和李华旭，2017）。随着转出地先进制造业和高技术制造业发展成熟，为寻找新的市场，增强产业竞争力，绿色生产技术较为先进的工业企业也开始向周边地区扩散，推动周边地区生产技术改进革新，带来新的绿色发展动力。基于此，提出如下研究假设：

H_3：企业集聚存在生命周期，会逐步调整集聚策略，对周边地区工业绿色发展产生先抑制后促进的空间效应。

需要强调的是，与第5章探讨环境规制在长江经济带城市工业发展中的环境效应相同，尽管理论分析表明产业集聚对工业绿色发展效率的影响存在先促进后抑制的“U型”关系，但因长江经济带上、中、下游地区之间的异质性存在，不同地区或以不同效应居于主导地位，并非一定是“U型”关系，亦可能会存在单一线性关系，甚至证伪假说。关于产业集聚在长江经济带的绿色发展效应有待下文实证分析给出，上述理论分析为下文研究提供思路框架，理论分析结果与实证分析结果可能不一致。

产业集聚对工业绿色发展效率影响的作用机制见图6-1。

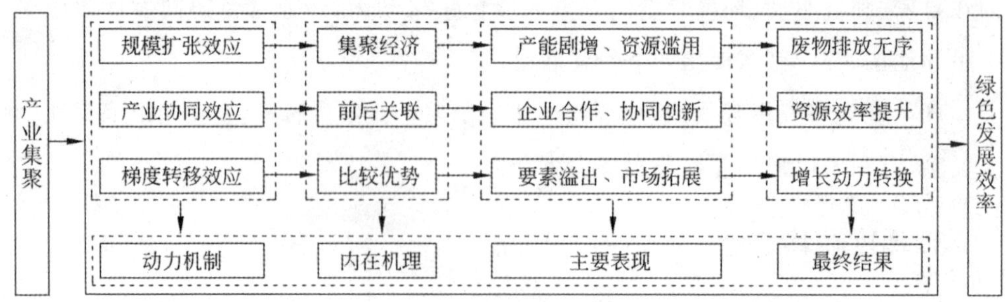

图 6-1　产业集聚对工业绿色发展效率影响的作用机制

6.2　研究方法

6.2.1　模型设定

基于上述理论分析，产业集聚具有区域经济传递效应，对周边地区工业绿色发展可能产生影响，仍然采用空间计量模型分析产业集聚的工业绿色发展效应。因此，参照第 5.2 节做法，构建基准传统线性回归模型、空间滞后模型、空间误差模型、空间杜宾模型，并进行一系列空间效应存在性检验，以确定最优模型。若检验结果表明模型不存在空间效应，则直接使用传统线性模型，若存在空间效应，则确定存在何种空间效应，并进一步分解产业集聚的直接效应与间接效应。检验原则和检验过程不再赘述，这里给出四个模型的具体形式：

① 传统面板回归模型 OLS(不存在空间交互效应)

$$\begin{aligned}\mathrm{EIGD}_{it} = \alpha_i &+ \mathrm{agglomeration}_{it} \cdot \beta_1 + \mathrm{agglomeration}_{it}^2 \cdot \beta_2 + \mathrm{scale}_{it}\beta_3 + \\ &\mathrm{industrialization}_{it} \cdot \beta_4 + \mathrm{technique}_{it} \cdot \beta_5 + \mathrm{revenue}_{it} \cdot \beta_6 + \\ &u_i + v_t + \varepsilon_{it}\end{aligned} \tag{6-1}$$

② 面板空间滞后模型 *SLM*(只存在内生空间交互效应)

$$\mathrm{EIGD}_{it} = \alpha_i + \delta \sum_{j=1}^{110} w_{ij}\,\mathrm{EIGD}_{jt} + \mathrm{agglomeration}_{it} \cdot \beta_1 + \mathrm{agglomeration}_{it}^2 \cdot \beta_2 +$$

$$\text{scale}_{it}\beta_3 + \text{industrialization}_{it} \cdot \beta_4 + \text{technique}_{it} \cdot \beta_5 + \text{revenue}_{it} \cdot \beta_6 + u_i + v_t + \varepsilon_{it} \quad (6\text{-}2)$$

③ 面板空间误差模型 SEM(只存在误差项空间交互效应):

$$\text{EIGD}_{it} = \alpha_i + \text{agglomeration}_{it} \cdot \beta_1 + \text{agglomeration}_{it}^2 \cdot \beta_2 + \text{scale}_{it}\beta_3 + \text{industrialization}_{it} \cdot \beta_4 + \text{technique}_{it} \cdot \beta_5 + \text{revenue}_{it} \cdot \beta_6 + u_i + v_t + \varepsilon_{it} \quad (6\text{-}3)$$

$$\varepsilon_{it} = \lambda \sum_{j=1}^{110} w_{ij}\varepsilon_{jt} + \mu_{it}$$

④ 面板空间杜宾模型 SDM(同时存在内生空间交互效应、误差项空间交互效应)

$$\text{EIGD}_{it} = \alpha_i + \delta \sum_{j=1}^{110} w_{ij}\,\text{EIGD}_{jt} + \text{agglomeration}_{it} \cdot \beta_1 + \text{agglomeration}_{it}^2 \cdot \beta_2 + \text{scale}_{it}\beta_3 + \text{industrialization}_{it} \cdot \beta_4 + \text{technique}_{it} \cdot \beta_5 + \text{revenue}_{it} \cdot \beta_6 + \sum_{j=1}^{110} w_{ij}\,\text{agglomeration}_{jt} \cdot \theta_1 + \sum_{j=1}^{110} w_{ij}\,\text{agglomeration}_{it}^2 \cdot \theta_2 + \sum_{j=1}^{110} w_{ij}\,\text{scale}_{it} \cdot \theta_3 + \sum_{j=1}^{110} w_{ij}\,\text{industrialization}_{it} \cdot \theta_4 + \sum_{j=1}^{110} w_{ij}\,\text{technique}_{it} \cdot \theta_5 + \sum_{j=1}^{110} w_{ij}\,\text{revenue}_{it} \cdot \theta_6 + u_i + v_t + \varepsilon_{it} \quad (6\text{-}4)$$

式(6-1)—(6-4)中,$W=(w_{ij})_{110\times 110}$为空间权重矩阵,$\delta$ 为空间自回归系数,λ 为空间自相关系数,β_1、β_2、β_3、β_4、β_5、β_6 为解释变量回归系数,θ_1、θ_2、θ_3、θ_4、θ_5、θ_6 为解释变量空间滞后项回归系数,u_i 为地区固定效应,v_t 为时间固定效应,ε_{it} 为随机误差项,α_i 为常数项,i 和 t 分别是城市单元和时期。

6.2.2 变量选取

被解释变量:工业绿色发展效率(EIGD)。

核心解释变量:产业集聚(agglomeration)。在理论分析中已表明产业集聚对工业绿色发展效率的影响存在规模扩张效应和产业协同效应,并非单一线性关系,因此在模型中纳入工业集聚的二次型以检验两种效应的存在性及时序性。

控制变量:在探究工业集聚对工业绿色发展效率的作用时,应控制其他相关变量保持不变,即在集聚条件下,纳入其他可能对工业绿色发展产能影响的经济变量。参照已有文献(杨仁发,2015;刘小铁,2017;Zhang et al.,2019),本书主要考虑四项控制变量,一是企业规模(scale),规模较大的工业企业能够承担绿色技术创新风险能力较强,可能有利于工业绿色发展,采用规上工业企业平均年产值(万元/家)衡量,并将其作自然对数化处理以消除数据波动性;二是工业化(industrialization),工业化程度越高,则资源能源消耗总量越大,可能不利于工业绿色发展内生动力提升,采用工业增加值占 GDP 比重(%)衡量;三是技术创新(technique),对技术创新投入越大,越有利于增加工业企业科技创新产出,推动生产技术绿色改造升级,采用科学技术支出占公共财政支出比重(%)衡量;四是企业效益(revenue),盈利能力越强的企业改进生产技术的资本越充分,越是有利于生产技术革新,采用规上工业企业利润率(%)衡量。

6.2.3 数据来源

研究时段仍为 2011—2016 年,数据来源同第 5 章,不再赘述。其中衡量企业规模的规上工业企业平均年产值采用以 2011 年为基期的《中国统计年鉴》工业生产者出厂价格指数平减。空间权重矩阵 W 依然采用基于 queen 临接的 0-1 二元矩阵。相关变量的统计性描述见表 6-1。

表 6-1 主要变量及描述性统计

变量名称	符　号	单位	样本数	最大值	最小值	均值	标准差
绿色发展效率	EIGD	—	660	1.0561	0.1443	0.5528	0.1999
产业集聚	agglomeration	—	660	2.0279	0.5189	1.1716	0.2554
	$agglomeration^2$	—	660	4.1125	0.2693	1.4377	0.5997
企业规模	scale	万元/家	660	11.4028	4.3439	6.2549	1.7186
工业化	industrialization	%	660	0.7203	0.1740	0.4288	0.0953
技术创新	technique	%	660	0.1627	0.0019	0.0192	0.0170
企业效益	revenue	%	660	0.3123	0.0023	0.0647	0.0317

资料来源:根据测算结果及相关统计年鉴与统计公报资料整理。

6.3 实证结果分析

6.3.1 对长江经济带整体城市影响分析

如表6-2所示，从特殊模型到一般模型的检验而言，时间、空间固定效应联合非显著性LR检验统计量分别为82.2528、1179.3515，对应的伴随概率远低于1%的显著性水平，应采用双固定效应传统面板模型作为基准传统模型。双固定效应传统模型的内生空间交互效应、误差项空间交互效应存在性LM检验统计量分别为14.1727、13.4329，均在1%的显著性水平下拒绝原假设，表明两种空间效应同时存在；但其稳健的LM检验统计量分别为0.7522、0.0124，均未通过10%的显著性检验，不能拒绝不存在两种空间效应的原假设。混合传统模型、空间固定效应传统模型、时间固定效应传统模型等其他传统面板模型的LM检验也均显示存在两种空间效应，但稳健的LM检验结果则不统一。在LM检验结果与稳健的LM检验结果不一致的情况下，基于谨慎考虑，应采用考虑两种空间效应的空间杜宾模型SDM分析产业集聚对长江经济带整体城市工业绿色发展效率的影响效应。

表6-2 产业集聚对长江经济带整体城市工业绿色发展效率影响的OLS回归

变　量	混合OLS	时间固定效应	空间固定效应	时空双固定效应
agglomeration	0.6951*** (2.9553)	0.6026 (1.1510)	0.4353 (1.3749)	−0.4975* (−1.8613)
$agglomeration^2$	−0.2762** (−2.1467)	−0.2795** (−2.1901)	0.2318 (0.2530)	0.2360 (1.1208)
scale	0.0029 (0.5270)	0.0115 (0.5705)	0.0027 (1.0808)	−0.0223 (−0.8742)
industrialization	−0.9215*** (−2.6877)	−0.6609 (−0.5082)	−0.6872*** (−4.3270)	1.5046*** (2.6693)
technique	1.1455** (2.4415)	1.1160** (2.3882)	−0.7890* (−1.7058)	−0.7570* (−1.7393)

续表

变　量	混合 OLS	时间固定效应	空间固定效应	时空双固定效应
revenue	−0.1331 (−0.5341)	−0.1600 (−0.6454)	−0.2127 (−1.2634)	−0.2656* (−1.6688)
intercept	0.3557*** (3.0765)			
R^2	0.7337	0.8480	0.8194	0.8406
LogL	137.7992	142.7015	691.2508	732.3772
σ^2	0.0390	0.0383	0.0073	0.0064
LM_spatial_lag	59.1795*** [0.0000]	58.071*** [0.0000]	40.4439*** [0.0000]	14.1727*** [0.0002]
LM_spatial_err	72.5512*** [0.0000]	67.1547*** [0.0000]	38.0384*** [0.0000]	13.4329*** [0.0004]
LM_Rspatial_lag	0.3369 [0.5616]	18.3197*** [0.0000]	2.7547* [0.0970]	0.7522 [0.3858]
LM_Rspatial_err	13.7086*** [0.0002]	27.4034*** [0.0000]	0.3493 [0.5545]	0.0124 [0.9115]
时间固定效应 LR	82.2528*** [0.0000]	空间固定效应 LR	1179.3515*** [0.0000]	

注：括号内为 t 值，中括号内为 p 值；*、**、***分别表示在 10%、5%、1%的显著性水平下显著。

资料来源：根据 MATLAB2017a 运行结果整理。

如表 6-3 所示，从一般模型到特殊模型的检验而言，Hausman 检验统计量为 28.5249，在 1%的显著性水平下拒绝随机效应原假设，应采用时间空间双固定效应面板空间杜宾模型 SDM 作为基准空间模型。内生空间效应存在性的 Wald 检验统计量、LR 检验统计量分别为 18.6158、21.7916，均在 1%的显著性水平下拒绝原假设，表明基准模型不能简化为空间误差模型 SEM；外生空间效应存在性的 Wald 检验统计量、LR 检验统计量分别为 18.4615、20.6091，对应的伴随概率远低于 1%的显著性水平，表明基准模型不能简化为空间滞后模型 SLM。因此模型确实存在空间效应，且两种空间效应同时存在，双固定 SDM 为分析产业集聚对长江经济带整体城市工业绿色发展内生动力影响的最适宜模型。此外，空间滞后模型 SLM 的空间自回归系数、空间误差模型 SEM 的空间自相关系数均在 1%的显著性水平下不为零，也进一步印证了空间杜宾模型 SDM 的科学性。关于产业集聚与控制变量的直接效应、间接效应，详见表 6-4。

表 6-3 产业集聚对长江经济带整体城市工业绿色发展效率影响的空间计量回归

变　量	SDM(双固定)	SLM(双固定)	SEM(双固定)
W·EIGD	0.1625*** (3.1373)	0.1861*** (3.6730)	
agglomeration	−0.0169** (−2.0379)	−0.3295* (−1.7721)	−0.2080** (−2.4726)
$agglomeration^2$	−0.0074 (−0.3272)	0.1667 (0.5079)	0.1085 (0.0632)
scale	−0.0478* (−1.6893)	−0.0330 (−1.1950)	−0.0502* (−1.8218)
industrialization	1.2425** (2.0196)	1.4446** (2.3689)	1.5275** (2.4959)
technique	−0.4724 (−0.9998)	−0.6872 (−1.4593)	−0.6412 (−1.3497)
revenue	−0.2413 (−1.4124)	−0.2638 (−1.5316)	−0.2861* (−1.6899)
W·agglomeration	−1.5602*** (−2.5959)		
W·$agglomeration^2$	0.6268*** (3.3056)		
W·scale	0.0437** (2.3402)		
W·industrialization	0.6128 (0.7018)		
W·technique	−0.8715 (−0.9219)		
W·revenue	0.2355 (0.8265)		
W·u			0.2228*** (4.4102)
R^2	0.8493	0.8444	0.8399
LogL	749.5634	738.6676	739.2589
σ^2	0.0073	0.0075	0.0075

续表

变　　量	SDM(双固定)		SLM(双固定)		SEM(双固定)
Wald_spatial_lag	18.6158*** [0.0049]	LR_spatial_lag	21.7916*** [0.0013]		
Wald_spatial_err	18.4615*** [0.0052]	LR_spatial_err	20.6091*** [0.0022]	Hausman-test	28.5249*** [0.0076]

注：括号内为 t 值，中括号内为 p 值；*、**、***分别表示在 10%、5%、1%的显著性水平下显著。

资料来源：根据 MATLAB2017a 运行结果整理。

产业集聚对长江经济带整体城市工业绿色发展效率影响的直接效应显著为负，不利于增强工业绿色发展内生动力。空间杜宾模型 SDM 中产业集聚直接效应一次项回归系数为－0.0694，在 5%的显著性水平下显著为负，与假设 H_1 相符，而二次项回归系数未通过显著性检验。当前长江经济带工业集聚仍以钢铁、有色金属、石化、纺织等绿色科技含量较低的传统行业为主导，以高能耗、高排放为典型特征。在产业集聚过程中产能扩张需要消耗大量的资源、能源、劳动力等生产要素，产生大量的工业废水、废气、固废，加剧生态环境负荷，以至于突破资源环境承载能力上限，对提升工业绿色发展能力极其不利。由于传统工业基础牢固，存在严重的路径依赖倾向，使得产业集聚的协同效应难以凸显，长江经济带循环经济工业体系尚不健全，无法全面抵消产业集聚的环境负效应，故而产业集聚二次项在 SDM 与 SLM 中符号相反且不显著。长江经济带城市工业集聚的环境负效应整体较为严重，应当进一步培育壮大产业绿色发展新动能，促进工业绿色生态集聚。

产业集聚与其对长江经济带整体城市工业绿色发展效率影响的间接效应呈“U 型”关系，先具有负向抑制作用，后转为正向促进作用。产业集聚间接效应一次项回归系数为－1.7981，在 1%的显著性水平下显著为负，其二次项回归系数为 0.7145，在 1%的显著性水平下显著为正，与假设 H_3 相符。尽管高耗能、高排放型传统工业集聚对生态环境造成的负面影响极大，但能够在短期内迅速推动工业规模增长，带来较好的经济效益。长江经济带地区发展差异巨大，城市发展呈典型的中心-外围空间分布格局，临近欠发达城市工业基础相对薄弱，为加快经济增长，会加快布局技术门槛较低的传统工业，特别是资源开采业、有色金属冶炼、石化加工等行业，刺激周边地区城市形成相近的黑色、褐色产业集群。随着本地区传统工业带来的环境问题逐渐凸显，周边城市存在较强的学习借鉴效应，开始加快工业结构绿色转型，特别是在长江经济带“生态优先、绿色发展”战略要求下，更是加强周边城市对传统高耗能行业的警惕效应，加快培育绿色工业集群。产业集聚对长江经济带整体城市工业绿色发展的空间效应受经济利益和政策导向影响较大，具有较强的绿色警示效应。

控制变量效应。企业规模对长江经济带整体城市工业绿色发展效率影响的直接效应显著为负，而空间溢出效应显著为正，规模较大的企业可以依托市场势力获得一定的垄断利润，绿色技术改进激励不足，偏向拓展周边城市市场并扩散自身生产技术。工业化对长江经济带整体城市工业绿色发展效率具有显著的正向直接效应，空间溢出效应则不明显，长江经济带正在大力推动新型工业化，全面布局清洁低碳循环工业，极大提升工业绿色发展内生性，但绿色发展动能尚不充分不均衡，对周边城市带动作用有限。技术创新、企业效益对长江经济带整体城市工业绿色发展效率影响的直接效应、间接效应均不显著，可能是绿色技术创新投入不足且存在创新要素错配，盈利能力并非影响工业企业绿色生产能力的关键因素，利润率较高的企业可能生产技术较为落后且缺乏改进动力。

表 6-4 产业集聚对长江经济带整体城市工业绿色发展效率影响的直接效应和间接效应

变　量	时间空间双固定 SDM			时间空间双固定 SLM		
	直接效应	间接效应	总效应	直接效应	间接效应	总效应
agglomeration	−0.0694** (−2.1532)	−1.7981*** (−2.7062)	−1.8676** (−2.3840)	−0.3302* (−1.7708)	−0.0723 (−0.7267)	−0.4025 (−0.7709)
agglomeration^2	−0.0227 (−0.1668)	0.7145*** (3.3982)	0.6918*** (2.8812)	0.0626 (0.4682)	0.0335 (0.4426)	0.0961 (0.4675)
scale	−0.0461* (−1.6265)	0.0415* (1.8777)	−0.0046 (−0.1145)	−0.0333 (−1.2382)	−0.0073 (−1.1234)	−0.0407 (−1.2358)
industrialization	1.2706** (1.9969)	0.9172 (0.9194)	2.1879* (1.7675)	1.4805** (2.4559)	0.3241* (1.8957)	1.8046** (2.4303)
technique	−0.5183 (−1.124)	−1.0746 (−0.9808)	−1.5930 (−1.3663)	−0.6868 (−1.4426)	−0.1505 (−1.2716)	−0.8373 (−1.4366)
revenue	−0.2425 (−1.4158)	0.2365 (0.7135)	−0.0060 (−0.0146)	−0.2714 (−1.5138)	−0.0588 (−1.3427)	−0.3302 (−1.5112)

注：括号内为 t 值；*、**、***分别表示在10%、5%、1%的显著性水平下显著；由于空间误差模型SEM不存在内生交互效应 $W \cdot Y$ 和外生空间交互效应 $W \cdot X$，不能对应具体空间理论模型，无法分解出解释变量的空间效应，且扰动项相对较小，一般直接认为其空间溢出效应为0，故未列出SEM的空间效应。

资料来源：根据MATLAB2017a运行结果整理。

6.3.2 对上游地区城市影响分析

如表6-5所示，就从特殊模型到一般模型的检验而言，时间空间固定效应联合非显著性LR检验统计量分别为24.2697、370.8796，均通过1%的显著性检验，表明基准传统模型为双固定模型。然而基准模型内生空间交互效应的LM检验统计量、稳健的LM检验统计量分别为1.0843、1.0764，均未通过10%的显著性检验，不能拒绝原假设；误差项空间交互效应的LM检验统计量、稳健的LM检验统计量分别为0.0207、0.0128，对应的伴随概率更是远大于10%的显著性水平，也无法拒绝原假设。检验结果显示不存在空间交互效应，表明应采用双固定传统模型分析产业集聚对长江经济带中游地区城市工业绿色发展效率的影响效应。但除空间固定效应模型误差项空间交互效应的LM检验外，其他传统模型检验结果均表明两种空间效应同时存在。根据双向检验一致性原则，如果下文基于空间杜宾模型SDM检验亦表明不存在两种空间效应，则双固定传统模型确为最优模型。

表6-5 产业集聚对上游地区城市工业绿色发展效率影响的OLS回归

变　量	混合OLS	时间固定效应	空间固定效应	时空双固定效应
agglomeration	1.8992*** (4.4583)	2.5391*** (3.0353)	0.6841 (1.3878)	−0.6299* (−1.9541)
$agglomeration^2$	−0.4990*** (−3.8098)	−0.5092*** (−3.9248)	0.3015 (0.0080)	0.2988 (1.0353)
scale	0.0029 (0.2537)	−0.0650 (−1.2861)	0.0031 (0.6395)	0.0322 (0.8990)
industrialization	−1.7619** (−2.4211)	−3.3419* (−1.6402)	−1.1035*** (−3.1866)	1.6524* (1.6812)
technique	−2.7659 (−1.0427)	−0.9840 (−0.3460)	0.3117 (0.1246)	0.1583 (0.0658)
revenue	−0.7127* (−1.9286)	−0.8221** (−2.2360)	−0.3655* (−1.6965)	−0.3925* (−1.8950)
intercept	−0.0968 (−0.5337)			
R^2	0.7389	0.7161	0.8543	0.8711
LogL	17.6111	20.1680	193.4910	205.6258

续表

变　　量	混合 OLS	时间固定效应	空间固定效应	时空双固定效应
σ^2	0.0508	0.0492	0.0086	0.0076
LM_spatial_lag	25.0934*** [0.0000]	22.3065*** [0.0000]	4.3341** [0.0374]	1.0843 [0.2977]
LM_spatial_err	19.1091*** [0.0000]	17.0194*** [0.0000]	2.4686 [0.1161]	1.0764 [0.2995]
LM_Rspatial_lag	10.2168*** [0.0014]	8.2787*** [0.0040]	5.6032** [0.0179]	0.0207 [0.8856]
LM_Rspatial_err	4.2325** [0.0397]	2.9916* [0.0837]	3.7376* [0.0532]	0.0128 [0.9101]
时间固定效应 LR	24.2697*** [0.0005]		空间固定效应 LR	370.8796*** [0.0000]

注：括号内为 t 值，中括号内为 p 值；*、**、***分别表示在 10%、5%、1%的显著性水平下显著。

资料来源：根据 MATLAB2017a 运行结果整理。

就从一般模型到特殊模型的检验而言，Hausman 检验统计量为 24.4025，对应的伴随概率远低于 1%的显著性水平，表明应采用双固定 SDM 作为基准空间模型。内生空间交互效应存在性的 Wald 检验统计量、LR 检验统计量分别为 35.0022、38.8439，均在 1%的显著性水平下拒绝原假设；误差项空间交互效应存在性的 Wald 检验统计量、LR 检验统计量分别为 33.6347、37.3688，也都在 1%的显著性水平下显著。检验结果显示两种空间效应同时存在，空间杜宾模型 SDM 无法简化为单一空间效应模型或传统线性模型，这与上文双固定传统线性模型的结果不一致。可以看出，SLM 模型、SEM 模型的空间自回归系数、空间自相关系数分别在 10%、1%的显著性水平下显著，再次印证两种空间效应的存在性。因此本书仍然采用双固定空间杜宾模型 SDM，表 6-6 给出了模型回归结果，产业集聚及控制变量的直接效应、间接效应详见表 6-7。

表 6-6　产业集聚对上游地区城市工业绿色发展效率影响的空间计量回归

变　　量	SDM(双固定)	SLM(双固定)	SEM(双固定)
W · EIGD	0.1339* (1.7339)	0.1380* (1.6851)	
agglomeration	−0.2793** (−2.4174)	−0.6453* (−1.8975)	−0.6170* (−1.8712)

续表

变　量	SDM(双固定)	SLM(双固定)	SEM(双固定)
$agglomeration^2$	0.0500 (0.2599)	0.1710 (0.8180)	0.1909 (0.4403)
scale	0.0096 (0.2460)	0.0208 (0.5338)	−0.0223 (−0.5828)
industrialization	1.6089* (1.6781)	1.8475* (1.7265)	2.4150** (2.3260)
technique	1.8357 (0.7579)	0.1225 (0.0468)	−0.2134 (−0.0824)
revenue	−0.5719*** (−2.6635)	−0.3995* (−1.7715)	−0.4384** (−2.0227)
W · agglomeration	0.1342 (0.1275)		
W · $agglomeration^2$	0.3940 (1.3691)		
W · scale	0.1616*** (3.6627)		
W · industrialization	−3.4047** (−2.1193)		
W · technique	3.8302 (0.7492)		
W · revenue	−0.0507 (−0.1419)		
$W \cdot u$			0.2591*** (3.2873)
R^2	0.8952	0.8725	0.8683
LogL	225.6501	206.2282	206.9657
σ^2	0.0074	0.0090	0.0088

Wald_spatial_lag	35.0022*** [0.0000]	LR_spatial_lag	38.8439*** [0.0000]	Hausman-test	24.4025** [0.0276]
Wald_spatial_err	33.6347*** [0.0000]	LR_spatial_err	37.3688*** [0.0000]		

注：括号内为 t 值，中括号内为 p 值；*、**、***分别表示在 10%、5%、1%的显著性水平下显著。

资料来源：根据 MATLAB2017a 运行结果整理。

表 6-7　产业集聚对上游地区城市工业绿色发展效率影响的直接效应和间接效应

变　量	时间空间双固定 SDM			时间空间双固定 SLM		
	直接效应	间接效应	总效应	直接效应	间接效应	总效应
agglomeration	−0.3096** (−2.4577)	0.1357** (2.1154)	−0.1739** (−2.1205)	−0.6210* (−1.8689)	−0.1016 (−0.6650)	−0.7227* (−1.8597)
$agglomeration^2$	0.0960 (0.3837)	0.4351 (1.3576)	0.5311 (1.2985)	0.1634 (0.7848)	0.1262 (0.6020)	0.2896 (0.7742)
scale	0.0184 (0.4660)	0.1806*** (3.4648)	0.1989*** (3.0337)	0.0195 (0.4913)	0.0032** (2.3843)	0.0226 (0.4840)
industrialization	1.5100* (1.7042)	−3.5483* (−1.9181)	−2.0383* (−1.8955)	1.8428* (1.7352)	0.3025 (1.1243)	2.1453* (1.7172)
technique	2.1096 (0.8737)	4.8495 (0.8490)	6.9591 (1.0645)	0.2979 (0.1141)	0.0523 (0.1054)	0.3502 (0.1150)
revenue	−0.5789*** (−2.6799)	−0.1480 (−0.3854)	−0.7270 (−1.4620)	−0.4108* (−1.7632)	−0.0685* (−1.8370)	−0.4793* (−1.7356)

注：括号内为 t 值；*、**、***分别表示在 10%、5%、1%的显著性水平下显著；由于空间误差模型 SEM 不存在内生交互效应 $W \cdot Y$ 和外生空间交互效应 $W \cdot X$，不能对应具体空间理论模型，无法分解出解释变量的空间效应，且扰动项相对较小，一般直接认为其空间溢出效应为 0，故未列出 SEM 的空间效应。

资料来源：根据 MATLAB2017a 运行结果整理。

产业集聚与其对上游地区城市工业绿色发展效率影响的直接效应呈线性负向关系，存在较强的抑制效应。产业集聚直接效应一次项回归系数为−0.3096，在5%的显著性水平下显著为负，与假设 H_1 相符，二次项回归系数则未通过显著性检验。上游地区工业基础相对薄弱，生产技术较为滞后，集聚产业多为资源密集型和劳动密集型，特别是能源、矿产资源开采开发，易对生态环境造成极大破坏。云贵地区城市大都生态功能重要且生态系统脆弱，难以承受高强度的传统工业发展模式，工业集聚类型及集聚强度并不利于提升上游地区工业绿色发展能力。上游地区工业化程度相对较低，尚未形成较为完整的循环经济产业链条，工业集聚的协同效应较弱，对资源能源的利用效率不高，未能抵消产能扩张和技术滞后所产生的环境负效应。产业集聚在上游地区存在较强的污染效应，有待进一步优化调整工业集聚模式和工业开发强度，以最大程度提升上游地区工业发展的环境正效应。

产业集聚与其对上游地区城市工业绿色发展效率影响的间接效应呈现线性正向关系，能够促进周边城市工业发展能力提升。产业集聚间接效应一次项的回归系数为 0.1357，在 5%的显著性水平下显著为正，二次项回归系数则不显著为正，

与假设 H_3 不符。上游地区工业基础整体较为薄弱，产业转型“历史包袱”相对较小，周边城市意识到粗放型资源型产业集聚存在巨大的环境破坏效应，更加深刻认识到“绿水青山就是金山银山”。加快培育布局节能环保制造业、新材料产业、新能源产业、清洁能源汽车产业等生态工业，推动资源开发与生态修复同步进行，发挥工业集聚的经济效益和生态效益。在“生态优先、绿色发展”战略导向下，上游地区工业集聚发展的生态效益会逐步凸显，对工业绿色发展的正向空间溢出效应将呈加速增强态势，即产业集聚二次项间接效应回归系数正向符号可能转为显著。上游地区存在工业生态集聚后发优势，具备条件跨越工业集聚的负向空间溢出阶段。

控制变量效应。企业规模对上游地区城市工业绿色发展效率不具有显著的直接效应，但存在显著的正向空间溢出效应，上游地区企业规模并非影响企业绿色生产能力的直接因素，但规模较大的企业具备向周边地区拓展市场扩散自身技术的实力。工业化对上游地区城市工业绿色发展效率具有较强的正向直接效应，但空间溢出效应显著为负，尽管当前正在推行的绿色工业化在上游地区取得显著成效，但周边城市对绿色高技术产业的无序竞争与不顾产业基础条件的盲目布局会削弱工业绿色生产能力。技术创新对上游地区城市工业绿色发展效率影响的直接效应、间接效应均不显著，可能是上游地区财政收入有限，对企业绿色技术创新投入不足。企业效益对上游地区城市工业绿色发展效率存在显著的负向直接效应，但空间溢出效应并不明显，上游地区工业企业盈利能力提升，导致缺乏动力改进生产技术并向外拓展市场份额。

6.3.3 对中游地区城市影响分析

如表 6-8 所示，就从特殊模型到一般模型的检验而言，时间、空间固定效应联合非显著性 LR 检验统计量分别为 31.2699、284.0089，均在 1%的显著性水平下拒绝原假设，应采用双固定模型作为基准传统线性模型。内生空间交互效应、误差项空间交互效应存在性的 LM 检验统计量分别为 0.8661、0.0540，均未通过显著性检验，不能拒绝不存在两种空间效应；而稳健的 LR 检验统计量分别为 22.9050、22.0929，均在 1%的显著性水平显著，显示同时存在两种空间效应。稳健的 LM 检验结果更具可靠性，应采用包含两种空间效应的空间杜宾模型 SDM 探究产业集聚对中游地区城市工业绿色发展效率影响效应。其他传统面板模型检验结果各不相同，混合面板模型表明不存在任何空间效应，空间固定效应模型的 LM 检验表明同时存在两种空间效应，但稳健的LM检验表明两种空间效应均不存在，时间固定效应模型的检验结果恰与空间固定效应结果相反，有待下文进一步检验确定最优分析模型。

表6-8　产业集聚对中游地区城市工业绿色发展效率影响的OLS回归

变　量	混合OLS	时间固定效应	空间固定效应	时空双固定效应
agglomeration	−0.6082 (−1.3736)	−2.1881** (−2.2683)	1.4114 (1.2485)	−0.0138 (−0.0094)
$agglomeration^2$	0.2894* (1.6831)	0.7672** (2.1700)	−0.3669 (−0.8254)	−0.0545 (−0.1174)
scale	0.0002 (0.0266)	0.0823** (2.2040)	0.0017 (0.3364)	−0.1120 (−1.5313)
industrialization	−0.5972 (−1.1256)	2.9560 (1.2786)	−0.3991 (−1.2871)	2.3870* (1.7457)
technique	1.4330 (1.5116)	1.2846 (1.3893)	−1.2288* (−1.9100)	−1.2990** (−2.1658)
revenue	0.4610 (0.9951)	0.5684 (1.2516)	−0.0545 (−0.1249)	0.0328 (0.0798)
intercept	1.0577*** (4.7314)			
R^2	0.7697	0.8149	0.7253	0.7623
LogL	73.3190	78.7031	205.0731	220.7080
σ^2	0.0307	0.0291	0.0090	0.0078
LM_spatial_lag	1.4412 [0.2299]	1.4778 [0.2241]	9.9273*** [0.0016]	0.8661 [0.3520]
LM_spatial_err	1.2723 [0.2593]	2.3747 [0.1233]	8.9317*** [0.0028]	0.0540 [0.8163]
LM_Rspatial_lag	0.4043 [0.5249]	4.0403** [0.0444]	1.7098 [0.1910]	22.9050*** [0.0000]
LM_Rspatial_err	0.2353 [0.6276]	4.9372** [0.0263]	0.7141 [0.3981]	22.0929*** [0.0000]
时间固定效应LR	31.2699*** [0.0000]		空间固定效应LR	284.0089*** [0.0000]

注：括号内为 t 值，中括号内为 p 值；*、**、***分别表示在10%、5%、1%的显著性水平下显著。

资料来源：根据MATLAB2017a运行结果整理。

如表6-9所示，就从一般模型到特殊模型的检验而言，Hausman检验统计量为12.3456，对应的伴随概率为0.4995，远大于10%的显著性水平，应采用空间随机效应面板空间杜宾模型SDM作为基准空间模型，基准空间模型并非一定都是双固定效应模型，根据检验结果而定。内生空间效应存在性的Wald检验统计量、LR检验统计量分别为43.6341、38.7289，均在1%的显著性水平下拒绝原假设；误差项空间交互效应存在性的Wald检验统计量、LR检验统计量分别为43.6577、35.4379，也都在1%的显著性水平下拒绝原假设。检验结果显示两种空间效应同时存在，不能简化为空间误差模型SEM、空间滞后模型SLM或双固定传统面板模型。因此，与上文检验结果对比可知，空间随机效应面板空间杜宾模型SDM为分析产业集聚对长江经济带中游地区城市工业绿色发展效率影响效应的最适宜模型。

表6-9　产业集聚对中游地区城市工业绿色发展效率影响的空间计量回归

变　量	SDM(空间随机)	SLM(空间随机)	SEM(空间随机)
W·EIGD	−0.0411** (−2.4316)	0.1399* (1.8345)	
agglomeration	−1.5949* (−1.7055)	−1.8750* (−1.9560)	−1.5678* (−1.6310)
agglomeration^2	0.7622* (1.8280)	0.9166* (1.8825)	0.7485* (1.7281)
scale	0.0212 (0.3776)	0.0954** (2.5685)	0.1136*** (3.1237)
industrialization	1.9271 (1.3879)	2.3778 (1.0350)	1.9088 (0.8206)
technique	−1.4697** (−2.4046)	1.3679 (1.4881)	1.3594 (1.4754)
revenue	0.1942 (0.4875)	0.5105 (1.1308)	0.5149 (1.1197)
W·agglomeration	−9.1852*** (−3.4010)		
W·agglomeration^2	4.1431*** (2.8079)		
W·scale	−0.2993*** (−2.6389)		
W·industrialization	13.8466*** (3.9152)		

续表

变　量	SDM(空间随机)	SLM(空间随机)	SEM(空间随机)
W·technique	−1.6169 (−1.2706)		
W·revenue	−0.5561 (−0.6429)		
$W \cdot u$			0.1989** (2.2160)
R^2	0.7374	0.7260	0.7081
LogL	166.6007	147.23625	148.8818
σ^2	0.0082	0.0287	0.0284

Wald_spatial_lag	43.6341*** [0.0000]	LR_spatial_lag	38.7289*** [0.0000]	Hausman-test	12.3456 [0.4995]
Wald_spatial_err	43.6577*** [0.0000]	LR_spatial_err	35.4379*** [0.0000]		

注：括号内为 t 值，中括号内为 p 值；*、**、***分别表示在10%、5%、1%的显著性水平下显著。

资料来源：根据 MATLAB2017a 运行结果整理。

表 6-10 为产业集聚对中游地区城市工业绿色发展效率影响的直接效应和间接效应。产业集聚对中游地区城市工业绿色发展效率具有显著的“U 型”直接效应，抑制效应在先，增长效应在后。产业集聚直接效应一次项回归系数在 10%的显著性水平显著为负，二次项回归系数则在 10%的显著性水平下显著为正，与假设 H_1 和假设 H_2 相符。中游地区钢铁、有色、建材、化工、纺织、造纸等传统工业在全国占据重要地位，为国家传统制造业基地，传统高耗能产业集聚在稳定中游地区经济增长的同时却加剧产能过剩，极大增加中游地区环境负荷，侵蚀工业绿色发展内生动力。但“十八大”以来，生态文明建设进程加快，“生态优先、绿色发展”战略理念成为工业发展的主线条，中游地区城市在传统制造业基础上加快发展壮大高端装备制造、节能环保制造、新能源、新能源汽车、生物医药等绿色高技术产业，加快传统产业绿色转型升级，推动工业绿色高质量发展。产业集聚逐渐迈向产业集群，资源能源利用效率大幅提升，工业绿色发展内生性显著增强。传统高耗能产业对中游地区工业绿色发展负效应依然存在，但工业绿色发展新动能正逐渐凸显。

表 6-10 产业集聚对中游地区城市工业绿色发展效率影响的直接效应和间接效应

变 量	空间随机 SDM			空间随机 SLM		
	直接效应	间接效应	总效应	直接效应	间接效应	总效应
agglomeration	−1.4974* (−1.6433)	−8.9743*** (−3.103)	−10.4717*** (−3.3652)	−1.8992** (−2.0071)	−0.3130 (−1.0819)	−2.2122** (−1.9631)
agglomeration²	0.7399* (1.7671)	4.0910*** (2.6076)	4.4310*** (2.7343)	0.8189* (1.9523)	0.1532* (1.8262)	0.9722* (1.8868)
scale	0.0243 (0.4315)	−0.2880** (−2.5135)	−0.2637** (−2.0719)	0.0952*** (2.6312)	0.0157 (1.1636)	0.1109** (2.5202)
industrialization	1.7906 (1.2962)	13.5281*** (3.6314)	15.3187*** (4.1547)	2.4224 (1.0291)	0.3939* (1.7363)	2.8163 (1.0223)
technique	−1.4418** (−2.4163)	−1.5271 (−1.2314)	−2.9689** (−2.1946)	1.4028 (1.5655)	0.2343 (0.9305)	1.6370 (1.5203)
revenue	0.2097 (0.5182)	−0.5615 (−0.6504)	−0.3518 (−0.4035)	0.5235 (1.1942)	0.0901 (0.8012)	0.6136 (1.1793)

注：括号内为 t 值；*、**、***分别表示在10%、5%、1%的显著性水平下显著；由于空间误差模型 SEM 不存在内生交互效应 $W \cdot Y$ 和外生空间交互效应 $W \cdot X$，不能对应具体空间理论模型，无法分解出解释变量的空间效应，且扰动项相对较小，一般直接认为其空间溢出效应为0，故未列出 SEM 的空间效应。

资料来源：根据 MATLAB2017a 运行结果整理。

产业集聚对中游地区城市工业绿色发展效率存在"U型"空间溢出效应，先存在高耗能产能扩散效应，后逐渐转为绿色外溢效应。产业集聚间接效应一次项回归系数为−8.9743，在1%的显著性水平下显著为负，二次项回归系数为4.0910，在1%的显著性水平显著为正，与假设 H_3 相符。中游地区培育壮大绿色新动能，原有传统高耗能产能除进行绿色改造升级外，部分盈利能力较弱难以转型的工业企业选择迁移到临近更为落后的城市集聚以延长生命周期。这类企业的能耗水平和污染排放强度偏大，给周边城市生态环境造成巨大压力，也压缩了初始阶段盈利能力较差的绿色新兴产业发展空间。随着中游地区部分核心城市高技术制造业和先进制造业集群逐渐成形，则倾向对周边临近城市扩张，以寻求规模经济和效益最大化，向周边地区城市转移符合当地产业基础的绿色生态工业，增强工业绿色发展内生动力。中游地区城市工业集聚空间溢出效益与自身工业基础与工业增量绿色度紧密相关，具有明显的正相关关系。

控制变量效应。企业规模对中游地区城市工业绿色发展效率不存在显著的直接效应，但具有显著的负向空间溢出效应，规模较大的企业可能为传统高耗能产业，向外扩张产能易造成严重的污染扩散。工业化对中游地区城市工业绿色发展效率影响的直接效应亦不显著，但空间溢出效应显著为正，绿色发展导向的新型工业化与规模扩张型工业化相互作用，对周边地区城市工业化起到了良好的绿色引导作用。技术创新对中游地区城市工业绿色发展效率存在显著的负向直接效应，而空间溢出效应并不明显，中游地区传统高耗能产业比重较大，加大创新资源投入可能延长其生命周期，加剧创新要素配置冗余，低效技术创新无法对周边地区城市工业绿色生产能力产生实质影响。企业效益对中游地区工业绿色发展效率影响的直接效应、间接效应均不明显，利润较高的工业企业可能安于现状而无意愿向外扩张市场。

6.3.4 对下游地区城市影响分析

如表6-11所示，就从特殊模型到一般模型的检验而言，时间、空间固定效应联合非显著性LR检验统计量分别为51.8365、455.4818，对应的伴随概率均远低于1%的显著性水平，表明基准传统线性模型为双固定模型。内生空间交互效应存在性的LM检验统计量、稳健的LM检验统计量分别为0.4874、0.7582，对应的伴随概率均大于10%的显著性水平，未通过显著性检验；误差项空间交互效应存在性的LM检验统计量、稳健的LM检验统计量分别为0.2932、0.5640，也都未通过10%的显著性检验。检验结果表明不存在空间效应，应采用双固定传统线性模型分析产业集聚对下游地区城市工业绿色发展效率的影响效应。其他传统模型检验结果各不相同，混合面板模型、时间固定效应模型的LM检验显示两种空间效应同时存在，而前者稳健的LM检验表明空间效应都不存在，后者稳健的LM检验显示仅存在内生空间交互效应，空间固定效应模型的LM检验、稳健的LM检验均显示两种空间效应同时存在。

表6-11　产业集聚对下游地区城市工业绿色发展效率影响的OLS回归

变　　量	混合OLS	时间固定效应	空间固定效应	时空双固定效应
agglomeration	−0.5844 (−1.1885)	−2.9991*** (−3.0830)	1.2291** (2.1613)	0.0589 (0.0867)
$agglomeration^2$	0.2447 (0.7613)	1.2196 (1.1550)	−0.4454 (−1.4897)	−0.0697 (−0.7945)

续表

变　量	混合 OLS	时间固定效应	空间固定效应	时空双固定效应
scale	−0.0003 (−0.0403)	−0.0439* (−1.6808)	0.0033 (1.0271)	−0.1428*** (−3.0011)
industrialization	−0.4202 (−0.9234)	5.6533** (2.4704)	−0.6128*** (−2.9132)	1.7039* (1.6776)
technique	4.8669*** (7.9927)	5.4221*** (8.3753)	0.4714 (0.7011)	0.5509 (0.8790)
revenue	0.7795 (1.5386)	0.7144 (1.4455)	1.4885*** (3.0031)	1.3686*** (2.9532)
intercept	1.0066*** (3.3881)			
R^2	0.7714	0.3150	0.8672	0.8925
LogL	109.6024	117.2001	319.0228	344.9410
σ^2	0.0247	0.0231	0.0045	0.0036
LM_spatial_lag	10.6693*** [0.0010]	6.2113** [0.0127]	13.4357*** [0.0002]	0.4874 [0.4851]
LM_spatial_err	10.5357*** [0.0012]	3.5941* [0.0580]	18.0127*** [0.0000]	0.2932 [0.5882]
LM_Rspatial_lag	1.3222 [0.2502]	3.5397* [0.0599]	9.3734*** [0.0022]	0.7582 [0.3839]
LM_Rspatial_err	1.1887 [0.2756]	0.9226 [0.3368]	13.9504*** [0.0002]	0.5640 [0.4526]
时间固定效应 LR	51.8365*** [0.0000]		空间固定效应 LR	455.4818*** [0.0000]

注：括号内为 t 值，中括号内为 p 值；*、**、***分别表示在 10%、5%、1%的显著性水平下显著。

资料来源：根据 MATLAB2017a 运行结果整理。

就从一般模型到特殊模型的检验而言，Hausman 检验统计量为 40.4710，对应的伴随概率远低于 1%的显著性水平，应采用双固定面板空间杜宾模型 SDM 作为基准空间模型。内生空间交互效应存在性的 Wald 检验统计量、LR 检验统计量分别为 59.9774、63.9591，均通过 1%的显著性检验；误差项空间交互效应存在性的 Wald 检验统计量、LR 检验统计量分别为 56.9692、63.2221，也都通过 1%的显著性检验。检验结果表明两种空间效应同时存在，空间杜宾模型不能简化为空间误差模型、空间杜宾模型或双固定传统模型。虽然与上文从特殊模型到一般模型的检验结果不同，但是基于两类检验一致性原则，并考虑模型灵活性及拟合度，仍然认为双固定空间杜宾模型 SDM 为探究产业集聚在长江经济带下游地区城市工业绿色发展效应的最佳模型。表 6-12 列出了模型回归主要参数。

表 6-12 产业集聚对下游地区城市工业绿色发展效率影响的空间计量回归

变 量	SDM(双固定)	SLM(双固定)	SEM(双固定)
W · EIGD	−0.0492** (−2.5198)	0.0334 (0.3542)	
agglomeration	0.0953** (2.1364)	0.0415 (0.0557)	0.1896 (0.2548)
agglomeration^2	0.0502 (0.0879)	−0.0269 (−0.7215)	−0.1898 (−0.8071)
scale	−0.1578*** (−3.2678)	−0.1434*** (−2.7507)	−0.1366*** (−2.5921)
industrialization	0.0978 (0.0918)	1.7418 (1.5655)	1.5071 (1.3616)
technique	1.2625* (1.9288)	0.5450 (0.7936)	0.6431 (0.9329)
revenue	1.4337*** (2.9132)	1.3661*** (2.6914)	1.3675*** (2.6808)
W · agglomeration	−3.4010** (−2.5323)		
W · agglomeration^2	0.3006 (0.5596)		
W · scale	−0.0371** (−2.1800)		
W · industrialization	6.0568*** (5.8149)		
W · technique	−3.9774*** (−2.9651)		
W · revenue	−0.8838 (−0.9434)		
W · u			0.1260* (1.7675)
R^2	0.9174	0.8924	0.8924
LogL	376.7465	344.7672	345.1356

续表

变　　量	SDM(双固定)		SLM(双固定)		SEM(双固定)
σ^2	0.0033		0.0044		0.0043
Wald_spatial_lag	59.9774*** [0.0000]	LR_spatial_lag	63.9591*** [0.0000]	Hausman-test	40.4710*** [0.0001]
Wald_spatial_err	56.9692*** [0.0000]	LR_spatial_err	63.2221*** [0.0000]		

注：括号内为 t 值，中括号内为 p 值；*、**、***分别表示在 10%、5%、1%的显著性水平下显著。

资料来源：根据 MATLAB2017a 运行结果整理。

表 6-13 为产业集聚对下游地区城市工业绿色发展效率影响的直接效应和间接效应。产业集聚对下游地区城市工业绿色发展效率存在显著的正向直接效应，表现为持续增长作用。产业集聚直接效应一次项回归系数为 0.1326，在 5%的显著性水平下显著为正，与假设 H_2 相符，二次项回归系数符号则不显著为正。下游地区依托扎实的工业基础和领先的生产技术，工业绿色发展新动能最为充足，已形成高端装备制造、新能源汽车、生物医药制造、信息制造、节能环保制造等多个绿色高技术产业集群，有力支撑下游地区城市工业发展保持强劲的绿色动能，下游地区工业结构低碳绿色化极大促进了工业绿色发展能力稳步提升。当然下游地区城市工业发展差异并未消除，传统高耗能产业仍然占据较大比重，因而工业环境负效应依然存在，产业集聚对工业绿色发展并未起到加速推进作用，而是保持相对稳健的增长效应。下游地区工业绿色发展动能强劲，工业绿色发展优势显著，工业集聚发展有利于加快工业技术创新并提升生产效率，随着“中国制造 2025”深入推进，绿色高技术产业集群将稳固下游地区城市在长江经济带工业绿色高质量发展中的“领头羊”地位。

表 6-13　产业集聚对下游地区城市工业绿色发展效率影响的直接效应和间接效应

变　　量	空间随机 SDM			空间随机 SLM		
	直接效应	间接效应	总效应	直接效应	间接效应	总效应
agglomeration	0.1326** (2.1916)	−3.1731** (−2.5228)	−3.0405** (−2.2917)	0.0530 (0.0731)	0.0037 (0.0466)	0.0567 (0.0748)
$agglomeration^2$	0.0115 (0.0518)	2.2735** (2.5455)	2.2850* (1.6742)	−0.1692 (−0.7289)	−0.0088 (−0.2695)	−0.1781 (−0.7282)

续表

变　量	空间随机 SDM			空间随机 SLM		
	直接效应	间接效应	总效应	直接效应	间接效应	总效应
scale	−0.1615*** (−3.4019)	−0.0276 (−1.1371)	−0.1891*** (−3.7091)	−0.1442*** (−2.7374)	−0.0058 (−0.3562)	−0.1500*** (−2.6508)
industrialization	0.0632 (0.0577)	5.6816*** (5.4421)	5.7448*** (3.9156)	1.7152 (1.5308)	0.0785 (0.3573)	1.7937 (1.5017)
technique	1.3150** (2.0423)	−3.8863*** (−3.0414)	−2.5713** (−2.0013)	0.5592 (0.7662)	0.0276 (0.2762)	0.5869 (0.7631)
revenue	1.4502*** (2.8623)	−0.9063 (−1.0206)	0.5439 (0.5709)	1.3765*** (2.7398)	0.0563 (0.3728)	1.4328*** (2.6406)

注：括号内为 t 值；*、**、***分别表示在 10%、5%、1%的显著性水平下显著；由于空间误差模型 SEM 不存在内生交互效应 $W \cdot Y$ 和外生空间交互效应 $W \cdot X$，不能对应具体空间理论模型，无法分解出解释变量的空间效应，且扰动项相对较小，一般直接认为其空间溢出效应为 0，故未列出 SEM 的空间效应。

资料来源：根据 MATLAB2017a 运行结果整理。

产业集聚对下游地区城市工业绿色发展效率影响的间接效应呈“U 型”关系，抑制效应在前，促进效应在后。产业集聚间接效应一次项回归系数为−3.0405，在5%的显著性水平下显著为负，二次项间接效应系数为 2.2735，则在 5%的显著性水平下显著为正，与假设 H_3 相符。尽管下游地区工业绿色发展态势良好，但依然存在城市发展层次差异，在工业结构升级过程中部分钢铁、化工、有色等高耗能企业转向周边经济增长需求强烈的城市，加强周边城市对传统产能扩张工业发展模式的路径依赖，削弱工业绿色发展潜力。随着下游地区工业发展动能逐渐居于主导地位，在发达的综合立体交通网络和一体化市场下以扬子江城市群为主轴，向周边城市拓展延伸绿色新兴产业链条，传递工业绿色发展动能，推动周边城市工业结构绿色化、智能化、高端化。下游地区产业集聚的工业绿色发展空间效应以工业升级的发展进程为导向，随着工业结构梯度层级稳步向前推进，绿色空间溢出效应逐渐凸显。

控制变量效应。企业规模对中游地区城市工业绿色发展效率存在显著负向直接效应，而间接效应并不明显，在下游地区也表明规模较大的企业缺乏革新生产技术、开发新产品的动力，满足于当前经营状况而不愿对外拓展市场。工业化对中游地区城市工业绿色发展效率影响的直接效应不显著，间接效应则显著为正。下游地区依然存在传统产能对绿色新兴产能的抑制作用，但却存在对周边城市良好的绿色引导作用和传递效应。技术创新对下游地区城市工业绿色发展效率具有显著的正向直接效应，间接效应则显著为负，下游地区城市工业绿色生产技术研发和应用能力处于行业领先水平，可有力支撑工业绿色升级，但存在回波效应，造成周边城市工业绿色发展的技术创新要素支撑不足。企业效益对下游地区城市工业绿色发展效率影响的直接效应显著为正，间接效应不明显。下游地区盈利能力较强的企业偏向投入更多资源改进生产技术和产品附加值，但核心技术具有专用性而不易向外扩散。

6.4　稳健性检验

为保障上文分析结果的可靠性，仍然通过改变空间权重矩阵检验估计结果的稳健性，采用基于各城市政府驻地间距离倒数矩阵替代地理邻接矩阵重新估计产业集聚对长江经济带城市工业绿色发展效率的影响效应。经过 LM、Wald、LR、Hausman 等一系列最优模型检验，最终采用时间空间固定效应面板空间杜宾模型 SDM 检验产业集聚对长江经济带整体城市、上游地区城市、下游地区城市工业绿色发展效率影响效应的一致性，采用空间随机效应面板空间杜宾模型 SDM 检验产业集聚对中游地区城市工业绿色发展效率效应影响效应的一致性。从表 6-14 可以看出，核心解释变量产业集聚一次项、二次项影响效应系数的符号及显著性水平与表 6-4、表 6-7、表 6-10、表 6-13 高度吻合，但控制变量估计系数的显著性水平不及原模型，表明产业集聚的空间效应是更偏向通过地理临近传递，整体可以确保上述分析结果是稳健可靠的。

表 6-14　基于反距离函数空间权重矩阵下产业集聚的直接效应、间接效应与总效应

变　量		整体城市（双固定）	上游地区城市（双固定）	中游地区城市（空间随机）	下游地区城市（双固定）
直接效应	agglomeration	−0.0069** (−2.0156)	−0.4925* (−1.6484)	−1.4612* (−1.7865)	0.2449** (2.1796)
	$agglomeration^2$	−0.0232 (−0.1719)	0.2188 (0.5487)	0.6002* (1.6362)	−0.3408 (−1.0510)

续表

变量		整体城市（双固定）	上游地区城市（双固定）	中游地区城市（空间随机）	下游地区城市（双固定）
直接效应	scale	−0.0240 (−0.8937)	0.0406 (1.0452)	−0.0296 (−0.5139)	−0.1304* (−1.6713)
	industrialization	1.2733** (2.0243)	2.0574* (1.8636)	3.0093** (2.3573)	2.2247 (1.2711)
	technique	−0.3219 (−0.6708)	1.0802 (0.4059)	−1.4112** (−2.2272)	0.9343 (0.5791)
	revenue	−0.1953 (−1.1141)	−0.4391** (−1.9802)	0.2360 (0.5731)	1.0498* (1.8220)
间接效应	agglomeration	−10.0281** (−2.3899)	0.2812** (2.0477)	−17.9568** (−2.0938)	−18.2926** (−2.4097)
	$agglomeration^2$	5.1744** (2.0159)	1.3126 (0.7614)	8.4012* (1.7692)	9.7367** (2.4244)
	scale	0.8834** (2.1126)	0.8254** (2.1845)	−0.2701 (−0.8558)	−0.8663 (−0.3358)
	industrialization	13.8573* (1.7841)	−13.0308 (−1.4280)	30.9142*** (2.8018)	23.0061** (2.4473)
	technique	−2.9038 (−0.8148)	21.3576 (1.0316)	−3.2990 (−1.2217)	−5.7164** (−2.0999)
	revenue	2.7222 (1.0710)	1.6418 (0.9046)	−0.1959 (−0.0567)	2.9688 (0.2997)
总效应	agglomeration	−10.0350** (−2.4237)	−0.2113 (−0.0341)	−19.4180** (−2.2094)	−18.0477 (−0.3941)
	$agglomeration^2$	5.1512** (2.0226)	1.5314 (0.7934)	9.0015* (1.7086)	9.3959** (2.3760)
	scale	0.8593** (2.0392)	0.8660** (2.2067)	−0.2997 (−0.9385)	−0.9966 (−0.3772)
	industrialization	15.1306* (1.9421)	−10.9734 (−1.1621)	33.9235*** (2.9967)	25.2308** (2.4779)
	technique	−3.2257 (−0.8916)	22.4378 (1.0503)	−4.7102* (−1.6815)	−4.7821 (−0.0815)
	revenue	2.5269 (0.9797)	1.2028 (0.6389)	0.0401 (0.0114)	4.0187 (0.3964)

注：括号内为 t 值；*、**、***分别表示在10%、5%、1%的显著性水平下显著。

资料来源：根据 MATLAB2017a 运行结果整理。

6.5 本章小结

本章在梳理产业集聚对工业绿色发展影响的理论作用机制的基础上，采用空间计量模型探究产业集聚对长江经济带城市工业绿色发展效率的影响效应。主要结论如下：

(1) 产业集聚主要通过规模扩张效应、产业协同效应、梯度转移效应对工业绿色发展效率产生作用。规模扩张效应是指产业集聚初期因集聚带来的交易成本减少和规模经济效益，使得企业大规模扩张科技含量较低的工业产能，工业发展处于高能耗、高排放、高收益阶段，未能注重增强工业绿色发展内生性。产业协同效应是指工业集聚到一定阶段时企业间存在紧密的前向关联和后向关联，由集聚向集群发展，构成较为完整的循环产业链条，生产技术创新速率加快，资源能源利用效率大幅提升，工业绿色发展能力显著增强。梯度转移效应是指区域工业在转型升级过程中，先是低端产业会向周边地区转移以延续生命周期，随后高技术产业培育壮大，也会向外拓展市场寻求规模效应，逐步向周边地区传递传统产能和绿色新动能。

(2) 产业集聚对长江经济带整体城市工业绿色发展效率的直接效应呈单一负向关系，而溢出效应则具有阶段性特征。高耗能产业仍为长江经济带集聚规模最大的产业类型，产业集聚加剧低端产能扩张，并导致资源能源消耗和污染排放增加，降低工业绿色发展内生性；其间接效应则呈“U 型”关系，先向周边城市转移低端产能，后在政策引导与自我学习机制下，加快周边城市绿色新动能发展。

(3) 产业集聚对长江经济带上游地区城市工业绿色发展效率也存在单一负向直接效应，溢出效应则表现为较强的学习效应。以矿产、能源资源为代表的资源密集型产业在上游地区占据重要地位，工业集聚造成严重的环境污染和生态破坏，强化粗放工业发展模式路径依赖；而其间接效应显著为正，周边地区城市依托生态资源主动规避污染型工业，得益于工业基础较为薄弱，使得工业生态化转型的历史包袱较轻，甚至从零基础开始发展绿色高技术产业，实现绿色“换道超越”。

(4) 产业集聚对长江经济带中游地区城市工业绿色发展效率产生“U 型”直接

效应和溢出效应。作为全国传统制造业基地，传统高耗能产业为主要集聚产业类型，极大抑制了中游地区城市工业绿色发展能力提升。但随着近年来加快布局绿色高技术制造业和先进制造业，工业集聚的绿色效益逐渐凸显。产业集聚产生的溢出效应也呈"U型"态势，传统工业转型升级导致部分企业流向周边欠发达城市。随着核心城市高技术产业发展壮大，其会再次向周边卫星城市扩散绿色动能。

(5) 产业集聚对长江经济带下游地区城市工业绿色发展效率产生显著的单一正向直接效应，但溢出效应呈现出阶段性。绿色高技术产业已逐渐成为下游地区主导工业集聚类型，产业集聚有利于强化下游地区城市工业绿色发展内生动力。产业集聚产生的空间溢出效应呈"U型"态势，下游地区依然存在地区差异，工业升级过程中部分未被淘汰清理的高耗能工业企业转向周边城市，随着高技术产业培育壮大，逐渐向周边城市扩张，形成绿色高技术产业集聚网络。

第7章 环境规制、产业集聚对长江经济带城市工业绿色发展效率的影响研究

本章主要探讨在产业集聚的调节作用下，环境规制对长江经济带城市工业绿色发展内生动力的影响效应。第5章在分析环境规制对长江经济带城市工业绿色发展效率的影响效应时，已提及过产业集聚所发挥的重要作用。第6章更是专门探讨了产业集聚对后者的影响效应。本章将在此基础上深入分析产业集聚在环境规制影响长江经济带城市工业绿色发展效率中所起到的调节效应。首先梳理分析环境规制、产业集聚联合影响工业绿色发展的内在机理，并在此基础上提出理论假说并构建实证模型，从长江经济带整体城市、上游地区城市、中游地区城市、下游地区城市四个角度，深入探讨环境规制、产业集聚对长江经济带城市工业绿色发展内生性的影响。需要强调的是，本章所关注的焦点问题是探讨产业集聚在环境规制影响长江经济带城市工业绿色发展效率过程中所发挥的调节效应，而非单纯分析环境规制、产业集聚对其的交互影响效应，单纯的交互效应仅代表变量线性对等关系，不利于反映双变量对被解释变量的复杂交互效应。

7.1 环境规制、产业集聚对工业绿色发展效率的影响机理

集聚作为企业布局的基本空间形态，环境规制在规范企业生产和排放活动过

程中与产业集聚存在密切关系，高质量产业集聚有利于发挥环境规制的绿色引导效应，低质量产业集聚则可能导致污染扩散。产业集聚在环境规制作用工业绿色发展效率过程中所发挥的调节效应内在机理可从以下两个方面分析。

1. 黑色刺激效应

当政府提升环境排放标准时，最先受到冲击的为政策目标企业——高排放企业。在产业集聚早期，企业为降低资源、劳动力、产品交通成本而在地理上相互临近，集聚企业主要为对矿产、能源、劳动等要素供给极为敏感的资源密集型和劳动密集型企业。早期企业发展模式较为粗放，主要依托要素驱动，生产技术较为落后，对环境污染废物排放和处理关注较少。由于企业抵抗市场风险和外部冲击的能力较弱，缺乏发展韧性，难以承受因加大环境规制力度而导致的成本上升。企业甚至会因环境规制而提高监管预期，在更高环境规制到来之前，短期内大量扩张产能，使得工业污染治理效果不佳(刘金林和冉茂盛，2015)。为在短期达到环境排放标准，企业不得不强化环境污染末端治理，这必然削减企业长期过程控制的绿色技术创新投入，不利于制造业绿色集聚动能形成。部分高耗能企业直接迁移至污染排放标准较低的欠发达城市，以直接规避环境成本，形成若干个高排放产业高度集聚区和深度污染区。因此，在低质量产业集聚阶段，环境规制可能导致生产成本增加并引起更高生产成本预期，导致有效产能收缩，而黑色高耗能高排放产能过剩且加剧，对工业绿色发展存在加速抑制作用，导致绿色高端产业发展滞后，降低工业绿色发展内生动力。基于此，提出如下研究假设：

H_1：在工业发展处于低质量集聚阶段，环境规制刺激高耗能产能深度集聚，对工业绿色发展存较大的阻碍作用，不利于提升工业绿色发展内生性。

2. 协同创新效应

产业集聚发展到一定阶段后，企业间逐渐建立紧密的生产联系，处于某一产业链的不同生产环节，构成利益共同体，相互关联，相互依存，共生共惠。当提升环境排放标准时，则会进一步强化企业间内生联系，在共同利益驱动下，除购进污染治理设备加大污染末端治理外，还会更多着眼于长远利益。企业联合开展绿色生产技术协同创新，研发应用推广资源能源高效利用的绿色生产技术和生产设备，力求在生产过程中降低工业污染物产生，提高企业生产效率与产品质量(Porter and Linde，1995)。企业在进行绿色技术创新过程中，必然需要大量高素质研发人员作为智力支撑,增强高端人才需求,要求企业加快改善创新环境,搭建协同创新平台,吸引研发创新人才集聚,引致企业绿色转型升级,发展壮大绿色产业集群,增强工业绿色发展内生动力。存量的高耗能企业可以获取绿色产业集群带来的技术外溢,从而加速自身绿色转型升级进程,如无法完成绿色转型升级过程,最终会在市场角逐中因缺乏绿色竞争力而被其他企业淘汰。因此,当产业集聚发展到一定阶段,企业的自组织性增强而具备协同创新能力,环境规制会推动工业企业加快绿色技术创新,促进绿色高端产业集群发育成长成熟,并引导高耗能企业绿色转型或市场出清,使工业发展呈现出强劲的绿色生产能力。基于此,提出如下研究假设:

H_2:在工业发展处于高质量集聚阶段,环境规制可加快绿色技术创新,培育壮大绿色产业集群,增强工业绿色发展内生动力。

产业结构遵循梯度升级规律,在工业低质量集聚阶段,集聚企业生产技术较低,加强环境规制容易加剧企业生产成本,会导致高耗能产业向若干欠发达地区转移。可能会使得污染产业在部分欠发达城市深度集聚,极大削弱工业企业持续发展能力,不能有效降低工业废物排放,造成企业绿色发展内生性不足。在工业高质量集聚阶段,企业间存在紧密生产关系,强化环境规制有利于推动企业协同绿色技术创新,联合进行绿色先进生产技术开发,提升产业集聚清洁度、协同度、创新度,增强企业绿色发展内生动力。因此工业集聚在环境规制影响工业绿色发展内生性过程中可能发挥着“U型”调节作用,但因发展阶段差异,并非能够把调节作用全过程完整展现出来,甚至由于环境规制尚不能有效驱动产业集聚而导致调节作用并不明显。

事实上,在进行调节效应分析前,已有文献表明环境规制可对产业集聚产生显著影响(刘金林和冉茂盛,2015;郝寿义和张永恒,2016;仲伟周等,2017),因而本书考虑过以产业集聚变量作为中介变量,进行中介效应分析,但结果并不理想,产业集聚的中介效应并不明显。一方面可能是由于温忠麟等(2004)提出的中介效应模型只包含解释变量的线性形式,无法讨论非线性关系下的中介效应,另一方面环境规制、产业集聚均可直接影响工业绿色发展,产业集聚对工业绿色发展的间接影响较为微弱(经测算,产业集聚在环境规制影响长江经济带城市工业绿色发展效率中所起到中介效应占比仅为2.41%),产业集聚的环境中介效应不宜着重考虑。因此,本书决定采用调节效应模型分析环境规制、产业集聚对工业绿色发展效率的影响,模型的灵活性更优,对现实情况的模拟程度更高。

环境规制、产业集聚对工业绿色发展效率影响的作用机制见图7-1。

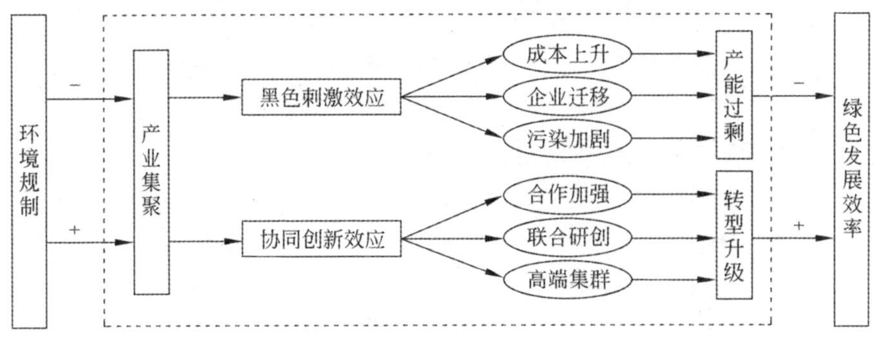

图7-1　环境规制、产业集聚对工业绿色发展效率影响的作用机制

7.2 研究方法

7.2.1 模型设定

本章重点分析环境规制、产业集聚对长江经济带城市工业绿色发展效率的联合影响，单一变量的影响效应不是本章分析的重点，将不再分析产业集聚、环境规制对长江经济带工业绿色发展内生动力的影响的直接效应与空间溢出效应。因此，与第5章、第6章重点探究环境规制、产业集聚单一变量对工业绿色发展效率影响研究的分析思路不同，本章同时考虑滞后期被解释变量的影响，以充分反映工业绿色发展历史信息对当期工业绿色发展内生动力的影响。在模型中逐次纳入环境规制与产业集聚一次项、二次项的交叉项，构建含有两种交互效应的分析模型。在稳健性检验中将采用不包含被解释变量时间滞后项的传统面板线性回归模型作为分析工具。

$$\begin{aligned}\text{EIGD}_{it} = {} & \alpha_i + \text{EIGD}_{i,t-1} \cdot \beta_0 + \text{environment}_{it} \cdot \beta_1 + \text{environment}_{it}^2 \cdot \beta_2 + \\ & \text{economy}_{it} \cdot \beta_3 + \text{technique} \cdot \beta_4 + \text{industrialization} \cdot \beta_5 + \\ & \text{urbanization}_{it} \cdot \beta_6 + \text{opening}_{it} \cdot \beta_7 + \text{revenue} \cdot \beta_8 + \\ & \text{capitallabor} \cdot \beta_9 + u_i + v_t + \varepsilon_{it}\end{aligned} \tag{7-1}$$

$$\begin{aligned}\mathrm{EIGD}_{it} = {} & \alpha_i + \mathrm{EIGD}_{i,t-1} \cdot \beta_0 + \mathrm{environment}_{it} \cdot \beta_1 + \mathrm{environment}_{it}^2 \cdot \beta_2 + \\ & \mathrm{envir\_agglo} \cdot \omega_1 + \mathrm{agglomeration}_{it} \cdot \beta_3 + \mathrm{economy}_{it} \cdot \beta_4 + \\ & \mathrm{technique} \cdot \beta_5 + \mathrm{industrialization} \cdot \beta_6 + \mathrm{urbanization}_{it} \cdot \beta_7 + \\ & \mathrm{opening}_{it} \cdot \beta_8 + \mathrm{revenue} \cdot \beta_9 + \mathrm{capitallabor} \cdot \beta_{10} + \\ & u_i + v_t + \varepsilon_{it}\end{aligned} \tag{7-2}$$

$$\begin{aligned}\mathrm{EIGD}_{it} = {} & \alpha_i + \mathrm{EIGD}_{i,t-1} \cdot \beta_0 + \mathrm{environment}_{it} \cdot \beta_1 + \mathrm{environment}_{it}^2 \cdot \beta_2 + \\ & \mathrm{envir\_agglo} \cdot \omega_1 + \mathrm{envir\_agglo}^2 \cdot \omega_2 + \mathrm{agglomeration}_{it} \cdot \beta_3 + \\ & \mathrm{agglomeration}_{it}^2 \cdot \beta_4 + \mathrm{economy}_{it} \cdot \beta_5 + \mathrm{technique} \cdot \beta_6 + \\ & \mathrm{industrialization} \cdot \beta_7 + \mathrm{urbanization}_{it} \cdot \beta_8 + \mathrm{opening}_{it} \cdot \beta_9 + \\ & \mathrm{revenue} \cdot \beta_{10} + \mathrm{capitallabor} \cdot \beta_{11} + u_i + v_t + \varepsilon_{it}\end{aligned} \tag{7-3}$$

式(7-1)即模型一,为不包含调节效应基准模型;式(7-2)即模型二,为仅包含环境规制与产业集聚一次项的调节效应目标模型;式(7-3)即模型三,为同时包含环境规制与产业集聚一次项、二次项的调节效用目标模型。$\mathrm{EIGD}_{i,t-1}$为解释变量时间滞后一期项,ω_1、ω_2 为交互项回归系数,$\beta_0 \sim \beta_{11}$为解释变量回归系数,u_i 为不可观测的地区特征,v_t 为不可观测的时间特征,ε_{it}为随机误差项,α_i 为常数项,i 和 t 分别是城市单元和时期。

由于将被解释变量滞后期纳入模型,作为内生变量的被解释变量与随机扰动项具有相关关系,导致模型存在内生性问题。若直接利用传统的固定效应模型、随机效应模型进行组内估计或直接采用广义最小二乘 GLS 进行估计会使得估计系数存在一定偏差。而克服内生性的关键在于寻找工具变量替代内生变量,工具变量法和广义矩估计 GMM 是两类较为常用的解决方法。工具变量法未能充分利用所有矩条件,可能会导致估计结果不是最有效的;而 GMM 可以利用滞后的解释变量与被解释变量作为工具变量消除内生性,并控制住未被模型观察到的个体效应,极大提升估计结果一致性和有效性(Arellano and Bond,1991;Arellano and Bover,1995)。故 GMM 被作为克服模型内生性的有效方法而广泛应用于动态面板模型。广义矩估计 GMM 又包括差分广义矩阵估计 DGMM、水平广义矩估计 LGMM、系统广义矩估计 SGMM(简称系统 GMM 或 SGMM),均是适用于时间维度 T 较短而横截面维度 N 较大的短动态面板模型。布伦德尔和邦德(Blundell and Bond,1998)研究表明系统 GMM 的参数估计标准误更小,且能够捕捉不随时间变化的变量系数,估计结果更为有效。但系统 GMM 需满足两个前提条件:随机扰动项

$\{\varepsilon_{it}\}$不存在自相关，个体效应 u_i 与被解释变量时间滞后差分项$\{\Delta y_{i,t-1},\Delta y_{i,t-2},\cdots\}$不相关。学术界尤为重视第一个前提条件是否满足，主要通过扰动项一阶差分的二阶自相关检验 AR(2)识别判断。如果扰动项差分项存在一阶自相关，且不存在二阶自相关，则说明随机扰动项不存自相关。第二个前提因缺乏操作性而关注较少。由于系统 GMM 使用了较多的工具变量，须保证所有工具变量都是有效的，主要通过 Sargan 检验实现，原假设 H_0 为所有工具变量有效；如果不拒绝原假设，则认为工具变量有效。

7.2.2 变量选取

被解释变量：工业绿色发展效率(EIGD)。

核心解释变量：环境规制、产业集聚的交互项(envir_agglo)。为探究产业集聚在环境规制对工业绿色发展效应影响过程中"U型"调节效用是否存在，同时纳入交互项二次项($envir\_agglo^2$)。此外，由于在第5章、第6章探讨环境规制、产业集聚对工业绿色发展效率的单一影响效应分析中并未介绍被解释变量的时间滞后期效应。因此，将滞后一期的被解释变量(l.EIGD)视为准核心解释变量作重点分析。

控制变量：本章分析是基于第5章、第6章，因此仍旧采取前两章选用的控制变量。由于在第6章分析过程中，企业规模(scale)对长江经济带城市工业绿色发展效率影响较弱，因此剔除该控制变量以增加模型自由度。故最终采用经济发展(economy)、技术创新(technique)、工业化(industrialization)、城镇化(urbanization)、对外开放(opening)、企业效益(revenue)、要素禀赋(capitallabor)等七个变量作为本章控制变量，由于控制变量对被解释变量的影响效应在第5章、第6章中已作详细阐述，本章不再赘论。

7.2.3 数据来源

研究时段仍为2011—2016年，控制变量基础数据来源同第五章。工业绿色发展效率取自第4.2.3节，工业环境规制强度取自第4.2.1节，工业集聚水平取自第4.2.2节。为降低数据描述的重复度，本章仅列出重要变量的相关统计信息，不再列出控制变量数据信息。主要变量及描述性统计见表7-1。

表 7-1 主要变量及描述性统计

变量名称	符　号	单位	样本数	最大值	最小值	均值	标准差
绿色发展效率	EIGD	—	660	1.0561	0.1443	0.5528	0.1999
	l.EIGD	—	550	1.0561	0.1443	0.5580	0.2031
环境规制	environment	—	660	0.9959	0.0393	0.7633	0.1663
	envirmonment^2	—	660	0.9918	0.0015	0.6102	0.2145
交叉项	envir_agglo	—	660	1.8077	0.0266	0.9034	0.2900
	envir_agglo^2	—	660	3.3010	0.0180	1.1153	0.5349
产业集聚	agglomeration	—	660	2.0279	0.5189	1.1716	0.2554
	agglomeration^2	—	660	4.1125	0.2693	1.4377	0.5997

资料来源：根据测算结果整理。

7.3 实证结果分析

7.3.1 对长江经济带整体城市影响分析

模型一为不包含环境规制、产业集聚交互项的基准模型；模型二仅包含环境规制与产业集聚一次项交互项，用以检验产业集聚的线性调节效应；模型三则同时包含环境规制与产业集聚一次项、二次项的交互项，用以检验产业集聚的“U 型”调节效应。如表 7-2 所示。模型一至模型三的 Wald 检验统计量分别为 103.54、101.67、106.81，对应的伴随概率均远低于 1%的显著性水平，表明三个模型均相当显著。扰动项差分项一阶自相关 AR(1)的 Z 检验统计量分别为－3.6694、－3.6805、－3.6399，均在 1%的显著性水平下显著，而二阶自相关 AR(2)的 Z 检验统计量分别为 0.1275、－0.0799、－0.2298，均未通过显著性检验，显示仅存在一阶自相关，表明随机扰动项不相关假设成立。工具变量有效性的 Sargan 检验统计量分别为 15.4365、15.3975、13.9496，均不能拒绝原假设，表明工具变量均有效，不存在过度识别问题。因此，系统 GMM 可以作为分析环境规制、产业集聚对长江经济带整体城市工业绿色发展联合影响的分析工具。

表 7-2　环境规制、产业集聚对长江经济带整体城市工业绿色发展效率影响的 SGMM 回归

变量/模型	模型一	模型二	模型三
l.EIGD	0.5685*** (5.9282)	0.5377*** (4.9667)	0.5397*** (5.1597)
environment	−0.5047*** (−2.9775)	−0.5261*** (−2.9760)	−0.5021*** (−2.7905)
$environment^2$	0.5122*** (3.2030)	0.5292*** (3.1895)	0.5220*** (3.1200)
envir_agglo		0.0254 (0.4324)	−3.7544** (−2.1711)
agglomeration		−0.2797 (−0.8827)	−6.8505* (−1.6466)
$envir\_agglo^2$			1.2530** (2.5760)
$agglomeration^2$			3.4379* (1.9115)
economy	0.2472** (2.3121)	0.3508** (2.5635)	0.3423** (2.8548)
technique	−1.0772 (−0.8979)	−1.0168 (−0.8412)	−0.8710 (−0.7467)
industrialization	0.1374 (0.6637)	0.3664 (1.3097)	0.4197 (1.5671)
urbanization	−0.5327 (−1.1645)	−0.8122 (−1.5907)	−0.8081* (−1.8352)
opening	0.5487 (1.5410)	0.4993 (1.4058)	0.6153* (1.6895)
revenue	−0.0591 (−0.1748)	−0.0431 (−0.1315)	0.0243 (0.0715)
capitallabor	0.0297 (1.2602)	0.0328 (1.4103)	0.0545** (2.1459)
intercept	−2.1967** (−2.3623)	−2.9477*** (−2.6348)	−1.3293 (−0.8432)
Wald 检验	103.54*** [0.0000]	101.67*** [0.0000]	106.81*** [0.0000]
AR(1)	−3.6694*** [0.0002]	−3.6805*** [0.0002]	−3.6399*** [0.0003]

续表

变量/模型	模型一	模型二	模型三
AR(2)	0.1275 [0.8985]	−0.0799 [0.9363]	−0.2298 [0.8182]
Sargan 检验	15.4365 [0.2809]	15.3975 [0.2832]	13.9496 [0.3774]
样本量	550	550	550

注：括号内为 z 值，中括号内为 p 值；*、**、***分别表示在10%、5%、1%的显著性水平下显著。

资料来源：根据 Stata15.1 运行结果整理。

长江经济带整体城市工业绿色发展能力提升存在动态持续性，前期工业绿色发展能力积累对增强当期工业绿色发展内生动力带动作用明显。模型一至模型三的被解释变量一阶时间滞后项回归系数分别为 0.5685、0.5377、0.5397，均在 1%的显著性水平下显著，表明长江经济带城市工业绿色发展具有动态持续性和历史累积性，存在自我强化效应，前期获取的工业绿色发展经验构成当期工业绿色发展基础，支撑当期工业绿色发展深入推进。

产业集聚在环境规制影响长江经济带整体城市工业绿色发展效率过程中的确发挥着"U 型"调节作用，在低质量集聚阶段发挥着负向调节作用，在高质量集聚阶段发挥着正向调节作用。模型一中环境规制与产业集聚一次项的交互项回归系数不显著，说明单一线性调节作用不存在；而模型三中环境规制与产业集聚一次项、二次项的交互项回归系数均在 5%的显著性水平下显著，且前者符号为负，后者符号为正，表明"U 型"调节作用较为明显，符合假设 H_1 与假设 H_2。低技术含量的高耗能产业在长江经济带工业集聚经济形态中占据重要地位，面临环境排放标准提升时，倾向消极应对而转移至部分欠发达地区城市而形成污染深度集聚区，未能有效化解低端过剩产能，易扩大工业绿色发展内生动力的地区差距。但 2016 年以来在长江经济带"生态优先、绿色发展"战略定位要求下，加快绿色新动能培育壮大，高端装备制造、新材料、新能源、新能源汽车、生物医药等高技术产业集群逐渐成形，提升环保标准则进一步刺激集群协同创新效应，推动绿色环保产业发展，压缩高耗能产业发展空间，增强工业绿色发展内生动力。环境规制、产业集聚对长江经济带整体城市工业绿色发展存在显著的交互效应，且呈现出典型的阶段性特征。

7.3.2 对上游地区城市影响分析

如表7-3所示，模型一至模型三的Wald检验统计量分别为252.90、584.62、543.76，均在1%的显著性水平下显著，表明所有模型均是显著的。随机扰动项一阶差分项自相关AR(1)的Z检验统计量分别为−2.2787、−2.3727、−2.5613，均在5%的显著性水平下拒绝原假设，二阶差分项自相关AR(2)的Z检验统计量分别为−0.6017、−0.4135、−0.3882，均未通过10%的显著性检验，二者联合表明随机扰动项不存在自相关。工具变量有效性的Sargan检验统计量分别为18.2184、15.5966、15.5446，对应的伴随概率均大于10%的显著性水平，表明所有工具变量均有效。故而满足模型显著性、随机扰动项不相关、工具变量有效的三个适用条件，系统GMM模型可分析环境规制、产业集聚对长江经济带上游地区城市工业绿色发展效率交互影响。

表7-3 环境规制、产业集聚对上游地区城市工业绿色发展效率影响的SGMM回归

变量/模型	模型一	模型二	模型三
l.EIGD	0.3213*** (7.2758)	0.3177*** (6.5552)	0.3455*** (5.9949)
environment	−0.1589 (−1.1442)	−0.4144* (−1.7143)	−0.5716 (−1.6042)
$environment^2$	0.1635 (1.1196)	0.4468* (1.6841)	0.5895 (1.5917)
envir_agglo		0.0172 (0.2772)	−1.3007 (−0.7473)
agglomeration		0.1932 (0.4381)	−2.7049 (−0.7781)
$envir\_agglo^2$			0.5677 (0.6504)
$agglomeration^2$			1.3335 (0.8118)
economy	0.3694*** (2.6437)	0.2195 (1.4772)	0.1173 (0.7029)
technique	−5.5435*** (−2.7074)	−4.3296** (−2.1636)	−4.0692** (−2.0953)

续表

变量/模型	模型一	模型二	模型三
industrialization	0.5728*** (3.0114)	0.0628 (0.1083)	0.0707 (0.1454)
urbanization	−0.4415 (−0.5635)	−0.0735 (−0.1124)	0.6199 (0.7618)
opening	−0.6831 (−1.0254)	−0.1468 (−0.2343)	0.0417 (0.0660)
revenue	−0.2506 (−1.2969)	−0.2617 (−1.5694)	−0.1866 (−1.2679)
capitallabor	0.0248* (1.7821)	0.0137* (0.8302)	0.0040 (0.2013)
intercept	−3.4235*** (−3.3413)	−2.0480* (−1.7178)	−0.4484 (−0.2909)
Wald 检验	252.90*** [0.0000]	584.62*** [0.0000]	543.76*** [0.0000]
AR(1)	−2.2787** [0.0227]	−2.3727** [0.0177]	−2.5613** [0.0104]
AR(2)	−0.6017 [0.5474]	−0.4135 [0.6792]	−0.3882 [0.6979]
Sargan 检验	18.2184 [0.1494]	15.5966 [0.2710]	15.5446 [0.2746]
样本量	165	165	165

注：括号内为 z 值，中括号内为 p 值；*、**、***分别表示在10%、5%、1%的显著性水平下显著。

资料来源：根据Stata15.1运行结果整理。

上游地区城市工业绿色发展效率提升亦存在正反馈自我强化机制，前期工业绿色发展积累可增强当期工业绿色发展能力。模型一至模型三的内生解释变量工业绿色发展效率一阶时间滞后项回归系数分别为0.3213、0.3177、0.3455，均在1%的显著性水平下显著，工业绿色生产能力具有明显的延续性。当然这种绿色发展累积提升效用与长江经济带整体城市的仍存在较大差距，可能是由于上游地区城市工业绿色发展的要素禀赋较少所致。

产业集聚在环境规制影响上游地区城市工业绿色发展效率过程中并未产生显著的调节效用，环境规制、产业集聚尚未形成足够的交互效应。模型二中环境规制与产业集聚一次项的交互项回归系数，模型三中环境规制与产业集聚一次项、二次项交互项回归系数，均未通过10%的显著性检验，二者的交互作用微弱。主要原因在于上游地区城市存在较强的经济增长激励，工业环境规制强度较低，模型一和模型三中环境规制变量回归系数并不显著，不足以对工业企业生产和布局产生显著影响，无法释放产业集聚的环境调节效应。第4.2.1节中已反映出上游地区城市工业环境治理力度最弱，长江经济带城市工业环境规制重心进一步向中、下游地区转移，但第4.2.2节却反映出上游地区城市工业集聚能力不断增强，大规模承接下游地区劳动密集型和资源密集型产业。在此种能势对比格局下，环境规制对工业集聚影响微弱，工业集聚也难以在环境规制影响工业绿色发展过程中起到实质性调节作用。上游地区城市需加大工业环境治理力度，促进工业生态集聚，发挥绿色协同创新带动作用，以提升环境规制、产业集聚对工业绿色发展的正向联合影响效应。

7.3.3 对中游地区城市影响分析

如表7-4所示，模型一至模型三的Wald检验统计量分别为170.03、181.57、328.20，均在1%的显著性水平下拒绝原假设，表明模型是显著的，各解释变量联合起来对被解释变量存在显著影响。随机扰动项差分项一阶自相关AR(1)的Z检验统计量分别为−2.7389、−2.6975、−2.5131，均在5%的显著性水平下显著，而二阶自相关AR(2)的Z检验统计量分别为0.3826、0.0604、−0.1207，对应的伴随概率均大于10%的显著性水平，表明原随机扰动项不存在自相关。工具变量有效性的Sargan检验统计量分别为17.4131、19.5056、16.7067，均未通过10%的显著性检验，不能拒绝所有工具变量均有效的原假设。故模型显著性、随机扰动项不相关、工具变量有效性检验均通过，系统GMM适宜分析环境规制、产业集聚对中游地区城市工业绿色发展效率影响。

表7-4 环境规制、产业集聚对中游地区城市工业绿色发展效率影响的SGMM回归

变量/模型	模型一	模型二	模型三
l.EIGD	0.8805*** (8.9371)	0.8483*** (7.5915)	0.6532*** (5.8060)
environment	−0.2547 (−1.4982)	−0.1269 (−0.8163)	−0.2832* (−1.6466)

续表

变量/模型	模型一	模型二	模型三
$environment^2$	0.2706* (1.7805)	0.1066 (0.7596)	0.2448 (1.5691)
envir_agglo		−0.2633** (−2.4426)	5.0291 (0.8965)
agglomeration		0.6128 (1.2158)	−2.1118 (−0.2336)
$envir\_agglo^2$			−1.8175 (−1.6122)
$agglomeration^2$			−4.5056 (−0.3790)
economy	0.2408 (1.3130)	0.5002** (2.5647)	0.1149 (0.6345)
technique	−4.1533* (−1.8927)	−3.0836 (−1.4084)	−2.3290 (−1.4170)
industrialization	−1.4278*** (−4.2828)	−0.2219 (−0.3845)	−0.5968 (−1.0059)
urbanization	−0.7940 (−0.7855)	−0.9034 (−0.9080)	1.0190 (1.0763)
opening	1.9106** (2.1746)	1.1016 (1.2372)	2.2748** (2.4384)
revenue	0.6086** (2.5494)	0.5782* (1.7032)	0.1208 (0.6706)
capitallabor	−0.0926*** (−3.5989)	−0.0685*** (−2.8864)	−0.0867*** (−3.4391)
intercept	−1.0481 (−0.7567)	−4.5347*** (−2.6375)	1.4783 (0.4704)
Wald 检验	170.03*** [0.0000]	181.57*** [0.0000]	328.20*** [0.0000]
AR(1)	−2.7389*** [0.0062]	−2.6975*** [0.0070]	−2.5131** [0.0120]
AR(2)	0.3826 [0.7020]	0.0604 [0.9519]	−0.1207 [0.9039]

续表

变量/模型	模型一	模型二	模型三
Sargan 检验	17.4131 [0.1811]	19.5056 [0.1082]	16.7067 [0.2131]
样本量	180	180	180

注：括号内为 z 值，中括号内为 p 值；*、**、***分别表示在10%、5%、1%的显著性水平下显著。

资料来源：根据Stata15.1运行结果整理。

中游地区城市工业绿色发展效率亦存在持续累积性，前期绿色发展成效对当期工业绿色发展能力提升存在强烈的推动作用。模型一至模型三的工业绿色发展效率时间滞后一期项分别为0.8805、0.8483、0.6532，对应的伴随概率远低于1%的显著性水平，具有极强的绿色累积效应，远大于长江经济带整体城市平均水平。中游地区创新资源总量相对丰富，特别是因高效和科研院所带来的人力资本优势，有利于积累并强化工业绿色发展经验，驱动当期工业绿色生产能力提升。

产业集聚在环境规制影响中游地区城市工业绿色发展效率过程中存在单一负向调节作用，不利于发挥环境规制的绿色引导作用。模型三中环境规制与产业集聚一次项、二次项的交互项均未通过显著性检验，表明中游地区不存在“U型”调节效应；而模型二中环境规制与产业集聚交互项回归系数为−0.2633，在5%的显著性水平下显著，呈现出较强的负向交互效应，与假设 H_1 相符。在“生态优先、绿色发展”战略定位下，尽管中游地区在化解过剩产能、培育绿色发展新动能方面成效显著，但仍为传统制造业重点集聚区，钢铁、化工、冶金、造纸等“两高一剩”产业规模庞大。加强工业环境治理，深度调整产业结构，必然需要经历一定的阵痛期，高能耗工业企业在短期内不易被市场出清，特别是在科技创新效率不高、高素质人才流失、经济增长动机较强的中游地区。环境规制易导致中游地区城市高耗能企业迁移，引发黑色刺激效应，产业集聚度提升，工业排放临近资源环境承载能力上限，工业污染环境问题难以有效根治，削弱工业绿色发展内生性，使得环境规制、产业集聚对工业绿色发展效率提升具有较强的负向联合影响。

7.3.4 对下游地区城市影响分析

如表7-5所示，模型一至模型三的Wald检验统计量分别为250.19、323.68、477.07，均在1%的显著性水平下显著，表明模型是显著的。随机扰动项差分项一阶自相关 AR(1)的 Z 检验统计量分别为 4.0244、3.6843、3.4857，对应的伴随概率均远低于 1%的显著性水平，而二阶自相关 AR(2)的 Z 检验统计量分别为 0.2650、0.2988、0.2429，未通过 10%的显著性检验，表明原随机扰动项不存在相关。工具变量有效性的 Sargan 检验统计量分别为 26.0459、22.5292、24.7356，均未通过 10%的显著性检验，不能拒绝所有工具变量均有效的原假设，不存在过度识别问题。因此，系统 GMM 满足模型显著性、扰动项无自相关、工具变量有效性，可以用于分析环境规制、产业集聚对下游地区城市工业绿色发展效率影响的联合影响。

表 7-5　环境规制、产业集聚对下游地区城市工业绿色发展效率影响的 SGMM 回归

变量/模型	模型一	模型二	模型三
l.EIGD	0.1772*** (3.1316)	0.0333* (1.6476)	0.0232** (2.4630)
environment	−1.6670*** (−2.7934)	−1.3818** (−2.0314)	−1.5593** (−2.3824)
$environment^2$	1.1958*** (3.0276)	1.0811** (2.3011)	1.2022*** (2.6588)
envir_agglo		−0.2139*** (−3.6027)	−7.2184* (−1.9493)
agglomeration		0.8089*** (2.6551)	−18.0256** (−2.0240)
$envir\_agglo^2$			3.3581* (1.7128)
$agglomeration^2$			9.9263** (1.9977)
economy	0.0086 (0.1303)	−0.1022 (−1.3735)	−0.0985 (−1.3593)
technique	0.2428 (0.4447)	2.7163*** (3.0486)	2.9024*** (3.2431)
industrialization	−0.2971* (−1.6977)	0.2372 (1.0607)	0.4494* (1.8762)
urbanization	0.2253 (0.7785)	0.8105*** (2.6594)	0.8033** (2.5566)
opening	0.9188*** (2.8822)	0.4628 (1.5744)	0.4923* (1.7033)
revenue	1.8536*** (5.3469)	2.2860*** (7.3157)	2.0782*** (7.1530)

续表

变量/模型	模型一	模型二	模型三
capitallabor	0.1387*** (9.1923)	0.1539*** (8.8349)	0.1445*** (9.2832)
intercept	0.1676 (0.2872)	−0.0159 (−0.0320)	6.5373** (2.0807)
Wald 检验	250.19*** [0.0000]	323.68*** [0.0000]	477.07*** [0.0000]
AR(1)	4.0244*** [0.0001]	3.6843*** [0.0002]	3.4857*** [0.0005]
AR(2)	0.2650 [0.7910]	0.2988 [0.7651]	0.2429 [0.8081]
Sargan 检验	26.0459 [0.1643]	22.5292 [0.3125]	24.7365 [0.2117]
样本量	205	205	205

注：括号内为 z 值，中括号内为 p 值；*、**、***分别表示在 10%、5%、1%的显著性水平下显著。

资料来源：根据 Stata15.1 运行结果整理。

下游地区城市工业绿色发展动态持续性仍然存在，但前期工业绿色发展的累积效应较为弱小。模型一至模型三被解释变量时间滞后一期的回归系数分别为 0.1772、0.0333、0.0232，虽然都在 10%的显著性水平下显著，但绝对效应远低于中游、上游地区城市。下游地区城市产业结构逐渐向服务化转型，重点发展壮大现代服务业，可能对工业绿色发展经验积累关注不够，且工业绿色生产技术处于领先地位，绿色创新要素充裕，技术更新速度较快，当期要素投入和生产技术即可驱动当期工业绿色发展。

产业集聚在环境规制影响下游地区城市工业绿色发展效率过程中亦发挥着“U 型”调节作用，抑制作用在前，促进作用在后。模型二中环境规制与产业集聚一次项的交互项回归系数为−0.2139，在 1%的显著性水平下显著，模型三中环境规制与产业集聚一次项、二次项回归系数分别为−7.2184、3.3581，分别在 10%、5%的显著性水平下显著，表明“U 型”调节作用显著存在，与假设 H_1、假设 H_2 相符。下游地区城市产业集聚的调节效应转折点在 1.0748，而长江经济带整体城市产业集聚对环境规制的调节效应转折点在 1.4982，前者要明显快于后者。尽管下游地区太湖流域及皖江城市带“化工围城围江”压力依然存在，但下游地区城市工业绿色发展内生动力最为充分，绿色高技术产业集群已逐渐成熟壮大。强化环境规制会推动下游地区工业进一步迈向以绿色化、智能化、集聚化为典型特征的高质量发展阶段，依托强大的集群协同创新能力，推动传统工业绿色转型升级，加快高排放行业产能市场出清。虽然下游地区产业结构向服务化转型，但是工业发展质量依然处于全国领先水平，传统工业和战略性新兴工业均形成较为完整的产业链条。因为环境规制有利于增强集群协同创新能力，推动工业绿色高质量发展，所以环境规制、产业集聚对下游地区城市工业绿色发展能力提升的联合效应显著，以绿色协同创新效应居于主导地位。

7.4 稳健性检验

与第 5 章、第 6 章不同，本章的环境规制、产业集聚交互效应未涉及空间溢出效应，因此将不再通过变化空间权重矩阵检验上述分析结果的可靠性，本章主要进行研究样本稳健性和模型稳健性分析。考虑到大城市要素集聚能力远高于一般城市，工业绿色发展能力较为突出，可能在研究中代表性不够充分。城市规模一般与城市行政权力紧密相关，高行政级别的城市具有更大的财税自主权，更能依托行政权力优先进行要素配置，获得更强的产业发展要素集聚能力。因此，为保证研究结论的一般性，剔除非普通地级市的城市，主要有上海、重庆两大直辖市，以及南京、杭州、宁波、武汉、成都五大副省级城市（苏州市规模较大，也被剔除），分析环境规制、产业集聚对长江经济带普通地级市工业绿色发展效率的联合影响效应，结果见表 7-6。可以看出，主要回归系数与前文基本相同，差异主要体现在被解释变量时间滞后一期项，绿色发展累计效应略低于包含有高行政级别城市的回归结果，但符号方向均保持高度一致性。仅下游地区城市的动态持续性为负向，但其系数绝对值微小且不显著，所以并不影响结果。

表 7-6　环境规制、产业集聚对长江经济带地级市工业绿色发展效率影响的 SGMM 回归

变量/模型	整体城市	上游地区城市	中游地区城市	下游地区城市
l.EIGD	0.4106*** (3.8857)	0.2985*** (7.8029)	0.7035*** (5.9559)	−0.0307 (−0.9053)

续表

变量/模型	整体城市	上游地区城市	中游地区城市	下游地区城市
environment	−0.4940*** (−2.8098)	−0.3265 (−1.1309)	−0.2112 (−1.2702)	−1.9129*** (−3.5414)
environment^2	0.4918*** (3.0492)	0.3346 (1.0805)	0.1847 (1.1858)	1.4564*** (4.0194)
envir_agglo	−3.0518* (−1.7893)	−1.4398 (−0.8760)	10.5486 (1.0954)	−7.4445* (−1.7796)
agglomeration	−5.7113 (−1.4421)	−2.7861 (−0.8589)	7.3054 (0.8637)	−18.6523 (−1.3150)
envir_agglo^2	1.2080** (2.0800)	0.7800 (0.7912)	−5.2391*** (−2.9279)	3.3797** (2.3126)
agglomeration^2	6.9121 (1.6165)	3.5570 (0.9290)	−16.5181 (−1.4744)	9.5050 (1.3543)
Wald 检验	88.33*** [0.0000]	744.03*** [0.0000]	226.79*** [0.0000]	1315.93*** [0.0000]
AR(1)	−3.5356*** [0.0004]	−2.6799*** [0.0074]	−2.7254*** [0.0064]	1.8912** [0.0586]
AR(2)	−0.4566 [0.6479]	−0.4581 [0.6469]	−0.0581 [0.9537]	−0.1192 [0.9051]
Sargan 检验	15.6193 [0.2703]	19.6496 [0.1043]	17.4180 [0.1809]	21.8915 [0.3464]
样本量	510	155	175	180

注：括号内为 z 值，中括号内为 p 值；*、**、***分别表示在10%、5%、1%的显著性水平下显著；除苏州市外，长江经济带地级市为102个，其中上游地区31个，中游地区35个，下游地区36个；受篇幅所限，未展示七个控制变量回归结果。

资料来源：根据Stata15.1运行结果整理。

较空间计量模型而言，传统计量模型形式更具灵活性，为确保上述分析结果不会因模型不同而产生系统性差异，采用静态面板模型再次分析环境规制、产业集聚对长江经济带城市工业绿色发展效率的联合影响效应，结果见表7-7。根据Hausman检验结果，采用随机效应模型分析长江经济带整体城市环境规制与产业集聚的联合影响效应，而上游地区、中游地区、下游地区城市则采用固定效应模型分析。可以看到，环境规制与产业集聚一次项、二次型的交互项回归系数及显著性与系统GMM模型回归结果保持高度一致性，仅拟合优度欠佳，但整体并未出现偏误现象。故整体看来，本章关于环境规制、产业集聚对长江经济带城市工业绿色发展的联合影响效应分析具有较强的稳健性，也再次印证系统 GMM 模型的可靠性。

表 7-7 静态面板模型下环境规制、产业集聚对长江经济带城市工业绿色发展效率影响

变量/模型	整体城市	上游地区城市	中游地区城市	下游地区城市
environment	−0.6054*** (−3.8055)	−0.4309 (−1.5871)	−0.7700*** (−2.7917)	−2.0309*** (−4.5077)
environment^2	0.4001*** (3.2160)	0.3194 (1.4323)	0.4741** (2.1538)	1.5272*** (5.0276)
envir_agglo	−2.1475* (−1.9256)	−2.5601 (−1.4953)	−2.6487** (−2.2765)	7.3093** (2.4014)
agglomeration	−4.5979* (−1.8941)	−6.4001* (−1.7463)	−13.3252 (−0.7547)	21.2010 (1.7234)
envir_agglo^2	0.8134* (1.7119)	3.1314 (1.3272)	−1.0953 (−0.1307)	−3.3277** (−1.0757)
agglomeration^2	5.4431** (1.9863)	6.8039 (1.6248)	11.0475 (0.5165)	−10.5670 (−1.5551)
R^2	0.1100	0.2613	0.2280	0.3562
Sigma_u	0.1619	0.3325	0.1631	0.2215
Sigma_e	0.0912	0.0982	0.0967	0.0632
rho	0.7590	0.9151	0.7399	0.9248
F	6.74*** [0.0000]	24.21*** [0.0000]	6.83*** [0.0000]	24.34*** [0.0000]
Hausman 检验	18.13 [0.1527]	22.59** [0.0468]	18.43* [0.1032]	34.64*** [0.0010]
样本量	660	198	216	246

注：括号内为 z 值，中括号内为 p 值；*、**、***分别表示在 10%、5%、1%的显著性水平下显著；受篇幅所限，未展示七个控制变量回归结果。

资料来源：根据 Stata15.1 运行结果整理。

7.5 空间异质性分析

上述关于环境规制、产业集聚的工业绿色发展联合影响效应分析忽略了城市之间的个体差异,本节侧重分析调节效应的城市空间异质性,并进一步佐证上文分析的稳健性。采用地理加权回归模型(geographical weighted regression,GWR)解析环境规制、产业集聚对长江经济带城市工业绿色发展效率影响的空间差异。该模型拓展了传统均值模型回归框架,允许进行局域而非全域的参数估计,可有效捕捉城市间的个体差异属性。具体形式如下:

$$y_i = \beta_0(u_i, v_i) + \sum_k \beta_k(u_i, v_i) x_{ik} + \varepsilon_i \tag{7-4}$$

式(7-4)中,(u_i, v_i)表示第 i 个城市的地理坐标,$\beta_k(u_i, v_i)$是连续函数 $\beta_k(u, v)$在 i 城市的值,如果不考虑该函数的空间差异,则上述模型为传统均值模型。事实上,GWR 模型正是建立在空间变化存在性的基础上,并提供了一种可行的度量方法。由于不同城市在同一时刻只能获取一个观测值,现实经济数据是无法通过多次随机抽样获取更多的观测值,GWR 模型通过按照一定的标准向周边城市借数据以近似替代重复抽样数据获取过程。

根据福瑟林厄姆等(Fotheringham et al.,1996)提出的"越接近空间位置 i 的观测数据对 $\beta_k(u_i, v_i)$的影响更大"思想,采用加权最小二乘法进行参数估计,通过使加权残差平方和 $\sum W(u_i, v_i)[y_i - \beta_1(u_i, v_i) x_{i1} - \cdots - \beta_1(u_i, v_i) x_{iK}]^2$ 最小的原则来估计在 i 处的未知参数。因一个观测值的权重在刻画过程并不是固定的,而是随着空间位置 i 的变化而变化,参数估计表达式为

$$\hat{\beta}_k(u_i, v_i) = (\boldsymbol{X}^{\mathrm{T}} \boldsymbol{W}(u_i, v_i) \boldsymbol{X})^{-1} \boldsymbol{X}^{\mathrm{T}} (\boldsymbol{X}^{\mathrm{T}} \boldsymbol{W}(u_i, v_i) \boldsymbol{X}) \tag{7-5}$$

式(7-5)中,$\boldsymbol{W}(u_i, v_i)$为空间权重矩阵,主对角线上各元素都是关于观测值所在位置 j 与回归点 i 所在位置之间的距离函数,其作用是权衡不同空间位置 j $(j = 1, 2, \cdots, n)$的观测值对于回归点 i 参数估计的影响程度,而非主对角线元素均为 0,即 GWR 模型的空间权重矩阵为对角矩阵,与空间溢出效应模型的空间权重矩阵为主对角线元素为 0 的对阵矩阵不同。一般采用高斯函数或双重平方函数

构建关于距离衰减的空间权重矩阵，具体如下：

$$高斯函数：w_{ij}=\exp[-(d_{ij}/b)^2] \tag{7-6}$$

$$双重平方函数：w_{ij}=\begin{cases}[1-(d_{ij}/b)^2]^2, & 若\ d_{ij}<b \\ 0, & 若\ d_{ij}\geqslant b\end{cases} \tag{7-7}$$

式(7-6)(7-7)中，d_{ij} 为观测点 j 与回归点 i 的距离；b 为带宽，即与回归点 i 相关的领域半径，一般根据克利夫兰(Cleveland，1979)、鲍曼(Bowman，1984)提出的交叉确认(cross-validation，CV)方法确定最优带宽：

$$\mathrm{CV}_{\min}=\sum_{j=1}^{n}[y_j-\hat{y}_{j(j\neq i)}(b)]^2 \tag{7-8}$$

式(7-8)中，$\hat{y}_{j(j\neq i)}(b)$ 为 y_j 的拟合值，在刻画观测值过程中去除回归点 i 观测值，以规避带宽趋近于 0 的无效带宽出现。当 CV 达到最小值时，即为所需的带宽 b。此外，由于不同的空间权重函数会得出不同的带宽，参考福瑟林厄姆等(Fotheringham et al.，2002)做法，比较 AIC 值大小，对应最小的 AIC 值的带宽为最优带宽 b。经测算，应采用高斯函数作为权重函数，且最优带宽 b 为 655.976km。当然，在进行 GWR 模型分析前需要进行空间异质性检验，通过检验方可使用 GWR 模型分析调节效应的空间变异，主要依据布朗斯登等(Brunsdon et al.，1999)提出的方差分析(ANOVA)，结果见表 7-8。

表 7-8 GWR 模型方差分析检验

模型/参数	残差平方和	自由度	F 统计量	P 值	AIC 值
OLS	2.852	96.000			−54.4907
GWR 改善	0.926	15.613			
GWR	1.926	80.387	2.4749	0.0000***	−66.6479

注：由于 GWR 只能分析横截面数据，故而本书将各变量指标按年度平均以达到数据要求，本质上反映的是一种主导型平均效应，***表示 1%的显著性水平。

资料来源：根据 GWR4.09 软件输出结果整理。

GWR 模型、OLS 模型的残差平方和分别为 1.926、2.852，二者差异的 F 统计量为 2.4749，对应的伴随概率远低于 1%的显著性水平，表明 GWR 模型较 OLS 模型有显著改善。此外，根据福瑟林厄姆等(Fotheringham et al.，2002)提出的评价标准，只要两模型的 AIC 差值大于 3，那么即使考虑 GWR 模型复杂性，前者也比后者对数据的模拟程度更优，而两者 AIC 值实际差距大于 12，远大于临界值 3，故而有必要采用 GWR 模型进行空间异质性分析，结果见表 7-9。

表 7-9　GWR 模型下环境规制、产业集聚对长江经济带城市工业绿色发展效率影响

城　市	Envir_agglo	Envir_agglo^2	lccal R^2
重庆	−1.8409(−1.1008)	0.8818(0.7293)	0.4406
成都	−2.8336(−1.5369)	1.1370(1.1145)	0.4323
自贡	−2.6083(−1.4444)	1.1232(1.0209)	0.4382
攀枝花	−4.2477*(−1.9515)	2.2102(1.4586)	0.4504
泸州	−2.3470(−1.3329)	1.1085(0.9203)	0.4405
德阳	−2.6387(−1.4598)	1.1268(1.0512)	0.4316
绵阳	−2.4819(−1.3946)	1.1185(0.9974)	0.4315
广元	−1.9090(−1.1329)	0.8880(0.7800)	0.4346
遂宁	−2.1657(−1.2562)	1.1003(0.8689)	0.4364
内江	−2.4629(−1.3850)	1.1155(0.9715)	0.4378
乐山	−3.0665(−1.6211)	0.9486(1.1787)	0.4361
南充	−1.9164(−1.1389)	0.8871(0.7718)	0.4374
眉山	−2.9845(−1.5929)	1.1447(1.1586)	0.4341
宜宾	−2.7154(−1.4844)	0.9284(1.0508)	0.4402
广安	−1.7357(−1.0493)	0.8770(0.6935)	0.4394
随州	−0.1302**(−2.0842)	−0.0623(−0.0216)	0.4555
长沙	−0.1545**(−2.1012)	−0.0514(−0.0134)	0.4469
株洲	−0.1278**(−2.0834)	−0.0525(−0.0237)	0.4459
湘潭	−0.1573**(−2.1028)	−0.0613(−0.0126)	0.4460
衡阳	−0.2358**(−2.1537)	0.1018(0.0172)	0.4444
邵阳	−0.4454**(−2.2909)	0.2107(0.1033)	0.4457
岳阳	−0.1252**(−2.0820)	−0.0725(−0.0237)	0.4495
常德	−0.3549**(−2.2341)	0.1072(0.0691)	0.4484
张家界	−0.6076**(−2.3986)	0.3187(0.1804)	0.4475
益阳	−0.2449**(−2.1611)	0.1024(0.0226)	0.4477

续表

城　市	Envir_agglo	Envir_agglo^2	lccal R^2
郴州	−0.1826**(−2.1176)	−0.1003(−0.003)	0.4418
永州	−0.4418**(−2.2866)	0.2105(0.1000)	0.4447
怀化	−0.7915**(−2.5110)	0.3268(0.2557)	0.4461
娄底	−0.3252**(−2.2133)	0.1056(0.0540)	0.4462
上海	0.6083***(3.3157)	−0.3498(−0.3225)	0.4469
达州	−1.3820(−0.8622)	0.6588(0.5450)	0.4416
雅安	−3.3989(−1.7388)	2.1675(1.2883)	0.4333
巴中	−1.6002(−0.9785)	0.8709(0.6454)	0.4388
资阳	−2.6145(−1.4492)	1.1244(1.0323)	0.4353
贵阳	−2.0041(−1.1636)	0.8879(0.7616)	0.4474
六盘水	−2.7800(−1.4897)	0.9295(1.0394)	0.4485
遵义	−1.8109(−1.079)	0.7786(0.6981)	0.4447
安顺	−2.3135(−1.2977)	1.1040(0.8720)	0.4490
毕节	−2.5231(−1.3963)	1.1163(0.9629)	0.4457
铜仁	−1.0193(−0.6493)	0.5380(0.3583)	0.4458
昆明	−3.8230*(−1.8010)	2.1848(1.3124)	0.4562
曲靖	−3.3118*(−1.6578)	2.1572(1.1828)	0.4537
玉溪	−3.9176*(−1.8078)	2.1893(1.3181)	0.4587
保山	−5.4217**(−2.1664)	2.2747(1.6747)	0.4555
昭通	−3.2488*(−1.6670)	1.1559(1.2013)	0.4459
丽江	−4.9484**(−2.1253)	2.2497(1.6280)	0.4495
普洱	−4.5894**(−1.9109)	2.2256(1.4250)	0.4609
临沧	−4.9988**(−2.0395)	2.2496(1.5493)	0.4586
南昌	0.1970(0.1222)	−0.0860(−0.1372)	0.4457
景德镇	0.3084(0.1837)	−0.1226(−0.1796)	0.4460
萍乡	−0.0244(−0.0158)	−0.0266(−0.0612)	0.4448

续表

城　市	Envir_agglo	$Envir\_agglo^2$	lccal R^2
九江	0.1830(0.1127)	−0.1161(−0.1355)	0.4488
新余	0.1090(0.0692)	−0.0419(−0.1065)	0.4441
鹰潭	0.3304(0.1980)	−0.2225(−0.1814)	0.4425
赣州	0.1143(0.0719)	−0.0617(−0.1050)	0.4382
吉安	0.1229(0.0778)	−0.0523(−0.1101)	0.4419
宜春	0.0461(0.0296)	−0.0194(−0.0856)	0.4447
抚州	0.2638(0.1616)	−0.1188(−0.1576)	0.4427
上饶	0.4170(0.2426)	−0.2278(−0.2137)	0.4418
武汉	−0.0065(−0.0041)	−0.0076(−0.0684)	0.4526
黄石	0.0765(0.0482)	−0.0112(−0.0983)	0.4511
十堰	−0.4922**(−2.3226)	0.2142(0.1364)	0.4543
宜昌	−0.4104**(−2.2709)	0.2100(0.0968)	0.4511
襄阳	−0.2858**(−2.1871)	0.1046(0.0434)	0.4553
鄂州	0.0571(0.0361)	−0.0304(−0.0916)	0.4518
荆门	−0.2643**(−2.1738)	0.1036(0.0339)	0.4531
孝感	−0.0547**(−2.0352)	−0.0255(−0.0504)	0.4536
荆州	−0.2551**(−2.1681)	0.1031(0.0294)	0.4515
黄冈	0.0531(0.0336)	−0.0203(−0.0903)	0.4520
咸宁	0.0126(0.0081)	−0.0082(−0.0747)	0.4505
南京	0.3220***(3.1788)	−0.1303(−0.2152)	0.4524
无锡	0.4883***(3.2601)	−0.2416(−0.2791)	0.4492
徐州	0.0532(0.0303)	−0.0273(−0.1284)	0.4591
常州	0.4428(0.2379)	−0.2388(−0.2632)	0.4502
苏州	0.5319**(2.2815)	−0.2441(−0.2932)	0.4481
南通	0.5147**(2.2688)	−0.2455(−0.2969)	0.4497
连云港	0.1822(0.0972)	−0.1293(−0.1978)	0.4567

续表

城　市	Envir_agglo	$Envir\_agglo^2$	lccal R^2
淮安	0.2383(0.1294)	−0.1296(−0.2042)	0.4555
盐城	0.3506(0.1848)	−0.2378(−0.2500)	0.4536
扬州	0.3539**(2.1923)	−0.2340(−0.2346)	0.4525
镇江	0.3710**(2.2017)	−0.2347(−0.2390)	0.4519
泰州	0.3952**(2.2114)	−0.2376(−0.2537)	0.4520
宿迁	0.1549(0.0856)	−0.1243(−0.1719)	0.4571
杭州	0.5559**(2.2993)	−0.3423(−0.2882)	0.4453
宁波	0.7123**(2.3691)	−0.3534(−0.3455)	0.4423
温州	0.7213**(2.3843)	−0.3480(−0.3242)	0.4357
嘉兴	0.5822**(2.3076)	−0.2461(−0.3057)	0.4462
湖州	0.5099**(2.2746)	−0.2409(−0.2780)	0.4475
绍兴	0.6087**(2.3243)	−0.3455(−0.3058)	0.4439
金华	0.5623(0.3093)	−0.3391(−0.2754)	0.4417
衢州	0.4898(0.2763)	−0.2336(−0.2455)	0.4423
舟山	0.7698**(2.3915)	−0.4585(−0.3698)	0.4420
台州	0.7663**(2.3994)	−0.3535(−0.3499)	0.4376
丽水	0.6181(0.3374)	−0.3416(−0.2899)	0.4388
合肥	0.2017**(2.1179)	−0.1207(−0.1591)	0.4537
芜湖	0.3274**(2.1853)	−0.1283(−0.2072)	0.4509
蚌埠	0.1530**(2.0880)	−0.0803(−0.1525)	0.4562
淮南	0.1390(0.0812)	−0.0585(−0.1418)	0.4560
马鞍山	0.3178(0.1787)	−0.1287(−0.2080)	0.4518
淮北	0.0443(0.0256)	−0.0256(−0.1183)	0.4591
铜陵	0.2968(0.1716)	−0.1151(−0.1894)	0.4505
安庆	0.2488(0.1478)	−0.1210(−0.1656)	0.4502
黄山	0.4034(0.2310)	−0.2294(−0.2196)	0.4458

续表

城　市	Envir_agglo	$Envir\_agglo^2$	lccal R^2
滁州	0.2660(0.1496)	−0.1268(−0.1942)	0.4536
阜阳	0.0326(0.0197)	−0.0119(−0.0969)	0.4579
宿州	0.0778(0.0449)	−0.0271(−0.1290)	0.4583
六安	0.1453(0.0869)	−0.0768(−0.1341)	0.4543
亳州	−0.0224(−0.0134)	−0.0105(−0.0839)	0.4601
池州	0.2815(0.1647)	−0.1234(−0.1802)	0.4501
宣城	0.3829(0.2148)	−0.1313(−0.2254)	0.4493

注：括号内为 t 值；*、**、***分别表示在10%、5%、1%的显著性水平下显著；受篇幅所限，未展示七个控制变量回归结果。

资料来源：根据GWR4.09运行结果整理。

由于城市个体截面对数据的动态特征反映不充分，使得GWR模型未能捕捉到产业集聚在环境规制对城市工业绿色发展效率所产生的调节效应"U型"特征，而是呈现出最核心的线性特征。这与前文分析并不矛盾，因为某一城市在某一时间下的调节效应具有确定性，无法反映整体动态规律，而GWR模型所反映的单一城市的集合特征与整体调节效应规律恰恰吻合。产业集聚在环境规制影响长江经济带城市工业绿色发展效率过程中的调节作用呈现出显著的空间异质性，上游地区多数城市调节作用并不明显，中游地区城市则正向和负向调节作用同时存在，以负向作用居于主导地位，下游地区城市则以正向调节作用为主导。上游地区多数城市由于环境规制较弱，产业集聚的负向调节作用未能充分释放，以矿产能源等资源密集型产业为主导的云南省内城市表现得尤为明显，加强环境规制，可能会引起资源型城市持续增强预期，刺激高耗能产能扩张，产生负向调节效应。中游地区的新旧动能均有一定基础，特别是武汉城市圈、"长株潭"城市群先进制造业发展迅猛，但传统重化工业依然占据较大份额，因而中游地区城市同时存在两种集聚调节作用，而负向调节作用仍占据主导地位。下游地区城市特别是长三角城市群内城市，产业协同度和绿色度较高，加强环境规制，可进一步加强产业协同创新，提升城市工业绿色发展内生动力，故下游地区的环境规制在绿色产业集群下发挥了良好的绿色引导效应，强化了整体"U型"调节作用的上升特征。

7.6 本章小结

本章在深入分析环境规制、产业集聚联合影响工业绿色发展效率的内在机理基础上，采用系统GMM模型探究产业集聚在环境规制影响长江经济带城市工业绿色发展效率过程中所发挥的调节效应，兼论工业绿色发展的动态累积性，并进一步采用地理加权回归GWR模型分析调节影响的空间异质性。主要结论如下：

（1）环境规制、产业集聚主要通过黑色刺激效应和协同创新效应联合影响工业绿色发展效率。在产业低质量集聚阶段，集聚产业多为要素驱动和成本驱动的资源密集型和劳动密集型产业，强化环境规制，会压缩工业企业发展空间，引起传统高能耗工业企业深度集聚。同时由于缺乏后期配套治理政策，并存在环境规制加强预期，造成低端产能过剩加剧，不利于工业绿色发展内生动力提升。在产业高质量集聚阶段，企业之间逐渐建立紧密的内在联系，形成完整的产业链条，提高企业污染排放标准，有利于促进企业绿色协同技术创新。关联企业联合开展技术攻关，加快传统工业绿色改造，推动工业绿色转型升级，提升工业绿色发展内生动力。因此，环境规制、产业集聚对工业绿色发展效率的影响过程可能呈现出“U型”特征，但因研究地区和时间范围不同，处于“U型”曲线的不同阶段。

（2）长江经济带城市工业绿色发展内生性存在动态累积效应，前期工业绿色发展可有效驱动当期工业绿色发展。前期工业绿色发展经验是进行绿色技术创新的重要基础，对长江经济带城市当期绿色发展整体上具有显著推动作用。上游地区和中游地区城市经济发展相对滞后，工业绿色发展的内生性较弱，对于前期工业绿色发展的依赖性较强，前期工业绿色发展成效是当前工业绿色发展的有益经验，存在较强的绿色发展延续性。但对于工业绿色发展动能强劲的下游地区城市而言，由于绿色创新要素充裕，绿色技术更新换代速度较快，工业绿色发展的动态累积性并不明显。

（3）产业集聚在环境规制影响长江经济带整体城市工业绿色发展效率过程中发挥着“U型”调节作用。作为全国传统制造业基地，化工、有色、纺织等传统工业在长江经济带工业结构中仍占据较大份额，加强环境规制，需要经历一定的阵痛期，工业竞争力在短期内出现下降。但随着“生态优先、绿色发展”战略理念深入贯彻，绿色高技术产业逐渐成形，进一步提升环境规制，有利于激发长江经济带工业集聚创新活力，加速工业绿色升级进程，增强工业绿色发展动能。

(4) 产业集聚在环境规制影响长江经济带上游地区城市工业绿色发展效率过程中未起到明显的调节作用。上游地区矿产能源资源密集型、劳动密集产业基础牢固，且在承接下游地区产业转移过程中传统工业集聚趋势进一步增强，但在经济发展压力之下，环境规制执行力度不强，未能起到有效排除污染产业的抵御机制作用。上游地区仍要加强环境排放标准，促进工业绿色生态集聚，增强工业绿色发展内生性。

(5) 产业集聚在环境规制影响长江经济带中游地区城市工业绿色发展效率过程中发挥着单一负向调节作用。中游地区为传统制造业核心集聚区，钢铁、化工、有色等高能耗高污染产业基础深厚，在“共抓大保护、不搞大开发”要求下，提升环境排放标准，从严治理“化工围城围江围湖”，加快传统过剩产能淘汰转移。中游地区城市重化工业发展空间压缩，造成传统工业深度集聚，而绿色新兴产业与传统产业尚未能形成良好的互补机制，环境规制反而会削弱工业绿色发展后劲，产业集聚的环境调节效应整体为负。

(6) 产业集聚在环境规制影响长江经济带下游地区城市工业绿色发展效率过程中亦存在“U型”调节作用。较长江经济带整体城市而言，产业集聚的绿色环境调节效应转折点更快到达，主要得益于下游地区强大的工业创新能力与高度关联产业协同度。加强环境规制力度，有利于推动企业绿色协同创新，加快传统产能绿色转型升级，完善绿色高技术产业链条，建立健全绿色制造业体系，增强工业绿色发展动能。

(7) 环境规制、产业集聚对长江经济带城市工业绿色发展效率联合影响存在显著的空间异质性。单一城市在具体时点所具有的调节效应无法反映其动态演化特征，只能反映出主导型平均特质，放大了产业集聚的核心环境调节效应，而个体城市的合集特征恰是调节效应的整体规律。上游地区多数城市的负向交互效应虽不明显，但在资源密集型等粗放集聚产业为主导的云南省却表现出显著负向调节效应；中游地区城市新旧动能均占据较大比重，两种调节效应同时存在，但负向作用仍居于主导地位；下游地区绿色高技术产业集群发展成熟，环境规制、产业集聚对工业绿色发展多呈现出正向联合影响。

第8章 结语

本书在系统梳理绿色发展效率的相关研究成果基础上，构建环境规制、产业集聚影响工业绿色发展效率的理论分析框架。基于2011—2016年市级面板数据，采用全局EBM模型、指数加权法、区位商法系统评估长江经济带110个地级及以上城市工业绿色发展效率、环境规制强度、产业集聚水平，并结合标准差椭圆SDE和泰尔指数分析其时空演变规律。在此基础上，深入分析环境规制、产业集聚影响工业绿色发展效率的内在作用机理，采用面板空间杜宾模型SDM分别分析环境规制、产业集聚对长江经济带城市工业绿色发展效率单一影响效应，采用系统GMM模型、GWR模型探究环境规制、产业集聚对长江经济带城市工业绿色发展效率联合影响及其空间异质性。本章在系列理论和实证分析基础上，归纳本书主要研究结论，并结合实证分析过程提炼本书的政策启示，进一步总结全文，明确本书的主要创新点并指出尚存在的不足之处，指明后续研究的改进方向。

8.1 研究结论与政策启示

8.1.1 研究结论

通过系统分析长江经济带城市环境规制、产业集聚、绿色发展效率的时空演变规律，并进一步深入探究环境规制、产业集聚对长江经济带城市工业发展效率影响的直接效应与间接效应，分析产业集聚在环境规制影响工业绿色效率过程中所发挥的调节效应及其空间异质性。得出七点研究结论(如表 8-1 所示)。

表 8-1 本书研究结论与全文研究内容对应之处

研究结论	主要观点	基本依据
长江经济带城市工业绿色生产能力平稳提升	• 工业绿色生产能力增强 • 工业绿色重心偏向上游 • 工业绿色发展差异扩大	第 4.2.3 节。长江经济带城市工业绿色发展效率保持上升态势，上游地区领先其他地区，但城市内泰尔指数巨大
长江经济带城市工业环境治理力度不断增强	• 工业环境治理上、中、下游地区梯度递增 • 工业环境治理城市内部差距巨大	第 4.2.1 节。长江经济城市工业环境规制指数稳步上升，地区城市内环境规制差异指数份额居于支配地位
长江经济带城市工业集聚专业化趋势显著	• 工业集聚程度与前期基础和地缘条件密切相关 • 工业集聚重心在中下游地区	第 4.2.2 节。长江经济带城市工业区位商呈上升态势，中游、下游、上游地区城市群区位商呈梯度递减
长江经济带城市工业绿色发展具有动态累积性	• 前期工业绿色发展成效可驱动当期工业绿色发展 • 中、上游地区累积效应强于下游地区	第 7 章。滞后一期的工业绿色发展效率对当期工业绿色发展效率具有显著促进作用，在中上游地区城市尤为明显
环境规制长江经济带城市工业绿色生产能力影响的直接效应呈“U 型”特征，而间接效应以负向抑制为主	• 前期成本约束效应为主 • 后期绿色引导效应凸显 • 污染产业相机决策向周边地区迁移	第 5 章。环境规制直接效应一次项、二次项系数显著且符号相反，而间接效应一次项系数显著为负，二次项系数不显著
产业集聚对长江经济带城市工业绿色生产能力影响的直接效应显著为负，而间接效应呈“U 型”特征	• 污染型产业集聚为主导集聚产业类型 • 高能耗产业先向周边地区转移，绿色转型升级后产能绿色技术外溢	第 6 章。环境规制直接效应一次项为负，而二次项系数不显著，而间接效应一次项系数显著为负，二次项系数显著为正
产业集聚在环境规制影响长江经济带城市工业绿色生产能力过程中发挥着“U 型”调节效应	• 低质量集聚阶段以负向调节下游为主 • 绿色高质量集聚阶段以正向调节效应为主 • 调节效应具有显著的空间异质性	第 7 章。环境规制与产业集聚一次项回归系数为负，环境规制与产业集聚二次项回归系数为正，上游地区城市调节效应大都不显著，中游地区城市以负向调节为主，下游地区城市以正向调节为主

资料来源：根据全文内容归纳整理。

1. 长江经济带城市工业绿色生产能力总体保持上升态势,绿色发展重心向上游地区转移,但城市间工业绿色发展差距扩大。

本书在第4.2.3节详述了长江经济带城市工业绿色发展效率的时空演变规律,结果显示城市工业绿色生产能力在波动中上升,稳定性有待增强,面临工业增长与环境保护的权衡取舍,2016年确立"生态优先、绿色发展"战略理念,工业绿色发展动力显著增强。工业绿色发展能力变化与产业转移承接密切相关,上游地区存在显著绿色发展后发优势,可以通过承接中下游地区产业转移而大幅改善生产技术,而下游地区产业结构迈向服务化,长江经济带城市工业绿色发展重心转向上游地区。但上游地区城市工业绿色发展的协同性脆弱,经济基础较强的"成渝"城市群主要城市绿色发展能力提升迅猛,而云贵地区城市工业绿色发展内生性不足,地区内城市工业绿色发展差异显著,尚未形成良好的绿色发展协同机制。

2. 长江经济带城市工业环境治理力度不断增强,上、中、下游地区城市整体呈梯度递增格局,但城市工业环境治理协同性整体较好。

本书第4.2.1节全面概述长江经济带城市工业环境规制强度的时空演变规律,不同于工业绿色发展过程中后发技术进步优势,环境治理需要投入大量的节能环保要素,甚至会减缓经济增长步伐,必须以经济基础作为支撑。因此长江经济带城市工业环境规制强度呈现出明显的上、中、下游地区梯度递增格局。在"共抓大保护、不搞大开发"要求下,沿江城市加强工业污染治理,以中游地区城市尤为典型,中游地区重化工业基础牢固,着力化解传统低端产能,工业污染治理力度大幅提升。长江经济带城市工业环境治理重心偏向中游地区,逐步缩小与下游地区城市环境治理差距,加快长江经济带工业环境治理一体化进程。但上游地区城市因经济基础和技术条件所限,工业环境治理力度提升幅度与中下游地区仍存在一定差距,与中下游地区城市工业环境治理相对差距未有明显收敛迹象。

3. 长江经济带城市工业发展呈集聚专业化趋势,工业集聚发展与产业转型升级密切相关,工业发展的地区优势分异明显。

本书第4.2.2节论述了长江经济带城市工业集聚的时空演变规律,工业集聚程度受自身工业基础和地缘条件影响,上游地区城市工业专业化发展程度相对不足,且集聚空间集中于"成渝"城市群主要城市,地区内城市工业集聚差异显著。中游地区城市自身工业基础牢固,且临近下游地区,大量承接下游地区传统产业转移,使得工业集聚程度最高。下游地区城市依托技术优势和产业基础,大力发展绿色高技术产业,提升工业集聚质量。长江经济带工业集聚重心仍在中下游地区,随着工业高质量发展和工业绿色转型升级深入推进，下游地区城市集聚优势会更加凸显，进入高质量协同集聚阶段。长江经济带工业集聚梯度优势明显，上游地区集聚能力逐渐增强，中游地区为传统工业核心集聚区，下游地区工业则向绿色高质量集聚转变。

4. 长江经济带城市工业绿色生产能力存在动态累积性，前期绿色发展成效是当期工业绿色发展能力提升的重要驱动力。

本书第7章在采用系统GMM模型探究环境、产业集聚对长江经济带工业绿色发展效率联合影响效应分析中，兼论工业绿色发展效率的动态累积性，结果显示滞后一期的工业绿色发展效率能够显著促进当期工业绿色发展效率值，工业绿色发展具有历史延续性。中上游地区城市工业绿色发展的要素禀赋相对稀缺，这种动态累积性表现得更为强烈，特别是中游地区具有一定的人力资本存量优势，工业绿色发展的动态持续性最为凸显；然而这种绿色发展自我强化作用在工业绿色发展动能最为强劲的下游地区并不明显。下游地区城市工业绿色发展所需的人才、资金、技术及政策环境等生产要素远优于中上游地区，绿色生产技术和管理模式更新频率较快，依靠当期生产投入即可推动本期工业绿色发展能力提升，前期绿色发展经验可能无法应对下游地区工业绿色发展要求。

5. 环境规制对长江经济带城市工业绿色生产能力影响具有阶段性“U型”特征，对周边地区的空间溢出效应与环境规制强度和技术创新能力密切相关。

本书第5章深入探讨了环境规制对长江经济带城市工业绿色发展效率的影响效应，结果显示环境规制对长江经济带城市工业绿色生产能力的直接影响具有明显的“U型”特征。前期以成本约束效应为主，加剧生产成本，降低企业生产效率，抑制生产能力提升；后期以绿色引导效应为主，激励绿色生产技术研发和应用，促进工业绿色生产能力提升。环境规制的整体“U型”特征不能完全反映上、中、下游地区差异，上游、下游地区城市环境规制的工业绿色效应与整体保持一致，兼具成本效应和绿色引导效应，而中游地区城市则始终以成本效应为主。上游地区城市产业结构灵活性较好，可较快转型绿色产业，下游地区城市内部存在工业绿色发展差距，也面临短期负向效应；但中游地区城市由于传统工业基础较大，加强环境规制对工业企业的生产成本负担较大。

环境规制未能对周边地区城市工业绿色发展产生良好的空间溢出效应。在长江经济带整体城市范围内，环境规制使得企业成本上升而导致污染产业转移至临近欠发达城市，造成污染扩散，削弱周边地区城市工业绿色发展内生性。上游地区城市由于环境规制相对较弱,未能对企业迁移决策产生实质影响,尚不能产生显著的空间溢出效应。而中游地区城市加强化工围江治理,大幅提升环境规制力度,使得环境规制的污染扩散效应尤为突出。下游地区城市环境规制则产生“倒U型”空间溢出效应,早期转移产业存在一定的技术差距而为欠发达地区带来技术改进,随后这种技术改进效应逐渐被污染产能扩张效应替代。

6. 产业集聚未能对长江经济带城市工业绿色发展能力提升产生明显的促进作用,对周边城市工业绿色生产能力的空间溢出效应呈现出典型的阶段性“U型”特征。

本书第6章详细分析产业集聚对长江经济带城市工业绿色发展效率的影响效应,结果显示产业集聚对长江经济带城市工业绿色生产能力提升存在较强的阻碍作用。传统高耗能产业集聚仍为长江经济带城市工业集聚的主导产业类型,工业集聚的资源消耗压力与环境排放压力巨大,不利于形成绿色集约有效的工业生产方式。上游地区城市矿产、能源等资源密集型产业基础牢固,开采和利用技术较为粗放,产业集聚的环境负向效应最为突出。中游地区城市传统工业扎实,但正加快产业绿色转型升级,培育绿色发展新动能,产业集聚存在存量负向影响与增长正向影响,呈现出“U型”特征。下游地区城市已基本完成产业升级过程,培育形成多个成熟的绿色高技术产业集群,工业集聚呈现出显著的绿色发展动能。

产业集聚对周边城市环境溢出效应则呈现出从低级到高级的梯度推移特征,产生先抑制后促进的“U型”外溢效应。在长江经济带整体城市范围内,工业集聚的产能扩张效应会对临近发展不充分的城市产生刺激效应,引发周边城市传统产能无序扩张。而随着传统产能过剩带来的环境问题逐渐凸显,周边城市会主动抵制低端产能扩张,特别是随着中心城市产业转型升级完成,绿色高技术产业则会向外扩张产生绿色技术外溢效应。上游地区城市资源型产业集聚的环境负效应巨大,对周边城市形成强烈的警示效应,促进临近城市产业生态集聚,产生良性的溢出效应。中游地区城市在工业转型升级过程中导致部分高耗能产业外溢,随着高技术产业逐渐成形,又产生良性的绿色竞争效应。下游地区城市工业集聚在经历短暂的低端产能扩张阶段后,迅速进入绿色产能扩张阶段,对周边地区城市产生显著的绿色技术外溢。

7. 环境规制、产业集聚对长江经济带城市工业绿色发展能力提升存在明显的产业集聚“U型”调节特征,但却表现出明显的空间异质性。

本书第7章全面探析了环境规制、产业集聚对长江经济带城市工业绿色发展效率的联合影响，结果显示产业集聚在环境规制影响长江经济带城市工业绿色发展效率过程中所发挥的调节作用与产业集聚阶段紧密相关。低质量粗放阶段以负向调节作用为主，绿色高质量阶段以正向调节作用为主，整体呈现出“U型”特征。产业集聚的环境调节作用存在一定的环境规制门槛，上游地区城市环境规制较弱，未能将产业集聚的负向调节充分释放。中游地区城市产业集聚质量整体不高，传统高耗能产能产业比重较大，强化工业环境治理，削弱工业生产效率，存在较强的负向调节效应。下游地区城市间工业集聚质量仍存在梯度差，但整体工业集群基本迈入高质量发展阶段，较快到达“U型”调节效用的上升转折点。

环境规制、产业集聚的联合影响存在显著的空间异质性，整体遵循着由上游地区向下游地区梯度递增空间格局。上游地区城市由于环境规制较弱，产业集聚的负向调节作用未能充分展开，但在资源密集型产业粗放集聚的云南省各城市表现得尤为明显。中游地区城市新旧动能同时存在，但由于传统高耗能产业仍发挥着重要基础作用，在传统制造业发达的环“长株潭”城市群、“襄十随”城市群、“宜荆荆”城市群中负向调节作用较为突出，但在环鄱阳湖生态城市群呈现出不显著正向调节作用。下游地区城市绿色高技术产业集群逐渐成熟，产业集聚的正向调节效应较为明显，特别是沿江城市群、沿海城市带环境规制发挥了较强的绿色协同创新效应。

8.1.2 政策启示

根据全文分析结果及上述研究结论，长江经济带城市绿色发展仍存在环境规制管理不合理，产业集聚较为粗放，创新能力不足等突出问题，应重点在加强环境管理水平，促进工业绿色生态集聚过程中，提升工业创新能力，充分发挥地区比较优势，增强工业绿色协同发展效应，全面提升长江经济带城市工业绿色发展内生动力。上述研究蕴含着五点政策启示(如表8-2所示)。

表8-2 本书政策启示与全文研究内容对应之处

政策启示	核心观点	基本依据
推进工业污染协同治理	• 建立污染联防联控机制 • 严控污染产业转移 • 推进横向生态补偿实践	结论2表明上中下游地区城市工业环境治理力度呈上中下游梯度递增格局，地区内城市差异巨大，需强化工业污染协同治理

续表

政策启示	核心观点	基本依据
增强绿色科技支撑能力	• 加大绿色科技创新投入 • 提升绿色创新配置效率 • 增强重点绿色技术供给	第6章的实证分析表明技术创新对长江经济带城市工业绿色发展内生性驱动作用不足，需强化绿色技术创新
促进工业绿色集聚发展	• 绿色改造工业园区 • 加强传统产业转型升级 • 培育壮大绿色新兴产业	结论6表明产业集聚对长江经济带城市工业绿色发展内生动力具有抑制作用，传统产业比重较高
发挥地区绿色比较优势	• 优化工业布局 • 开展绿色制造试点示范 • 强化地区工业生产协作	第4章和第7章表明长江经济带城市工业集聚质量上中下游地区呈梯度递增格局，需强化地区互补发展
推动产业融合绿色发展	• 提升绿色金融制造服务 • 强化节能环保服务对接 • 建设产业绿色融合平台	第4章、第7章、结论4均表明下游地区产业结构迈向服务化，重点发展现代服务业，可依托现代服务业提升工业绿色内生性

1. 推进工业污染协同治理，从长江经济带全域角度强化工业环境管制，最大限度提升工业环境治理有效性。

(1) 建立污染联防联控机制。建设一体化生态环境监测网络，动态监管工业企业污染排放，推进环境信息共通共享，全面约束污染排放过剩企业，针对突发环境事件，上下游城市及时获悉事件进展，协同解决环境突发问题。推进重大工业项目规划环评，特别是石油、化工、钢铁、有色等高能耗、高排放类项目，确保污染排放和治理水平维持在地区资源环境承载能力范围内，对不达标项目责令制定整改方案规范调整，严禁执行环保“一刀切”等简单粗暴且会挫伤工业生产积极性的环境政策。设立长江经济带工业污染治理专项基金，由政府和企业共同出资，吸引社会资本进入，加大对存量河湖工业污染治理项目与企业生产技术绿色化改造项目的融资支持力度，降低企业污染治理成本，增强污染治理持久性。

(2) 严控污染产业转移。编制统一的长江经济带绿色发展产业指导目录，明确高耗水、高排放、高污染行业清单，协同提升环境准入门槛，逐步取消不合理的政策支持，严控产能扩张，防止黑色工业因信息不对称而向欠发达地区转移。加强高排放行业转移监督，对有色、焦化、造纸、印染、化工等产业的承接项目应实行规范备案和核准程序，实行最严格的环保、用水、用地、用能、安全等生产标准，禁止国家明确淘汰的落后产能和违背国家环保政策的工业项目转移至长江经济带中上游地区城市。加大环境污染责任追究力度，对于造成较大环境污染、引起恶劣社会影响的承接企业，应勒令停产改造，逾期仍不达标企业直接关闭，并连带追究负责审批的主要党政领导与转移企业的行政与法律责任，反向约束政府提升引进企业绿色度并促使企业严格遵守排污标准。

(3) 推进横向生态补偿实践。在巩固提升原有的中央财政专项转移支付等纵向生态补偿基础上，大力推行市场化、多元化生态补偿实践，按照“谁受益、谁补偿”的原则，推进长江经济带上中下游地区间和地区内部的开发地区、受益地区与生态保护地区进行横向生态保护补偿实践。根据跨界断面水质和生态红利外溢价值量确立补偿标准，除直接进行“输血式”资金补偿外，加快推行“造血式”产业生态补偿。鼓励下游地区发达城市政府与中上游欠发达城市共建园区、开展绿色发展人才培训，支持中上游地区城市发展绿色生态工业。将生态保护补偿与产业绿色转型升级、精准脱贫致富有机结合，降低中上游地区城市对粗放工业的依赖倾向，减少居民对环境的直接损害，增强环境保护积极性与工业绿色发展内生性。

2. 增强绿色科技支撑能力，发挥科技创新在绿色发展中的引领作用，推动长江经济带工业绿色创新发展。

(1) 加大绿色科技创新投入。建立绿色技术创新基金，以财政资金为母基金，吸引社会资本进入科技创新领域，建立多元创新资金供给渠道，促进财政科技投入与银行信贷、创业投资、企业研发资金及民间投资的紧密对接，发挥财政科技投入的带动效应。强化财政资金绿色创新引导作用，综合运用无偿资助、后补助、政府购买、风险补偿、股权投资等多种投入方式，重点采用后补助和政策兑现，使财政资金支持全面覆盖各类绿色创新活动和绿色创新链的各个环节，增强财政资金投入的绿色科技成果产出。推动企业研发资金联动增长，企业作为创新主体，积极鼓励更多企业开展研发活动，倡导企业研发投入与政府财政科技投入增速保持一致，持续加大研发投入，保证绿色技术创新的资金供给。

(2) 提升绿色科技创新配置效率。加强对绿色创新能力较弱的传统产业研发投入资金管理，对于未将财政科技支持专项资金用于绿色技术创新以及创新动力缺乏、创新成果长期收效甚微的工业企业，可适度降低财政研发经费支持，切实引导传统工业企业加强绿色技术创新，减少创新资源无谓损失。加大对绿色新兴产业的研发支持力度，特别是对市场风险较高、预期效果较好、创新积极性较强的科技型中小微企业，引导传统产业冗余创新要素向绿色新兴产业转入，提升创新要素流动性，更好发挥创新要素活力。推动关联企业绿色协同创新，构建共同参与、利益共享、风险分散的协同创新机制，围绕特定绿色生产目标，由龙头企业组织开展联合技术攻关，立足各自技术优势分解创新任务，避免创新资源低效重复使用，加快绿色技术创新速率，最大化绿色创新成果经济社会效益。

(3) 增强重点领域绿色技术供给。强化传统产业绿色转型关键技术研发创新，重点围绕有色、钢铁、造纸、化工、印染等高排放行业，依托国家重点科技专项，强化低碳清洁高效循环生产工艺与设备研发，突破一批工业绿色转型关键技术，降低传统产业绿色转型的技术门槛。大力推进绿色制造业核心技术研发，主抓节能环保制造、新能源、新能源汽车、高端装备制造等主要高技术产业技术需求，瞄准核心前沿关键技术，重点加强可大幅降低新产品在生产、使用过程中能耗及限用物质含量的技术研发。积极探索绿色关键共性技术研发，遵循产品全生命周期理念，致力于提升工业整体绿色发展水平，加大绿色设计、节能材料、绿色工艺与设备、废旧产品资源利用与再制造等领域共性技术研发力度，强化绿色发展基础技术优势。

3. 促进工业绿色集聚发展，加快工业迈入高质量集聚阶段，发挥环境规制、产业集聚提升工业绿色生产能力的协同效应。

(1) 绿色改造提升工业园区。严格园区环境准入，建立保障园区生态安全的环境监管体系，强化园区项目环境风险监管，全面执行《国家产业结构调整指导目录》关于限制类和淘汰类产业清单，禁止高排放工业项目进驻园区，防止新增污染产能。加强园区循环化改造，降低存量工业企业污染排放水平，重点加强对造纸、印染、化工、电镀、皮革类水污染排放严重的传统工业企业清理整治，要求污染排放超出资源环境承载能力上限的企业实施清洁改造，促进园区低碳循环绿色发展。强化园区环境风险监管，推动新建企业向园区集聚，促进企业集中管理，定期开展化工园区及危险化学品生产区环境风险评估，动态把控园区环境风险等级与风险承受阈值，预估并防范潜在环境风险。

(2) 加强传统产业绿色转型。推进企业清洁生产，针对有色、印染、造纸、化工等水耗和排污较大的传统工业，应编制实施行业专项清洁生产技术推广方案，充分利用“互联网＋清洁生产服务”，降低企业获取绿色技术交易成本，加快企业生产清洁化。提升工业能源利用效率，优化工业能源结构，鼓励企业开发利用可再生能源，降低化石能源依赖，以焦化、窑炉、煤化工等高煤耗领域为重点，推广应用绿色节能技术，实行差别化梯度电价，促进煤炭能源清洁利用，实现减煤、控碳、降污染目标。加快资源综合循环利用,遵循减量化、再利用、资源化的循环经济发展原则,强化钢铁、石油、化工、造纸、建材等行业间横向耦合关联,实现企业生产关系生态链接,推动工业废物资源化循环再利用,提升资源产出效率和竞争力。

(3) 培育壮大绿色新兴产业。优先发展节能环保产业,打造上海节能环保制造研发中心,在无锡、武汉、重庆等城市培育节能环保制造业集群,建设高附加值再制造业集聚区,重点发展汽车发动机、航空发动机、重型机床、工程机械等特色再制造产业。大力发展智能制造,发挥下游地区人才、资金、技术集聚优势,以智能机器人、数控机床、增材制造为重点,推进大规模个性化制定、网络协同制造和离散智能制造,建设智能制造引领示范区,协调带动提升中上游地区中心城市智能制造水平。加快发展新能源、新能源汽车产业等绿色战略性新兴产业,以沿江绿色能源带为依托,推动核能、风电、页岩气等新能源开发规模化、产业化,重点发展混合动力汽车、纯电力汽车,完善配套充电基础设施,在沿江地区城市加快推动新能源汽车示范应用推广。

4. 发挥地区绿色比较优势,加强长江经济带各地区城市工业生产协同合作,推动工业绿色协调发展。

(1) 优化工业生产布局。严格按照主体功能区规划布局,以区域资源环境承载能力和国土空间开发适宜性为基准,确定长江经济带各地区城市工业绿色发展方向和最优开发强度。长三角地区城市处于优化开发区,应积极推动工业结构向绿色、高端、智能转变,发展节能、节水、节地型先进制造业,使工业资源能源综合利用水平和废物处理水平达到全球领先地位,引领带动长江经济带全局工业绿色发展。皖江城市带、长江中游城市群、成渝城市群、黔中城市群、滇中城市群等重点开发区,应着力推动传统工业绿色转型升级,培育壮大绿色新兴工业,将资源能源优势合理转化为经济优势,在加快工业发展过程中切实保护好能源和矿产资源产地生态环境。涉及重点生态功能区和农产品主产区的城市内区县则要限制工业化开发强度,立足自身农产品优势和生态资源优势,发展具备区域特色的生态工业。

(2) 开展绿色制造试点示范。设立工业绿色低碳转型试点城市,进一步提高水耗、能耗、排污标准,突出资源环境标准在工业清洁生产中的引领和约束作用,强化绿色技术创新和管理创新,探索出工业绿色转型的新模式、新思维、新策略,率先在长江经济带建立完整绿色工业体系。梳理试点城市绿色发展经验模式,分类归纳试点城市工业绿色转型的成功经验,如生态贫困绿色转型城市、传统工业绿色转型城市、资源枯竭绿色转型城市等,形成一批具有典型地区特色、可复制推广的工业绿色转型发展模式。扩散工业绿色示范引领带动效应，根据试点城市类别向其他同类城市交流传递绿色发展经验，推广绿色先进生产经验和管理模式，带动长江经济带全域城市工业绿色转型发展。

(3) 强化地区工业生产协作。加强城市群内部城市工业发展合作联系，推动相邻城市共建工业园区，围绕特定行业，联合招商引进龙头企业，集中行业优势互补的领军企业，建设完整产业链条，规避环境规制逐底竞争，推动协同绿色创新。建立上中下游地区城市间工业发展规划衔接机制，协调解决地区间工业发展的生态环境问题，有序推进城市间产业转移，引导下游地区资源加工型、劳动密集型和以内需为主的资金、技术密集型产业向上中游地区城市绿色转移，加快下游地区产业升级步伐，推动中上游地区工业结构绿色转型。加强省际交接区城市工业合作发展，以川渝、湘赣、苏皖、云贵省际交界城市为重点，加大财税和政策支持力度，加快建立规划一体、管理集中、利益共享的工业绿色发展合作新机制，促进边缘城市工业绿色崛起。

5. 促进工业服务业绿色融合发展，强化服务业对绿色经济的支撑作用，构建工业与服务业交叉融合、协同共生的产业绿色发展生态体系。

(1) 优化绿色金融制造服务。深入开展工业企业环境信用评价，推动政府企业环境信息系统与金融机构贷款信用系统匹配对接，促进银行等金融系统全面掌握企业环境信息，并将企业环境信用等级作为审批发放企业信贷重要依据，强化企业降低排放信贷约束。大力发展绿色信贷，鼓励银行发行绿色金融债券并加快推进绿色信贷资产证券化，向绿色工业企业提供优惠贷款利率并延长贷款周期，重点加大对节能、环保、新能源、新能源交通等绿色产业的信贷支持力度，促进绿色动能发展壮大。完善环境权益交易市场，建立合理的环境权益市场定价机制，推动工业企业碳排放权、排污权、能耗权等环境权益市场交易，并积极发展基于环境权益的抵押融资，内部化环境权益的经济价值，增强企业节能减排激励。

(2) 强化节能环保服务对接。增强环境服务业节能环保效应，推进形成合同能源管理、合同节水管理、第三方检测、环境技术研究与开发、环境污染治理及环境保护政府和社会资本合作等服务市场，丰富完善节能环保服务类型。着力提升环境咨询服务水平，以开展工业企业环境调查、重大工业项目环境风险与环境影响评价、工业环境治理规划、环境影响评价为重点，促进工业绿色发展的管理模式创新。优化节能环保技术推广服务，鼓励发展节能环保技术咨询、系统设计、设备制造、工程施工、运营管理等专业化服务，充分发挥环保行业组织、科技社团在工业绿色技术创新、成果转化和规模化过程的重要中介作用。推动节能环保服务组织与工业企业无缝对接，强化对节能环保制造业与传统工业的绿色转型资金和技术支持，壮大工业绿色发展动能。

（3）建设服务制造绿色融合平台。加快工业绿色生产服务支撑平台建设，以新型工业化示范基地、产业转移示范基地、国家级开发区为依托，围绕工业共性清洁生产服务需求，完善工业绿色发展产业链配套技术服务体系，建立清洁生产服务基地，支持长三角地区城市制造业服务化绿色升级，促进中游地区、上游地区城市绿色承接产业转移。培育绿色智能电子商务集群，以上海、杭州、南京、武汉、重庆、成都等商贸中心城市为重点，依托工业云计算、大数据、物联网技术，系统构建产品生产、流通、销售、售后等全流程服务体系，实现制造业和电子商务绿色高效协同发展。加强"互联网＋"与长江经济带城市工业生产的有效衔接，实现柔性制造、智能生产等规模个性化生产，构建电子商务、绿色金融、现代物流与工业清洁生产的有机协同体。

8.2 研究创新点与不足之处

8.2.1 研究创新点

提升绿色发展效率、增强绿色发展内生动力、推动经济高质量发展是当前学术界关注的前沿热点话题。本书研究工作的创新点主要体现在以下三个方面：

（1）将环境规制、产业集聚纳入统一分析框架，探讨二者在长江经济带的绿色发展效应，研究视角具有一定创新性。环境规制、产业集聚具有内在关联，存在对绿色发展效率的联合影响，而现有研究往往忽视这一重要现实，未将二者纳入统一分析框架考察绿色发展效应。本书立足现有研究缺口，以新时期推动我国经济高质量发展的生力军——长江经济带作为研究对象，以产污能力最强的工业领域作为研究落脚点，从区域尺度划分更为精细的城市空间出发，将"环境规制、产业集聚与长江经济带城市工业绿色发展效率"作为研究命题，全面探究环境规制、产业集聚对长江经济带城市工业绿色发展效率的单一影响与联合影响。因此，本书研究选题有利于精准把握环境规制、产业集聚与绿色发展效率的作用关系，加速推动长江经济带绿色高质量发展，研究视角富有较强的战略前瞻性和实践针对性。

(2) 引入空间因素，在空间溢出效应和空间异质性条件下，分析环境规制、产业集聚的绿色空间效应，研究内容具有一定拓展性。尽管绿色发展效率的空间效应已逐渐引起学术界关注，但环境规制、产业集聚的工业绿色发展能力空间溢出影响研究仍处于初步研究阶段。本书基于环境规制的"污染转移效应"和产业集聚的"梯度推移效应"，阐述二者的工业绿色发展空间效应内在机理。从长江经济带城市整体、上游地区城市、中游地区城市、下游地区城市四个维度采用空间计量模型分解环境规制、产业集聚对工业绿色发展效率影响的直接效应、空间溢出效应。并进一步分析产业集聚在环境规制影响工业绿色发展效率过程中的"调节效应"及其空间异质性。因此，本书极大丰富了环境规制、产业集聚与工业绿色发展在空间计量经济学领域的研究应用，研究内容具有较强的学理性和现实性。

(3) 充分考虑长江经济带经济发展、环境治理、要素禀赋的区域差异性，研究结论具有一定的开创性。长江经济带作为我国最大的战略支撑带，内部经济结构正处于急剧调整变化之中，产业绿色发展空间演进规律存在一定的特殊性。在产业转移承接过程中，上游地区城市获得先进生产技术外溢，中游地区城市传统产业继续扩张，下游地区城市向服务化迈进，工业绿色发展呈现出上游、下游、中游地区递减的特殊空间格局。环境规制对长江经济带城市工业绿色发展效率影响存在一定的门槛效应，上游地区城市规制强度过低，无法产生有效的绿色引导效应，产业集聚的环境调节效应亦不明显。长江经济带城市工业绿色发展存在自我强化机制，工业绿色发展经验具有历史累积性，对绿色高端要素稀缺的中上游地区城市尤为明显，需加强对前期工业绿色发展成果的消化吸收。本书强化了对长江经济带发展特殊性与现实情况考虑，研究结论更具政策指导意义。

8.2.2 研究不足之处

在现有研究基础上，本书对环境规制、产业集聚与长江经济带城市工业绿色发展效率关系进行了较为充分的阐述，为后续研究起到一定的铺垫作用。但客观来讲，本书研究仍存在着若干不足，有待进一步调整完善：

(1) 环境规制类型有待进一步拓展。本书仅从环境规制的治理效果角度衡量长江经济带110个地级及以上城市工业环境规制强度，而未按环境规制类型将其细化为"命令控制型""市场激励型""社会调节型"等三类环境规制工具。因此本书指代的环境规制为综合型环境规制，可视为三种环境规制工具运行的总体效果，忽略了异质性环境规制对长江经济带城市工业绿色发展效率的影响差异研究。事实上不同类型的工业环境规制因约束效应和激励效应区别，其产生的工业绿色发展效应在大概率上存在显著差异，但由于缺乏环境规制异质性分析，无法确定最有利于增强工业绿色发展内生动力的环境规制工具，一定程度削弱政策建议的有效性。故而本书在探究环境规制与工业绿色发展关系时，在地区差异性分析基础上，有待进一步拓展环境规制的异质性工业绿色发展效应研究。

(2) 产业集聚类型有待进一步丰富。本书仅从工业专业化角度衡量产业集聚水平，有利于与研究产业范围保持一致，增强问题分析的针对性。但产业集聚除工业集聚外，在国家产业结构向服务化转型的宏观背景下，截至2018年服务业占GDP比重高达52.16%，绿色金融、节能环保服务业集聚等对工业绿色发展的影响愈加凸显。本书为增强研究问题的聚焦性，牺牲了自变量的多元性，忽略了服务业集聚、服务业与工业的协同集聚对长江经济带城市工业绿色发展效率影响分析。此外，本书对工业内部细分行业集聚也分析得不够，未能根据工业行业的排污属性不同来将其划分为清洁型产业集聚、一般型产业集聚、污染型产业集聚，不同排污属性的工业集聚对工业绿色发展效率的影响必然不同。因此，本书考虑的产业集聚类型广度和深度还不够，有待进一步加强。

(3) 研究时段有待进一步延伸。长江经济带作为新时期支撑国家经济发展的重大战略，把握长江经济带城市工业绿色发展效率、环境规制强度、产业集聚水平的时空演变规律，探究三者之间的内在关系，对进一步加快长江经济带高质量发展具有重要意义。但是任何深入的研究都是依据一定的理论，建立在科学的研究方法与翔实的研究数据基础之上，数据充分性极为重要。然而受数据可得性所限，本书的研究时段仅为6年，属于短周期，覆盖长江经济带110个地级及以上城市，合计660个样本数据。本书可能对长江经济带城市工业绿色发展效率、环境规制强度、产业集聚的时空演变规律把握不够全面，对环境规制、产业集聚对长江经济带城市工业绿色发展效率的影响效应分析可能存在局限性。本书研究时段偏短，在一定程度上可能会影响研究结论的准确性，有待进一步延伸研究时段范围，增强本书的理论基础。

8.3 后续研究展望

高质量发展是长江经济带当前与未来发展的基本导向，强化环境规制、促进产业生态集聚、提升工业绿色发展效率是践行高质量发展的重要内涵，研究环境规制、产业集聚与工业绿色发展会成为学术界长期关注的热点话题。基于本书研究存在的不足之处，后续可在以下三个方面进行深化拓展：

（1）探究异质性环境规制对长江经济带城市工业绿色发展效率的影响研究。梳理长江经济带各城市历年出台的旨在降低工业污染排放、提升工业资源能源利用效率的相关法律法规和政策文件数量，并以其衡量"命令控制型环境规制"；以各城市历年的污染排放收费额衡量"市场激励型环境规制"；以各城市政府官网公示的居民反映工业环境问题的公开信数量衡量"社会调节型环境规制"。全面分析异质性环境规制对长江经济带城市工业绿色发展内生动力的影响效应，并识别出各地区最有效的环境规制工具，增强政策建议的针对性。

（2）分析异质性产业集聚对长江经济带城市工业绿色发展效率的影响研究。从中国工业企业数据库挖掘整理长江经济带各城市不同排污属性的工业细分行业集聚水平，从《中国城市统计年鉴》基于行业就业人数整理各城市服务业整体集聚水平、生产性服务业集聚水平、生活性服务业集聚水平，并从 Wind 数据库数据挖掘整理各城市金融行业集聚水平。探究不同污染生产能力的工业集聚、不同功能属性的服务业集聚、工业与服务业协同集聚对长江经济带城市工业绿色发展内生动力的差异性影响，以全面厘清不同类别产业集聚在长江经济带城市空间的工业绿色发展效应，并指明提升工业绿色发展内生性的最优产业集聚路径。

（3）适度延展研究时段。由于本书所使用的绝大多数指标都是相对比率指标，无论是工业绿色发展效率、环境规制强度、产业集聚水平，还是相关控制变量，可在一定程度上忽略规上工业企业统计指标口径调整所产生的统计误差，在样本中剔除贵州省铜仁市和毕节市，将研究时段适度向前延长。或者随时间推移，待《中国城市统计年鉴》(2018—2022)及相关年鉴和统计公报出版，补齐2017—2021年数据，探讨2011—2021年间环境规制、产业集聚对长江经济带城市工业绿色发展效率的影响效应，并将分析结果与当前结果进行对比，以进一步增强本书研究结论的可靠性。

参考文献

白福臣，张苇锟，廖泽芳.2016. 进出口贸易与环境效率的异质性——基于中国省际面板数据的实证研究[J]. 经济问题探索，(6)：134-142.

白雪洁，孟辉.2017. 服务业真的比制造业更绿色环保？——基于能源效率的测度与分解[J]. 产业经济研究，(3)：1-14.

班斓，袁晓玲.2016. 中国八大区域绿色经济效率的差异与空间影响机制[J]. 西安交通大学学报(社会科学版)，(3)：22-30.

薄文广，徐玮，王军锋.2018. 地方政府竞争与环境规制异质性：逐底竞争还是逐项竞争？[J]. 中国软科学，(11)：76-93.

蔡洁，夏显力，李世平.2015. 新型城镇化视角下的区域生态效率研究——以山东省 17 地市面板数据为例[J]. 资源科学，(11)：2271-2278.

曹鹏，白永平.2018. 中国省域绿色发展效率的时空格局及其影响因素[J]. 甘肃社会科学，(4)：242-248.

车磊，白永平，周亮，等.2018. 中国绿色发展效率的空间特征及溢出分析[J]. 地理科学，38(11)：1788-1798.

陈超凡.2016. 中国工业绿色全要素生产率及其影响因素——基于 ML 生产率指数及动态面板模型的实证研究[J]. 统计研究，(3)：53-62.

陈建军，黄洁，陈国亮.2009. 产业集聚间分工和地区竞争优势——来自长三角微观数据的实证[J]. 中国工业经济，(3)：130-139.

陈瑶.2018. 中国区域工业绿色发展效率评估——基于 R&D 投入视角[J]. 经济问题，(12)：77-83.

陈真玲.2016. 生态效率、城镇化与空间溢出——基于空间面板杜宾模型的研究[J]. 管理评论，(11)：66-74.

程必定.1995. 区域的外部性内部化和内部性外部化——缩小我国区域经济发展差距的一种思路[J]. 经济研究，(7)：61-66.

程必定. 1998. 区域经济空间秩序[M]. 合肥：安徽人民出版社：119-128.

程广斌，龙文.2017. 丝绸之路经济带城市可持续发展能力及其影响因素——基于超效率 DEA—面板 Tobit 模型的实证检验[J]. 华东经济管理，(1)：35-43.

程晓娟，韩庆兰，全春光.2013. 基于PCA-DEA组合模型的中国煤炭产业生态效率研究[J]. 资源科学，(6)：1292-1299.

程长明，陈学云.2018. 长江经济带物流业环境效率与环境全要素生产率分析[J]. 统计与决策，34(18)：125-130.

程中华，李廉水，刘军.2017. 产业集聚有利于能源效率提升吗[J]. 统计与信息论坛，(3)：70-76.

程中华，于斌斌.2014. 产业集聚与地区工资差距——基于中国城市数据的空间计量分析[J]. 当代经济科学，36(6)：86-94，125.

迟远英，张宇.2016. 省际能源效率评价及其影响因素分析——基于Malmquist指数的实证研究[J]. 价格理论与实践，(8)：113-116.

初善冰，黄安平.2012. 外商直接投资对区域生态效率的影响——基于中国省际面板数据的检验[J]. 国际贸易问题，(11)：128-144.

邓英芝.2015. 中国电力系统环境效率研究：考虑松弛变量的网络DEA视角[J]. 中国软科学，(11)：145-154.

丁宇，李贵才.2010. 基于生态效率的深圳市交通环境与经济效益分析[J]. 中国人口·资源与环境，(3)：155-161.

董直庆，王辉.2019. 环境规制的"本地—邻地"绿色技术进步效应[J]. 中国工业经济，(1)：100-118.

杜传忠，陈维宣，胡俊.2018. 信息技术、所有制结构与电子商务产业集聚——产业集聚力影响因素的实证检验[J]. 现代财经(天津财经大学学报)，38(12)：82-95.

方行明，魏静，郭丽丽.2017. 可持续发展理论的反思与重构[J]. 经济学家，(3)：24-31.

冯博，王雪青.2015. 中国建筑业能源经济效率与能源环境效率研究——基于SBM模型和面板Tobit模型的两阶段分析[J]. 北京理工大学学报(社会科学版)，(1)：14-22.

盖美，孔祥镇，曲本亮.2016. 中国省际传统经济效率与绿色经济效率时空演变分析[J]. 资源开发与市场，(7)：780-787.

盖美，连冬，田成诗，等.2014. 辽宁省环境效率及其时空分异[J]. 地理研究，(12)：2345-2357.

盖兆军.2015. 基于低碳经济的我国电力行业可持续发展研究[D].长春：吉林大学：24-25.

高建刚. 2015. 中国能源效率、环境绩效与政策优化[M]. 北京：经济科学出版社：56-57.

高苇，成金华，张均.2018. 异质性环境规制对矿业绿色发展的影响[J]. 中国人口·资源与环境，28(11)：150-161.

龚新蜀，王曼，张洪振.2018. FDI、市场分割与区域生态效率：直接影响与溢出效应[J]. 中国人口·资源与环境，28(8)：95-104.

关爱萍，张宇.2015. 中国制造业产业集聚度的演进态势：1993-2012——基于修正的E-G指数[J]. 产经评论，6(4)：15-27.

郭付友，佟连军，魏强，等.2016. 松花江流域(吉林省段)产业系统生态效率时空分异特征与影响因素[J]. 地理研究，(8)：1483-1494.

郭四代，仝梦，郭杰，等.2018. 基于三阶段DEA模型的省际真实环境效率测度与影响因素分析[J]. 中国人口·资源与环境，28(3)：106-116.

韩晶，陈超凡，施发启.2014. 中国制造业环境效率、行业异质性与最优规制强度[J]. 统计研究，(3)：61-67.

韩永辉，黄亮雄，王贤彬.2016. 产业结构优化升级改进生态效率了吗？[J]. 数量经济技术经济研究，(4)：40-59.

韩增林，吴爱玲，彭飞，等.2018. 基于非期望产出和门槛回归模型的环渤海地区生态效率[J]. 地理科学进展，37(2)：255-265.

郝寿义，张永恒.2016. 环境规制对经济集聚的影响研究——基于新经济地理学视角[J]. 软科学，30(4)：27-30.

何枫，祝丽云，马栋栋，等.2015. 中国钢铁企业绿色技术效率研究[J]. 中国工业经济，(7)：84-98.

何雄浪.2014. 多要素流动、产业空间演化与多重经济地理均衡[J]. 财贸研究，25(1)：38-46.

何宜庆，陈林心，周小刚.2016. 长江经济带生态效率提升的空间计量分析——基于金融集聚和产业结构优化的视角[J]. 生态经济，(1)：22-26.

贺灿飞，张腾，杨晟朗.2013. 环境规制效果与中国城市空气污染[J]. 自然资源学报，28(10)：1651-1663.

侯孟阳，姚顺波.2018. 1978—2016年中国农业生态效率时空演变及趋势预测[J]. 地理学报，73(11)：2168-2183.

胡安军，郭爱君，钟方雷，等.2018. 高新技术产业集聚能够提高地区绿色经济效率吗？[J]. 中国人口·资源与环境，28(9)：93-101.

胡鞍钢，周绍杰.2014. 绿色发展：功能界定、机制分析与发展战略[J]. 中国人口·资源与环境，(1)：14-20.

胡彪，付中阳.2017. 京津冀地区循环经济效率测评[J]. 城市问题，(8)：52-58.

黄聪英，林宸彧.2018. 福建工业绿色发展的制约因素与路径选择研究[J]. 福建师范大学学报(哲学社会科学版)，(1)：29-38，169.

黄建欢. 2016. 区域异质性、生态效率与绿色发展[M]. 北京：中国社会科学出版社：18-20.

黄建欢，方霞，黄必红.2018. 中国城市生态效率空间溢出的驱动机制：见贤思齐VS见劣自缓[J]. 中国软科学，(3)：97-109.

黄建欢，谢优男，余燕团.2018. 城市竞争、空间溢出与生态效率：高位压力和低位吸力的影响[J]. 中国人口·资源与环境，28(3)：1-12.

黄杰.2018. 中国能源环境效率的空间关联网络结构及其影响因素[J]. 资源科学，40(4)：

759-772.

黄杰.2018b. 中国绿色发展效率的区域差异及动态演进[J]. 地域研究与开发，37(4)：13-18.

黄娟，汪明进.2016. 科技创新、产业集聚与环境污染[J]. 山西财经大学学报，38(4)：50-61.

黄磊，吴传清. 2019. 长江经济带城市工业绿色发展效率及其空间驱动机制研究[J]. 中国人口·资源与环境，29(8)：40-49.

黄磊，吴传清. 2020. 环境规制对长江经济带城市工业绿色发展效率的影响研究[J]. 长江流域资源与环境，29(5)：1075-1085.

黄庆华，胡江峰，陈习定.2018. 环境规制与绿色全要素生产率：两难还是双赢？[J]. 中国人口·资源与环境，28(11)：140-149.

黄泰岩，特木钦.2017. 绿色经济问题研究新进展[J]. 工业技术经济，36(12)：3-9.

黄跃，李琳.2017. 中国城市群绿色发展水平综合测度与时空演化[J]. 地理研究，36(7)：1309-1322.

黄志斌，姚灿，王新.2015. 绿色发展理论基本概念及其相互关系辨析[J]. 自然辩证法研究，(8)：108-113.

姬晓辉，汪健莹.2016. 基于面板门槛模型的环境规制对区域生态效率溢出效应研究[J]. 科技管理研究，(3)：246-251.

贾军.2015. 基于东道国环境技术创新的 FDI 绿色溢出效应研究——制度环境的调节效应[J]. 软科学，(3)：28-32.

贾丽虹.2003. 外部性理论及其政策边界[D]：[博士].广州：华南师范大学：30.

江静，马莹.2018. 中国服务业全要素能源效率：测度与影响因素[J]. 北京工商大学学报(社会科学版)，33(5)：23-32.

姜兆华,等. 2012. 区域创新与生态效率革命[M]. 北京：科学出版社：166-167.

经济合作与发展组织. 1996. 环境管理中的经济手段[M]. 张世秋，李彬，译. 北京：中国环境科学出版社：24-40.

景守武，张捷.2018. 我国省际能源环境效率收敛性分析[J]. 山西财经大学学报，40(1)：1-11.

孔凡斌，李华旭.2017. 长江经济带产业梯度转移及其环境效应分析——基于沿江地区 11 个省(市)2006—2015 年统计数据[J]. 贵州社会科学，(9)：87-93.

孔海宁.2016. 中国钢铁企业生态效率研究[J]. 经济与管理研究，(9)：88-95.

雷玉桃，游立素.2018. 区域差异视角下环境规制对产业生态化效率的影响[J]. 产经评论，9(6)：140-150.

李斌，彭星.2013. 环境规制工具的空间异质效应研究——基于政府职能转变视角的空间计量分析[J]. 产业经济研究，(6)：38-47.

李成宇，张士强，张伟.2018. 中国省际工业生态效率空间分布及影响因素研究[J]. 地理科学，38(12)：1970-1978.

李程宇，邵帅.2017.可预期减排政策会引发“绿色悖论”效应吗？——基于中国供给侧改革与资本稀缺性视角的考察[J].系统工程理论与实践，37(5)：1184-1200.

李翠霞，曹亚楠.2017.中国奶牛养殖环境效率测算分析[J].农业经济问题，(3)：80-88.

李东方，杨柳青青.2018.我国城市生态效率的空间关联与空间溢出效应[J].中南民族大学学报(人文社会科学版)，38(4)：176-180.

李峰，何伦志.2017.碳排放约束下我国全要素能源效率测算及影响因素研究[J].生态经济，(5)：35-41.

李虹，邹庆.2018.环境规制、资源禀赋与城市产业转型研究——基于资源型城市与非资源型城市的对比分析[J].经济研究，53(11)：182-198.

李佳佳，罗能生.2016.中国区域环境效率的收敛性、空间溢出及成因分析[J].软科学，(8)：1-5.

李金凯，程立燕，张同斌.2017.外商直接投资是否具有“污染光环”效应？[J].中国人口·资源与环境，27(10)：74-83.

李静.2009.中国区域环境效率的差异与影响因素研究[J].南方经济，(12)：24-35.

李静.2012.中国地区环境效率的差异与规制研究[M].北京：社会科学文献出版社：68-69.

李廉水，周勇.2006.技术进步能提高能源效率吗？——基于中国工业部门的实证检验[J].管理世界，(1)：82-89.

李胜文，李新春，杨学儒.2010.中国的环境效率与环境管制——基于1986—2007年省级水平的估算[J].财经研究，(2)：59-68.

李爽，郭燕青.2017.新能源汽车企业创新生态效率测度——基于2012—2015年面板数据的实证分析[J].软科学，(4)：23-26.

李思慧.2011.产业集聚、人力资本与企业能源效率——以高新技术企业为例[J].财贸经济，(9)：128-134.

李在军，胡美娟，周年兴.2018.中国地级市工业生态效率空间格局及影响因素[J].经济地理，38(12)：126-134.

林伯强，刘泓汛.2015.对外贸易是否有利于提高能源环境效率——以中国工业行业为例[J].经济研究，(9)：127-141.

林伯强，谭睿鹏.2019.中国经济集聚与绿色经济效率[J].经济研究，54(2)：119-132.

林文凯，林璧属.2018.区域旅游产业生态效率评价及其空间差异研究——以江西省为例[J].华东经济管理，32(6)：19-25.

刘殿国，郭静如.2016.中国省域环境效率影响因素的实证研究——基于社会嵌入视角和多层统计模型的分析[J].中国人口·资源与环境，(8)：79-87.

刘和旺，向昌勇，郑世林.2018.“波特假说”何以成立：来自中国的证据[J].经济社会体制比较，(1)：54-62.

刘佳骏，董锁成，李宇.2011.产业结构对区域能源效率贡献的空间分析——以中国大陆31省

(市、自治区)为例[J]. 自然资源学报，(12)：1999-2011.

刘金林.2015. 环境规制、生产技术进步与区域产业集聚[D].重庆：重庆大学：32-35.

刘金林，冉茂盛.2015. 环境规制、行业异质性与区域产业集聚——基于省际动态面板数据模型的 GMM 方法[J]. 财经论丛，(1)：16-23.

刘军，马勇.2017. 旅游可持续发展的视角：旅游生态效率的一个综述[J]. 旅游学刊，32(9)：47-56.

刘习平，宋德勇.2013. 城市产业集聚对城市环境的影响[J]. 城市问题，(3)：9-15.

刘小铁.2017. 我国制造业产业集聚与环境污染关系研究[J]. 江西社会科学，37(1)：72-79.

刘耀彬，袁华锡，封亦代.2018. 产业集聚减排效应的空间溢出与门槛特征[J]. 数理统计与管理，37(2)：224-234.

刘耀彬，袁华锡，王喆.2017. 文化产业集聚对绿色经济效率的影响——基于动态面板模型的实证分析[J]. 资源科学，(4)：747-755.

刘云强，权泉，朱佳玲，等.2018. 绿色技术创新、产业集聚与生态效率——以长江经济带城市群为例[J]. 长江流域资源与环境，27(11)：2395-2406.

卢二坡，杜俊涛.2018. 环境策略互动与长江经济带的生态效率[J]. 陕西师范大学学报(哲学社会科学版)，47(6)：68-78.

卢风.2017. 绿色发展与生态文明建设的关键和根本[J]. 中国地质大学学报(社会科学版)，(1)：1-9.

卢丽文，宋德勇，李小帆.2016. 长江经济带城市发展绿色效率研究[J]. 中国人口·资源与环境，26(6)：35-42.

卢幸烨，马晓明，熊思琴.2017. 中国东部地区交通运输业环境效率分析[J]. 管理现代化，(3)：88-91.

卢燕群，袁鹏.2017. 中国省域工业生态效率及影响因素的空间计量分析[J]. 资源科学，(7)：1326-1337.

陆大道.2018. 长江大保护与长江经济带的可持续发展——关于落实习总书记重要指示，实现长江经济带可持续发展的认识与建议[J]. 地理学报，73(10)：1829-1836.

罗能生，李佳佳，罗富政.2013. 中国城镇化进程与区域生态效率关系的实证研究[J]. 中国人口·资源与环境，23(11)：53-60.

罗能生，李建明.2018. 产业集聚及交通联系加剧了雾霾空间溢出效应吗？——基于产业空间布局视角的分析[J]. 产业经济研究，(4)：52-64.

罗能生，王玉泽，彭郁，等.2018. 长江中游城市群生态效率的空间关系及其协同提升机制研究[J]. 长江流域资源与环境，27(7)：1444-1453.

罗能生，张梦迪.2017. 人口规模、消费结构和环境效率[J]. 人口研究，(3)：38-52.

罗喜英.2012. 基于循环经济的资源损失定量化研究[D].长沙：中南大学：134-138.

马爱锄.2003. 西北开发资源环境承载力研究[D].杨凌：西北农林科技大学：75-76.
马海霞. 2003. 体制转轨中的区域传递机制[M]. 乌鲁木齐：新疆人民出版社：58-82.
马骏，王雪晴.2017. 长江经济带工业环境效率差异及其影响因素——基于超效率 DEA-Malmquist-Tobit 模型[J]. 河海大学学报(哲学社会科学版)，(3)：49-54.
孟凡生，邹韵.2018. 基于 PP-SFA 的能源生态效率动态评价——以我国 30 个省市自治区为例[J]. 系统工程，36(5)：47-56.
牛文元.2012. 中国可持续发展的理论与实践[J]. 中国科学院院刊，27(3)：280-289.
齐建国.2004. 关于循环经济理论与政策的思考[J]. 经济纵横，(2)：35-39.
钱龙.2018. 中国城市绿色经济效率测度及影响因素的空间计量研究[J]. 经济问题探索，(8)：160-170.
钱争鸣，刘晓晨.2014a. 环境管制、产业结构调整与地区经济发展[J]. 经济学家，(7)：73-81.
钱争鸣，刘晓晨.2014b. 我国绿色经济效率的区域差异及收敛性研究[J]. 厦门大学学报(哲学社会科学版)，(1)：110-118.
秦炳涛，葛力铭.2018. 相对环境规制、高污染产业转移与污染集聚[J]. 中国人口·资源与环境，28(12)：52-62.
邱兆林，王业辉.2018. 行政垄断约束下环境规制对工业生态效率的影响——基于动态空间杜宾模型与门槛效应的检验[J]. 产业经济研究，(5)：114-126.
屈文波.2018a. 中国区域生态效率的时空差异及驱动因素[J]. 华东经济管理，32(3)：59-66.
屈文波.2018b. 环境规制、空间溢出与区域生态效率——基于空间杜宾面板模型的实证分析[J]. 北京理工大学学报(社会科学版)，20(6)：27-33.
屈小娥.2018. 中国生态效率的区域差异及影响因素——基于时空差异视角的实证分析[J]. 长江流域资源与环境，27(12)：2673-2683.
任龙.2016. 以生态资本为基础的经济可持续发展理论研究[D].青岛：青岛大学：61-63.
任胜钢，蒋婷婷，李晓磊，等.2016. 中国环境规制类型对区域生态效率影响的差异化机制研究[J]. 经济管理，(1)：157-165.
任宇飞，方创琳.2017. 京津冀城市群县域尺度生态效率评价及空间格局分析[J]. 地理科学进展，(1)：87-98.
任宇飞，方创琳，蔺雪芹.2017. 中国东部沿海地区四大城市群生态效率评价[J]. 地理学报，72(11)：2047-2063.
沈坤荣，金刚，方娴.2017. 环境规制引起了污染就近转移吗？[J]. 经济研究，(5)：44-59.
沈满洪，何灵巧.2002. 外部性的分类及外部性理论的演化[J]. 浙江大学学报(人文社会科学版)，(1)：152-160.
沈能.2014. 工业集聚能改善环境效率吗？——基于中国城市数据的空间非线性检验[J]. 管理工程学报，(3)：57-63，10.

师博，任保平.2019. 产业集聚会改进能源效率么？[J]. 中国经济问题，(1)：27-39.
宋德勇，邓捷，弓媛媛.2017. 我国环境规制对绿色经济效率的影响分析[J]. 学习与实践，(3)：23-33.
宋德勇，赵菲菲.2018. 环境规制、资本深化对劳动生产率的影响[J]. 中国人口·资源与环境，28(7)：159-167.
苏利阳，郑红霞，王毅.2013. 中国省际工业绿色发展评估[J]. 中国人口·资源与环境，(8)：116-122.
孙慧，朱俏俏.2016. 中国资源型产业集聚对全要素生产率的影响研究[J]. 中国人口·资源与环境，26(1)：121-130.
孙茜.2017. 空间信息技术支持下的区域资源环境承载力时空分异及驱动机制研究[D].焦作：河南理工大学：20-21.
谭雪，杨喆，黄枭枭，等.2015. 用水和排水视角下中国环境效率分析[J]. 干旱区资源与环境，(4)：131-136.
滕玉华，刘长进.2010. 外商直接投资的R&D溢出与中国区域能源效率[J]. 中国人口·资源与环境，(8)：142-147.
田晖，宋清，胡边疆.2018. 汽车零部件物流系统生态效率的评价：以湖南长丰猎豹汽车制造股份有限公司为例[J]. 系统工程，36(7)：105-112.
田伟，杨璐嘉，姜静.2014. 低碳视角下中国农业环境效率的测算与分析——基于非期望产出的SBM模型[J]. 中国农村观察，(5)：59-71.
田旭，王善高.2016. 中国粮食生产环境效率及其影响因素分析[J]. 资源科学，(11)：2106-2116.
童健，刘伟，薛景.2016. 环境规制、要素投入结构与工业行业转型升级[J]. 经济研究，51(7)：43-57.
汪克亮，刘悦，史利娟，等.2017. 长江经济带工业绿色水资源效率的时空分异与影响因素——基于EBM-Tobit模型的两阶段分析[J]. 资源科学，(8)：1522-1534.
汪克亮，孟祥瑞，程云鹤.2016. 环境压力视角下区域生态效率测度及收敛性——以长江经济带为例[J]. 系统工程，(4)：109-116.
汪克亮，史利娟，刘蕾，等.2018. 长江经济带大气环境效率的时空异质性与驱动因素研究[J]. 长江流域资源与环境，27(3)：453-462.
汪克亮，王丹丹，孟祥瑞.2017. 技术的异质性、技术差距与中国区域大气环境效率[J]. 华东经济管理，(5)：48-55.
王宝义，张卫国.2018. 中国农业生态效率的省际差异和影响因素——基于1996—2015年31个省份的面板数据分析[J]. 中国农村经济，(1)：46-62.
王兵，黄人杰.2014. 中国区域绿色发展效率与绿色全要素生产率：2000—2010——基于参数共同边界的实证研究[J]. 产经评论，(1)：16-35.

王兵，刘亚.2016. 外资企业具有更高的环境效率吗——以东莞市为例[J]. 暨南学报(哲学社会科学版)，(12)：37-49.

王兵，唐文狮，吴延瑞，等.2014. 城镇化提高中国绿色发展效率了吗？[J]. 经济评论，(4)：38-49.

王锋，冯根福.2013. 基于DEA窗口模型的中国省际能源与环境效率评估[J]. 中国工业经济，(7)：56-68.

王军，耿建.2014. 中国绿色经济效率的测算及实证分析[J]. 经济问题，(4)：52-55.

王奎峰.2015. 山东半岛资源环境承载力综合评价与区划[D].徐州：中国矿业大学：7-8.

王丽萍，李淑琴.2018. 资源环境承载力研究进展[J]. 资源开发与市场，34(5)：644-648.

王连芬，温佳丽.2016. 最终需求侧中国工业环境效率测算及影响因素分解[J]. 工业技术经济，(3)：118-126.

王婷婷，朱建平.2015. 环境约束下电力行业能源效率研究[J]. 中国人口·资源与环境，(3)：120-127.

王晓云，魏琦，胡贤辉.2016. 我国城市绿色经济效率综合测度及时空分异——基于DEA-BCC和Malmquist模型[J]. 生态经济，(3)：40-45.

王志祥，张洪振，龚新蜀，等.2018. 物流产业集聚、市场分割与区域绿色经济效率[J]. 经济经纬，(5)：87-93.

韦伯. 2010. 工业区位论[M]. 李刚剑，陈志人，张英保，译. 北京：商务印书馆：35-52.

魏和清，李颖.2018. 我国绿色发展指数的空间分布及地区差异探析——基于探索性空间数据分析法[J]. 当代财经，(10)：3-13.

魏一鸣，廖华.2010. 能源效率的七类测度指标及其测度方法[J]. 中国软科学，(1)：128-137.

温忠麟，张雷，侯杰泰，等.2004. 中介效应检验程序及其应用[J]. 心理学报，(5)：614-620.

邬晓燕.2014. 绿色发展及其实践路径[J]. 北京交通大学学报(社会科学版)，13(3)：97-101.

吴传清.2009. 经典区际经济传递理论的演进：一个文献述评[J]. 中南财经政法大学学报，(1)：15-19，142.

吴传清，杜宇.2018. 偏向型技术进步对长江经济带全要素能源效率影响研究[J]. 中国软科学，(3)：110-119.

吴传清，黄磊.2018. 长江经济带工业绿色发展效率及其影响因素研究[J]. 江西师范大学学报(哲学社会科学版)，51(3)：91-99.

吴传清，宋筱筱.2018. 长江经济带城市绿色发展影响因素及效率评估[J]. 学习与实践，(4)：5-13.

吴传清，张雅晴.2018. 环境规制对长江经济带工业绿色生产率的门槛效应[J]. 科技进步与对策，(8)：46-51.

吴昊，车国庆.2018. 中国地区生态效率的空间特征及收敛性分析[J]. 商业经济与管理，(5)：

50-61.

吴静.2018. 论绿色发展的三重维度[J]. 宁夏社会科学，(6)：17-21.

吴晓怡，邵军.2016. 进口开放对中国制造业能源效率的影响——基于关税减让的实证分析[J]. 财贸经济，(6)：82-96.

吴旭晓.2016. 区域工业绿色发展效率动态评价及提升路径研究——以重化工业区域青海、河南和福建为例[J]. 生态经济，(2)：63-68.

夏光.2010. "绿色经济"新解[J]. 环境保护，(7)：8-10.

肖周燕，沈左次.2019. 人口集聚、产业集聚与环境污染的时空演化及关联性分析[J]. 干旱区资源与环境，33(2)：1-8.

谢子远，吴丽娟.2017. 产业集聚水平与中国工业企业创新效率——基于20个工业行业2000—2012年面板数据的实证研究[J]. 科研管理，(1)：91-99.

邢晓柳.2015. 西部民族地区城镇化对能源效率影响的实证分析——以云南省为例[J]. 资源开发与市场，(8)：924-927.

邢贞成，王济干，张婕.2018. 中国区域全要素生态效率及其影响因素研究[J]. 中国人口·资源与环境，28(07)：119-126.

徐杰芳，田淑英，占沁嫣.2016. 中国煤炭资源型城市生态效率评价[J]. 城市问题，(12)：85-93.

徐梦雨，张建华.2018. 产业集聚对空气质量的影响[J]. 城市问题，(7)：55-62.

许罗丹，张媛.2018. 基于DEA模型的中国省际生态效率测度与影响因素分析[J]. 河北经贸大学学报，39(4)：30-35.

许旭红，谢志忠，胥烨.2018. 我国金融发展对能源效率变动影响的实证研究——以省际面板数据为分析依据[J]. 东南学术，(6)：127-136.

薛澜，张慧勇.2017. 第四次工业革命对环境治理体系建设的影响与挑战[J]. 中国人口·资源与环境，27(9)：1-5.

杨红娟，张成浩.2016. 企业技术创新对生态效率提升的有效性研究[J]. 经济问题，(12)：71-76.

杨平宇，陈建军.2018. 产业集聚、绿色发展与治理体系研究——基于浙南产业集聚区的调查[J]. 经济体制改革，(5)：93-100.

杨仁发.2013. 产业集聚与地区工资差距——基于我国269个城市的实证研究[J]. 管理世界，(8)：41-52.

杨仁发.2015. 产业集聚能否改善中国环境污染[J]. 中国人口·资源与环境，25(2)：23-29.

杨仁发，李娜娜.2018. 产业集聚、FDI与制造业全球价值链地位[J]. 国际贸易问题，(6)：68-81.

杨树旺，江奇胜，易扬.2018. 湖北省绿色发展与高新技术产业集聚的测度与实证[J]. 统计与决策，34(14)：140-143.

杨亦民，王梓龙.2017. 湖南工业生态效率评价及影响因素实证分析——基于DEA方法[J]. 经济地理，37(10)：151-156.

杨志江，文超祥.2017. 中国绿色发展效率的评价与区域差异[J]. 经济地理，(3)：10-18.

杨仲山，魏晓雪.2018. “一带一路”重点地区全要素能源效率——测算、分解及影响因素分析[J]. 中国环境科学，38(11)：4384-4392.

姚增福，刘欣.2018. 要素禀赋结构升级、异质性人力资本与农业环境效率[J]. 人口与经济，(2)：37-47.

尹传斌，朱方明，邓玲.2017. 西部大开发十五年环境效率评价及其影响因素分析[J]. 中国人口·资源与环境，(3)：82-89.

尹科，王如松，周传斌，等.2012. 国内外生态效率核算方法及其应用研究述评[J]. 生态学报，32(11)：3595-3605.

于斌斌.2017. 产业结构调整如何提高地区能源效率？——基于幅度与质量双维度的实证考察[J]. 财经研究，(1)：86-97.

袁润松，丰超，王苗，等.2016. 技术创新、技术差距与中国区域绿色发展[J]. 科学学研究，(10)：1593-1600.

原毅军，谢荣辉.2014. 环境规制的产业结构调整效应研究——基于中国省际面板数据的实证检验[J]. 中国工业经济，(8)：57-69.

原毅军，谢荣辉.2016. 环境规制与工业绿色生产率增长——对“强波特假说”的再检验[J]. 中国软科学，(7)：144-154.

苑清敏，申婷婷，邱静.2015. 中国三大城市群环境效率差异及其影响因素[J]. 城市问题，(7)：10-18.

岳书敬，邹玉琳，胡姚雨.2015. 产业集聚对中国城市绿色发展效率的影响[J]. 城市问题，(10)：49-54.

张兵兵.2014. 碳排放约束下中国全要素能源效率及其影响因素研究[J]. 当代财经，(6)：13-22.

张炳，毕军，黄和平，等.2008. 基于DEA的企业生态效率评价：以杭州湾精细化工园区企业为例[J]. 系统工程理论与实践，(4)：159-166.

张德钢，陆远权.2017. 市场分割对能源效率的影响研究[J]. 中国人口·资源与环境，(1)：65-72.

张恒，周中林，肖祎平.2014. 低碳经济下我国商业银行绿色管理效率的实证分析——基于组合DEA模型[J]. 上海财经大学学报，16(2)：43-50.

张宏军.2007. 西方外部性理论研究述评[J]. 经济问题，(2)：14-16.

张健梅.2014. 基于循环经济的企业成本管理研究[D].济南：山东大学：35-43.

张江雪，蔡宁，杨陈.2015. 环境规制对中国工业绿色增长指数的影响[J]. 中国人口·资源与环境，25(1)：24-31.

张可，豆建民.2015. 集聚与环境污染——基于中国287个地级市的经验分析[J]. 金融研究，(12)：32-45.

张庆芝，何枫，雷家骕.2013. 技术效率视角下我国钢铁企业节能减排与企业规模研究[J]. 软科学，27(8)：6-10.

张晓第.2008. 环境效率经济的理论与实践研究[D].北京：中国地质大学：149.

张运生.2012. 内生外部性理论研究新进展[J]. 经济学动态，(12)：115-124.

赵洪生.2017. 关于工业绿色发展的目标与路径研究——以江苏常熟市为例[J]. 现代经济探讨，(1)：78-82.

赵景林.2015. 中国省域旅游产业可持续发展系统研究[D]：[博士].哈尔滨：哈尔滨工业大学：189.

赵凯，陈甬军.2006. 对循环经济技术范式——"XR"原则的探讨[J]. 中国工业经济，(6)：44-50.

赵立成，任承雨.2012. 绿色经济视角下环渤海经济圈经济效率的再评价——基于熵权法和DEA-Malmquist 方法[J]. 资源开发与市场，(1)：45-47.

赵领娣，郝青.2013. 人力资本和科技进步对能源效率的影响效应——基于区域面板数据[J]. 北京理工大学学报(社会科学版)，(1)：19-25.

赵领娣，张磊，徐乐，等.2016. 人力资本、产业结构调整与绿色发展效率的作用机制[J]. 中国人口·资源与环境，(11)：106-114.

赵璐，赵作权.2014. 中国制造业的大规模空间聚集与变化——基于两次经济普查数据的实证研究[J]. 数量经济技术经济研究，31(10)：110-121.

赵璐，赵作权.2018. 中国经济空间转型与新时代全国经济东西向布局[J]. 城市发展研究，25(7)：18-24.

赵玉民，朱方明，贺立龙.2009. 环境规制的界定、分类与演进研究[J]. 中国人口·资源与环境，19(6)：85-90.

郑慧，贾珊，赵昕.2017. 新型城镇化背景下中国区域生态效率分析[J]. 资源科学，(7)：1314-1325.

郑宇梅，高纯一，雷光春.2017. 林业产业集聚水平与生态效率实证分析——基于中国 15 个省域面板数据的检验[J]. 经济地理，37(10)：136-142.

钟茂初.2018. 长江经济带生态优先绿色发展的若干问题分析[J]. 中国地质大学学报(社会科学版)，18(6)：8-22.

钟茂初，姜楠.2017. 政府环境规制内生性的再检验[J]. 中国人口·资源与环境，27(12)：70-78.

仲伟周，吴穹，张跃胜，等.2017. 信息化、环境规制与制造业空间集聚[J]. 华东经济管理，31(9)：98-103.

周灿.2014. 中国保险业的经济外部性实证研究[D].长沙：中南大学：31.

周杰琦，汪同三.2017. 外商投资、环境监管与环境效率——理论拓展与来自中国的经验证据[J]. 产业经济研究，(4)：67-79.

周明生，王帅.2018. 产业集聚是导致区域环境污染的"凶手"吗？——来自京津冀地区的证据

[J]. 经济体制改革，(5)：185-190.

朱承亮，岳宏志，师萍.2011. 环境约束下的中国经济增长效率研究[J]. 数量经济技术经济研究，(5)：3-20.

诸大建.2015. 重构城市可持续发展理论模型——自然资本新经济与中国发展C模式[J]. 探索与争鸣，(6)：18-21.

诸大建，朱远.2006. 循环经济：三个方面的深化研究[J]. 社会科学，(4)：46-55.

邹倩，朱兆阁，王艳秋.2018. 石化企业生态效率评价[J]. 生态经济，34(8)：70-74.

邹璇，黄萌，余燕团.2018. 交通、信息通达性与区域生态效率——考虑空间溢出效应的研究[J]. 中南大学学报(社会科学版)，24(2)：87-95，158.

Abdulai A N，Abdulai A. 2017. Examining the impact of conservation agriculture on environmental efficiency among maize farmers in Zambia[J]. Environment and Development Economics，22(2)：177-201.

Aldanondo-Ochoa A M，Casasnovas-Oliva V L，Almansa-Sáez M C. 2017. Cross-constrained measuring the cost-environment efficiency in material balance based frontier models[J]. Ecological Economics，142：46-55.

Andersen P，Petersen N C. 1993. A procedure for ranking efficient units in data envelopment analysis[J]. Management Science，39(10)：1261-1264.

Anselin L，Bera A K，Florax R，et al. 1996. Simple diagnostic tests for spatial dependence[J]. Regional Science and Urban Economics，26(1)：77-104.

Arabi B，Munisamy S，Emrouznejad A，et al. 2016. Eco-efficiency considering the issue of heterogeneity among power plants[J]. Energy，111：722-735.

Arellano M，Bond S. 1991. Some tests of specification for panel data：Monte Carlo evidence and an application to employment equations[J]. Review of Economic Studies，58(2)：277-297.

Arellano M，Bover O. 1995. Another look at the instrumental variable estimation of error-components models[J]. Journal of Econometrics，68(1)：29-51.

Baldwin R E，Forslid R. 2000. The core-periphery model and endogenous growth：stabilizing and destabilizing integration[J]. Economica，67(3)：307-324.

Baltagi B H. 2005. Econometric analysis of panel data[M]. 3rd ed. Chichester：John Wiley & Sons Ltd.：11-12.

Baumol W J，Oates W E. 1988. The theory of environmental policy[M]. Cambridge：Cambridge University Press：14-35.

Blundell R，Bond S. 1998. Initial conditions and moment restrictions in dynamic panel data models[J]. Journal of Econometrics，87：115-143.

Borozan D. 2018. Technical and total factor energy efficiency of European regions：A two-stage approach[J]. Energy, 152: 521-532.

Boulding K E. 1966. The economics of the coming spaceship earth[A].Jarrett H.Resources for the Future[C].Baltimore: Johns Hopkins University Press,3-14.

Bowman A W. 1984. An alternative method of cross-validation for the smoothing of density estimates[J]. Biometrika, 71(2): 353-360.

Brunsdon C, Fotheringham A S, Charlton M. 1999. Some notes on parametric significance tests for geographically weighted regression[J]. Journal of Regional Science, 39(3): 497-524.

Buchanan J M, Stubblebine W C. 1962. Externality[J]. Economica, 29(116): 371-384.

Camarero M, Castillo J, Picazo-Tadeo A J, et al. 2013. Eco-efficiency and convergence in OECD countries[J]. Environmental and Resource Economics, 55(1): 87-106.

Charmondusit K, Keartpakpraek K. 2011. Eco-efficiency evaluation of the petroleum and petrochemical group in the map Ta Phut Industrial Estate, Thailand[J]. Journal of Cleaner Production, 19(2): 241-252.

Chen L, Zhang X, He F, et al. 2019. Regional green development level and its spatial relationship under the constraints of haze in China[J]. Journal of Cleaner Production, 210: 376-387.

Chung Y H, Färe R, Grosskopf S. 1997. Productivity and undesirable outputs: A directional distance function approach[J]. Journal of Environmental Management, 51(3): 229-240.

Cieślik A, Ghodsi M. 2015. Agglomeration externalities, market structure and employment growth in high-tech industries: Revisiting the evidence[J]. Miscellanea Geographica, 19(3): 76-81.

Cleveland W S. 1979. Robust locally weighted regression and smoothing scatterplots[J]. Journal of the American Statistical Association, 74(368): 829-836.

Coase R H. 1960. The problem of social cost[J]. The Journal of Law & Economics, 3: 1-44.

Commendatore P, Kubin I, Petraglia C, et al. 2014. Regional integration, international liberalisation and the dynamics of industrial agglomeration[J]. Journal of Economic Dynamics and Control, 48: 265-287.

Ding L, Zheng H, Kang W. 2018. Measuring efficiency of ocean economy in China based on a novel Luenberger approach[J]. Romanian Journal of Economic Forecasting, 20(1): 5-22.

Dixit A K, Stiglitz J E. 1977. Monopolistic competition and optimum product diversity[J]. American Economic Review, 67(3): 297-308.

Elhorst J P. 2014. Spatial econometrics: from cross-sectional data to spatial panels[M]. Heidelberg: Springer: 37-67.

Eric N, Bravo-Ureta B E, Deep M. 2016. The good and the bad: Environmental efficiency in

Northeastern U.S. dairy farming[J]. Agricultural & Resource Economics Review, 45(1): 22-43.

Färe R, Grosskopf S. 2010. Directional distance functions and slacks-based measures of efficiency [J]. European Journal of Operational Research, 200(1): 320-322.

Forslid R. 2005. Tax competition and agglomeration: Main effects and empirical implications[J]. Swedish Economic Policy Review, 12(1): 113-137.

Fotheringham A S, Brunsdon C, Charlton M. 2002. Geographically weighted regression: The analysis of spatially varying relationships[M]. Chichester: John Wiley & Sons, Ltd: 61-62.

Fotheringham A S, Charlton M, Brunsdon C. 1996. The geography of parameter space: an investigation of spatial non-stationarity[J]. International Journal of Geographical Information Systems, 10(5): 605-627.

Fukuyama H, Weber W L. 2009. A directional slacks-based measure of technical inefficiency[J]. Socio-Economic Planning Sciences, 43(4): 274-287.

Gomes E G, Lins M P E. 2008. Modelling undesirable outputs with zero sum gains data envelopment analysis models[J]. Journal of the Operational Research Society, 59(5): 616-623.

Guan W, Xu S. 2016. Study of spatial patterns and spatial effects of energy eco-efficiency in China[J]. Journal of Geographical Sciences, 26(9): 1362-1376.

Gudipudi R, Lüdeke M K B, Rybski D, et al. 2018. Benchmarking urban eco-efficiency and urbanites' perception[J]. Cities, 74: 109-118.

Hailu H, Veeman T S. 2001. Non-parametric productivity Analysis with undesirable outputs: an application to the Canadian pulp and paper Industry[J]. American Journal of Agricultural Economics, 83(3): 605-616.

Halkos G, Petrou K N. 2019. Assessing 28 EU member states' environmental efficiency in national waste generation with DEA[J]. Journal of Cleaner Production, 208: 509-521.

Hirschman A O. 1957. Investment policies and "Dualism" in underdeveloped countries[J]. American Economic Review, 47(5): 550-570.

Hirschman A O. 1958. The strategy of economic development[M]. New Haven: Yale University Press: 183-186.

Hong N B, Takahashi Y, Yabe M. 2016. Environmental efficiency and economic losses of Vietnamese tea production: Implications for cost savings and environmental protection[J]. Journal of the Faculty of Agriculture Kyushu University, 61(2): 383-390.

Hou J, Teo T S H, Zhou F, et al. 2018. Does industrial green transformation successfully facilitate a decrease in carbon intensity in China? An environmental regulation perspective[J]. Journal of Cleaner Production, 184: 1060-1071.

Huang J, Xia J, Yu Y, et al. 2018. Composite eco-efficiency indicators for China based on data envelopment analysis[J]. Ecological Indicators, 85: 674-697.

Jahanshahloo G R, Vencheh A H, Foroughi A A, et al. 2004. Inputs/outputs estimation in DEA when some factors are undesirable[J]. Applied Mathematics and Computation, 156(1): 19-32.

Kang D, Lee D H. 2016. Energy and environment efficiency of industry and its productivity effect [J]. Journal of Cleaner Production, 135: 184-193.

Korhonen P J, Luptacik M. 2004. Eco-efficiency analysis of power plants: an extension of data envelopment analysis[J]. European Journal of Operational Research, 154(2): 437-446.

Kounetas K, Zervopoulos P D. 2019. A cross-country evaluation of environmental performance: Is there a convergence-divergence pattern in technology gaps? [J]. European Journal of Operational Research, 273(3): 1136-1148.

Krugman P. 1991. Increasing returns and economic geography[J]. Journal of Political Economy, 99(3): 483-499.

Krugman P, Venables A J. 1995. Globalization and the inequality of nations[J]. The Quarterly Journal of Economics, 110(4): 857-880.

Lahouel B B. 2016. Eco-efficiency analysis of French Firms: A data envelopment analysis approach[J]. Environmental Economics and Policy Studies, 18(3): 1-22.

Lee L F, Yu J. 2010. Estimation of spatial autoregressive panel data models with fixed effects[J]. Journal of Econometrics, 154(2): 165-185.

Li H, Fang K, Yang W, et al. 2013. Regional environmental efficiency evaluation in China: Analysis based on the super-SBM model with undesirable outputs [J]. Mathematical and Computer Modelling, 58(5-6): 1018-1031.

Li K, Fang L, He L. 2018. How urbanization affects China's energy efficiency: A spatial econometric analysis[J]. Journal of Cleaner Production, 200: 1130-1141.

Li X, Yang J, Liu X. 2013. Analysis of Beijing's environmental efficiency and related factors using a DEA model that considers undesirable outputs [J]. Mathematical and Computer Modelling, 58(5-6): 956-960.

Lin J, Xu C. 2017. The impact of environmental regulation on total factor energy efficiency: A cross-region analysis in China[J]. Energies, 10(10): 1-17.

Lin W B, Jin Y, Chen B. 2011. Temporal and Spatial Analysis of Integrated Energy and Environment Efficiency in China Based on a Green GDP Index[J]. Energies, 4(9): 1376-1390.

Liu J, Cheng Z, Zhang H. 2017. Does industrial agglomeration promote the increase of energy efficiency in China? [J]. Journal of Cleaner Production, 164: 30-37.

Liu X, Guo P, Guo S. 2019. Assessing the eco-efficiency of a circular economy system in China's coal mining areas: Emergy and data envelopment analysis[J]. Journal of Cleaner Production,

206：1101-1109.

Lozano S. 2017. Technical and environmental efficiency of a two-stage production and abatement system[J]. Annals of Operations Research，255(1-2)：199-219.

Lsage J，Pace R K. 2009. Introduction to spatial econometrics[M]. Florida：CRC Press：189-210.

Lv K，Yu A，Bian Y. 2017. Regional energy efficiency and its determinants in China during 2001-2010：A slacks-based measure and spatial econometric analysis[J]. Journal of Productivity Analysis，47(1)：65-81.

Marshall A. 1890. Principles of Economics[M]. London：Macmillan and Co.：38-44.

Mofrad A A，Fang Z，Bahrami N，et al. 2018. Ecological efficiency of decision-making units through development of mathematical model：The electricity distribution sector in Iran[J]. Ekoloji，27(106)：2105-2114.

Moutinho V M F，Fuinhas J A，Marques A C，et al. 2018. Assessing eco-efficiency through the DEA analysis and decoupling index in the Latin America countries[J]. Journal of Cleaner Production，205：512-524.

Mu W，Kanellopoulos A，van Middelaar C E，et al. 2018. Assessing the impact of uncertainty on benchmarking the eco-efficiency of dairy farming using fuzzy data envelopment analysis[J]. Journal of Cleaner Production，189：709-717.

Myrdal G. 1957. Economic theory and underdeveloped regions[M]. London：Gerald Duckworth & Co.：27-33.

OECD. 2011. Towards green growth：Monitoring progress - OECD Indicators[EB/OL]. [2019-1-31]. http：//www. oecd. org/greengrowth/towardsgreengrowthmonitoringprogress-oecdindicators.htm.

Oh D. 2010. A global Malmquist-Luenberger productivity index[J]. Journal of Productivity Analysis，34(3)：183-197.

Pan X，Liu Q，Peng X. 2015. Spatial club convergence of regional energy efficiency in China[J]. Ecological Indicators，51：25-30.

Pang J，Chen X，Zhang Z，et al. 2016. Measuring eco-efficiency of agriculture in China[J]. Sustainability，8(4)：398.

Papageorgiou G. 2016. Spatial environmental efficiency indicators in regional waste generation：A nonparametric approach[J]. Journal of Environmental Planning and Management，59(1)：62-78.

Pardo Martinez C I. 2013. An analysis of eco-efficiency in energy use and CO_2 emissions in the Swedish service industries[J]. Socio-Economic Planning Sciences，47(2)：120-130.

Pearce D W，Turner R K. 1990. Economics of natural resources and the environment [M].

London：Harvester Wheatsheaf：34-40.

Perkins R，Neumayer E. 2009. Transnational linkages and the spillover of environment-efficiency into developing countries[J]. Global Environmental Change，19(3)：375-383.

Pigou A C. 1920. The economics of welfare [M]. London：Macmillan and Co.：185-217.

Porter M E. 1990. The competitive advantage of nations[M]. New York：The Free Press：723-730.

Porter M E，Linde C V D. 1995. Green and competitive：Ending the stalemate[J]. Harvard Business Review，28(6)：119-134.

Rashidi K，Saen R F. 2015. Measuring eco-efficiency based on green indicators and potentials in energy saving and undesirable output abatement[J]. Energy Economics，50(4)：18-26.

Reinhard S，Lovell C A K，Thijssen G. 1999. Econometric estimation of technical and environmental efficiency：An application to Dutch dairy farms [J]. American Journal of Agricultural Economics，81(1)：44-60.

Ren S，Li X，Yuan B，et al. 2018. The effects of three types of environmental regulation on eco-efficiency：A cross-region analysis in China[J]. Journal of Cleaner Production，173：245-255.

Robaina-Alves M，Moutinho V，Macedo P. 2015. A new frontier approach to model the eco-efficiency in European countries[J]. Journal of Cleaner Production，103：562-573.

Sala-I-Martin X X. 1996. The classical approach to convergence analysis[J]. Economic Journal，106(437)：1019-1036.

Sanz-Díaz M T，Velasco-Morente F，Yñiguez R，et al. 2017. An analysis of Spain's global and environmental efficiency from a European Union perspective[J]. Energy Policy，104：183-193.

Seiford L M，Zhu J. 2002. Modeling undesirable factors in efficiency evaluation[J]. European Journal of Operational Research，142(1)：16-20.

Shao Y，Wang S. 2016. Productivity growth and environmental efficiency of the nonferrous metals industry：An empirical study of China[J]. Journal of Cleaner Production，137：1663-1671.

Silva Alves J L，De Medeiros D D. 2015. Eco-efficiency in micro-enterprises and small firms：a case study in the automotive services sector[J]. Journal of Cleaner Production，108：595-602.

Song M，Peng J，Wang J，et al. 2018. Environmental efficiency and economic growth of China：A Ray slack-based model analysis[J]. European Journal of Operational Research，269(1)：51-63.

Song M，Wang J. 2018. Environmental efficiency evaluation of thermal power generation in China based on a slack-based endogenous directional distance function model[J]. Energy，161：325-336.

Song M，Zhang L，An Q，et al. 2013. Statistical analysis and combination forecasting of environmental efficiency and its influential factors since China entered the WTO：2002-2010-2012 [J]. Journal of Cleaner Production，42：42-51.

Suh Y, Seol H, Bae H, et al. 2014. Eco-efficiency based on social performance and its relationship with financial performance[J]. Journal of Industrial Ecology, 18(6): 909-919.

Suzuki S, Nijkamp P. 2016. An evaluation of energy-environment-economic efficiency for EU, APEC and ASEAN countries: design of a target-oriented DFM model with fixed factors in data envelopment analysis[J]. Energy Policy, 88: 100-112.

Thies C, Kieckhäfer K, Spengler T S, et al. 2019. Operations research for sustainability assessment of products: A review[J]. European Journal of Operational Research, 274(1): 1-21.

Tone K. 2001. A slacks-based measure of efficiency in data envelopment analysis[J]. European Journal of Operational Research, 130(3): 498-509.

Tone K, Tsutsui M. 2010. An epsilon-based measure of efficiency in DEA - A third pole of technical efficiency[J]. European Journal of Operational Research, 207(3): 1554-1563.

UNIDO. 2011. UNIDO green industry-policies for supporting green industry[EB/OL]. [2019-1-5]. https://www.unido.org/sites/default/files/2011-05/web_policies_green_industry_0.pdf.

Urdiales M P, Lansink A O, Wall A. 2016. Eco-efficiency among dairy farmers: The importance of socio-economic characteristics and farmer attitudes[J]. Environmental & Resource Economics, 64(4): 559-574.

Viner J. 1932. Cost curves and supply curves[J]. Zeitschrift für Nationalökonomie, 3(1): 23-46.

Wan L, Luo B, Li T, et al. 2015. Effects of technological innovation on eco-efficiency of industrial enterprises in China[J]. Nankai Business Review International, 6(3): 226-239.

Wang P, Deng X, Zhang N, et al. 2019. Energy efficiency and technology gap of enterprises in Guangdong province: A meta-frontier directional distance function analysis[J]. Journal of Cleaner Production, 212: 1446-1453.

Wang R. 2018. Energy efficiency in China's industry sectors: A non-parametric production frontier approach analysis[J]. Journal of Cleaner Production, 200: 880-889.

Wang X, Shao Q. 2019. Non-linear effects of heterogeneous environmental regulations on green growth in G20 countries: Evidence from panel threshold regression[J]. Science of the Total Environment, 660: 1346-1354.

Wang Y, Yan W, Ma D, et al. 2018. Carbon emissions and optimal scale of China's manufacturing agglomeration under heterogeneous environmental regulation[J]. Journal of Cleaner Production, 176: 140-150.

WCED. 1987. Our common future[R]. New York: Oxford University Press, 12-13.

Wheeler C H. 2009. Technology and industrial agglomeration: Evidence from computer usage[J]. Papers in Regional Science, 88(1): 43-62.

Widodo W, Salim R, Bloch H. 2015. The effects of agglomeration economies on technical efficiency of manufacturing firms: Evidence from Indonesia[J]. Applied Economics, 47(31): 3258-3275.

World Bank. 2012. Inclusive green growth: The pathway to sustainable development[EB/OL]. [2019-2-16]. https://sustainabledevelopment.un.org/index.php? page=view&type=400&nr=690&menu=1515.

Wu C, Li Y, Liu Q, et al. 2013. A stochastic DEA model considering undesirable outputs with weak disposability[J]. Mathematical and Computer Modelling, 58(5): 980-989.

Xia Q, Li M, Wu H, et al. 2016. Does the Central Government's Environmental Policy Work? Evidence from the Provincial-Level Environment Efficiency in China [J]. Sustainability, 8(12): 1241.

Yang C, Hsiao C, Yu M. 2008. Technical efficiency and impact of environmental regulations in farrow-to-finish swine production in Taiwan[J]. Agricultural Economics, 39(1): 51-61.

Yang Q, Wan X, Ma H. 2015. Assessing green development efficiency of municipalities and provinces in China integrating models of super-efficiency DEA and Malmquist index[J]. Sustainability, 7(4): 4492-4510.

Yaqubi M, Shahraki J, Sabouhi S M. 2016. On dealing with the pollution costs in agriculture: A case study of paddy fields[J]. Science of the Total Environment, 556: 310.

Yu B, Hua C, Jiao J, et al. 2018. Green efficiency and environmental subsidy: Evidence from thermal power firms in China[J]. Journal of Cleaner Production, 188: 49-61.

Yu C, Shi L, Wang Y, et al. 2016. The eco-efficiency of pulp and paper industry in China: An assessment based on slacks-based measure and Malmquist-Luenberger index[J]. Journal of Cleaner Production, 127: 511-521.

Yu Y H, Xie W W, Dong Y S, et al. 2018. The influence of factor endowment on financial industry agglomeration - An empirical study based on the financial characteristic town[J]. Journal of Interdisciplinary Mathematics, 21(5): 1327-1332.

Yu Y, Huang J, Zhang N. 2018. Industrial eco-efficiency, regional disparity, and spatial convergence of China's regions[J]. Journal of Cleaner Production, 204: 872-887.

Yu Y, Zhang Y, Miao X. 2018. Impacts of dynamic agglomeration externalities on eco-efficiency: Empirical evidence from China[J]. International Journal of Environmental Research and Public Health, 15(10): 1-27.

Yuan B, Xiang Q. 2018. Environmental regulation, industrial innovation and green development of Chinese manufacturing: Based on an extended CDM model[J]. Journal of Cleaner Production, 176: 895-908.

Zhang C, He W, Hao R. 2016. Analysis of environmental regulation and total factor energy efficiency[J]. Current Science, 110(10): 1958-1968.

Zhang R, Sun B, Liu M. 2019. Do external technology sourcing and industrial agglomeration successfully facilitate an increase in the innovation performance of high-tech industries in China? [J]. IEEE Access, 7: 15414-15423.

Zhao L, Sun C, Liu F. 2017. Interprovincial two-stage water resource utilization efficiency under environmental constraint and spatial spillover effects in China[J]. Journal of Cleaner Production, 164: 715-725.

Zhao Z, Bai Y, Wang G, et al. 2018. Land eco-efficiency for new-type urbanization in the Beijing-Tianjin-Hebei Region[J]. Technological Forecasting and Social Change, 137: 19-26.

Zheng Q, Lin B. 2018. Impact of industrial agglomeration on energy efficiency in China's paper industry[J]. Journal of Cleaner Production, 184: 1072-1080.

附录　2011—2016 年长江经济带城市环境规制、产业集聚与工业绿色发展效率平均值

城　市	环境规制	产业集聚	工业绿色发展效率
重庆	0.8067	0.9807	0.8224
成都	0.7948	1.0362	0.8517
自贡	0.5120	1.4746	0.8499
攀枝花	0.6236	1.9015	0.5984
泸州	0.8061	1.5297	0.8033
德阳	0.8046	1.5002	0.6487
绵阳	0.7196	1.1908	0.6255
广元	0.5780	1.1037	0.7917
遂宁	0.6675	1.2637	0.8352
内江	0.6465	1.5400	0.6802
乐山	0.6951	1.5268	0.5870
南充	0.3704	1.1112	0.7474
眉山	0.6435	1.3453	0.6093
宜宾	0.7183	1.4910	0.5910
广安	0.8374	1.1173	0.9338
达州	0.7732	1.1821	0.7126
雅安	0.9292	1.3329	0.8197
巴中	0.3534	0.7497	1.1024
资阳	0.5999	1.3629	0.9802
贵阳	0.7677	0.7692	0.6165

续表

城　市	环境规制	产业集聚	工业绿色发展效率
六盘水	0.8096	1.3478	0.5497
遵义	0.6901	1.0460	0.6575
安顺	0.7157	0.7924	0.5625
毕节	0.8186	0.9447	0.5454
铜仁	0.8659	0.5763	0.6611
昆明	0.7822	0.8071	0.6108
曲靖	0.8093	1.0617	0.5776
玉溪	0.7783	1.5110	0.6885
保山	0.5524	0.6816	0.5474
昭通	0.8222	0.9069	0.5861
丽江	0.6665	0.6810	0.8170
普洱	0.7581	0.5945	0.5660
临沧	0.2316	0.6988	0.6204
南昌	0.7821	1.1413	0.6412
景德镇	0.6302	1.4007	0.5565
萍乡	0.5911	1.4595	0.6187
九江	0.8211	1.2633	0.6203
随州	0.6162	1.1536	0.7442
长沙	0.8394	1.2271	0.9900
株洲	0.5158	1.4162	0.7164
湘潭	0.8279	1.4232	0.6596
衡阳	0.7052	1.0979	0.6612
邵阳	0.8777	0.8768	0.5923
岳阳	0.8034	1.3141	0.7008
常德	0.8241	1.1677	0.8922
张家界	0.3423	0.5398	0.9003

续表

城 市	环境规制	产业集聚	工业绿色发展效率
益阳	0.8033	1.0682	0.5856
郴州	0.9377	1.4222	0.6833
永州	0.7882	0.8672	0.5921
怀化	0.7306	1.0366	0.6647
娄底	0.8081	1.2928	0.6148
上海	0.7983	0.8795	0.9869
南京	0.8807	0.9951	0.7241
无锡	0.8797	1.2804	0.8218
徐州	0.8436	1.0724	0.5897
常州	0.9017	1.2414	0.6355
苏州	0.8405	1.2959	0.9305
南通	0.8755	1.1426	0.6168
连云港	0.7167	0.9865	0.5587
淮安	0.7488	1.0168	0.5757
盐城	0.8433	1.0871	0.5665
扬州	0.8566	1.2255	0.6379
镇江	0.8866	1.2994	0.5880
泰州	0.7649	1.2032	0.6321
宿迁	0.7616	1.0977	0.5900
杭州	0.7517	1.0257	0.7739
宁波	0.8844	1.2733	0.7678
温州	0.8626	1.0767	0.7808
嘉兴	0.7810	1.3337	0.5734
湖州	0.8147	1.2593	0.5638
绍兴	0.7351	1.2463	0.6004
金华	0.8598	1.1157	0.6563

续表

城　市	环境规制	产业集聚	工业绿色发展效率
衢州	0.8404	1.1735	0.5380
舟山	0.8025	0.9223	0.7032
新余	0.7845	1.4047	0.5604
鹰潭	0.9891	1.5495	0.6908
赣州	0.7672	1.0547	0.6052
吉安	0.8250	1.1631	0.6233
宜春	0.7953	1.3057	0.5574
抚州	0.3872	1.1311	0.6370
上饶	0.8529	1.1459	0.6184
武汉	0.7809	1.0592	0.8340
黄石	0.9439	1.4500	0.5612
十堰	0.7018	1.2072	0.6384
宜昌	0.8605	1.4831	0.6266
襄阳	0.6376	1.4204	0.7492
鄂州	0.8686	1.4617	0.6032
荆门	0.8992	1.3620	0.6071
孝感	0.7949	1.1723	0.5743
荆州	0.7418	1.0832	0.5855
黄冈	0.8626	0.8340	0.5929
咸宁	0.8721	1.1989	0.6311
台州	0.8829	1.1175	0.6830
丽水	0.5321	1.1152	0.6893
合肥	0.8834	1.1740	0.6996
芜湖	0.8906	1.5465	0.6691
蚌埠	0.8301	1.1701	0.6396
淮南	0.8471	1.3470	0.5301

续表

城 市	环境规制	产业集聚	工业绿色发展效率
马鞍山	0.8544	1.5293	0.5990
淮北	0.7142	1.5785	0.5680
铜陵	0.9886	1.7333	0.5772
安庆	0.9327	1.2564	0.6908
黄山	0.5262	0.9226	1.0040
滁州	0.8605	1.2425	0.6204
阜阳	0.8417	0.9677	0.5962
宿州	0.7904	0.9570	0.5686
六安	0.7751	1.0554	0.6261
亳州	0.5321	0.9004	0.6232
池州	0.9205	1.0140	0.6895
宣城	0.8717	1.1823	0.5995

资料来源：根据测算结果整理。

后　　记

本书基于我的博士论文修改完成。

本书的撰写过程中，我的博士生导师武汉大学吴传清教授倾注了大量心血。从选题、构思到形成初稿，再到最终定稿，都是我在吴老师的悉心指导下写作完成。期间几易其稿，经历多轮修改，吴老师始终不辞辛苦地帮我完善，为我提出宝贵的建议。吴老师是一位严师慈父，他严谨专注的治学态度、细致入微的行事风格、孜孜以求的探索精神，使我终生受用！在科研上，吴老师耐心指导，循循善诱，为我创造极为珍贵的科研训练机会；在生活上，吴老师关怀备至，给我发放生活补助，使我在繁忙的工作学习中不为经济问题担忧。正是吴老师的关心和鼓励给了我克服困难的精神动力，使我能够顺利完成本书。值此书稿完成之际，诚挚地向辛勤培育我的导师吴传清教授致以最衷心的谢意！

同时，在撰稿过程中，我得到了许多专家和老师的指导。感谢中国软科学研究会罗尚忠研究员，重庆市区域经济学会文传浩教授，郑州航空工业管理学院经济学院董旭讲师，湖北省社会科学院秦尊文研究员，湖北省科技信息研究院高建平研究员，武汉市社会主义学院吴永保副院长，武汉市社会科学院刘江涛副研究员，华中科技大学经济学院宋德勇教授，华中师范大学城市与环境科学学院曾菊新教授，中南民族大学经济学院陈翥讲师，武汉工程大学管理学院万庆副教授，武汉大学经济与管理学院严清华教授、郭熙保教授、张秀山教授、张建清教授、孙智君副教授、胡晖副教授，武汉大学发展研究院李光教授，武汉大学中国中部发展研究院陈志刚教授、黄永明教授、王磊教授、张司飞副研究员为本书修改完善提出的建设性意见。

入职西南大学经济管理学院以来，感受到学校和学院致力于为青年教师营造良好工作环境所付出的诸多努力，我也得以有条件进一步完善修改本书，在此向给予我帮助和支持的西南大学经济管理学院祝志勇院长、高远东副院长、黄庆华副院长、田丽副书记、赵丽萍主任、王志章教授、刘新智教授、张应良教授、杜勇教授、黄林秀教授、刘自敏教授、尹虹潘教授表示深深的感谢!

最后,感谢清华大学出版社责任编辑在出版过程中对本书的修改和提出的指导意见,他们敬业的工作态度和扎实的专业素质使本书最终得以付梓。

黄磊

2020 年 11 月

西南大学经济管理学院